都市史研究

都市史学会 編

5 2018

山川出版社

● 目次

二〇一七年度都市史学会大会・研究発表要旨

活動記録

会告

彙報

論文

京都住人としての室町幕府公人

松井直人

はじめに

本稿の課題は、室町幕府管轄下の諸機関に所属した下級職員として知られる室町幕府公人《くにん》の存在形態を、京都社会における彼らの位置に注目しつつ検討することにある。公人とは、稲葉伸道が「公権を所有する権力機構に所属し検断など公的活動に従事する職員」と定義したごとく、中世における寺社や幕府、国衙などに所属して多種多様な雑役に従事した下級職員の称であり、一般に①座的構成を有する、②京都・奈良などの都市民である、③所属する機関・組織からの給分を経済基盤とする、④課役免除の特権を有し手工業・商業に従事する、⑤検断に従事する、⑥主従制的支配の範疇の語ではないため、被官を持つあるいは自身が被官となる場合もある、などの性質を有した[1]。

中世公人研究は、稲葉が主に東大寺・興福寺公人を実証的基礎としてその一般像を提示したこともあり、とりわけ寺社公人の分析を中心に進展した。例えば、富田正弘は東寺公人が執行麾下の中綱・職掌・下部からなることを明らかにし[2]、また下坂守は寺家・社家（日吉社）の下級役人である維那・専当・鎰取や宮仕らが、山門の「公」たる大衆の命令を具現化する際に山門公人へと変身することを指摘した[3]。さらに、東寺鎮守八幡宮の宮仕が東寺にもたらされたさい銭や寄進財などの利益を取得・再配分する権利を有するとともに、東寺「公人中」の一派として寺家に対して多大な発言権を持ったことなどを明らかにした阿諏訪青美の研究[4]、「公文所」を通じて編成される祇園社・北野社公人が、神人や非人など寺社外に拠点を有する集団・身分を組織化していたことを指摘した三枝暁子の研究などが続く[5]。分析対象は様々であるが、いずれの研究も冒頭に示した稲葉の公人論を批判的に継承する形で展開されており、彼らの存在形態や社会編成に占める位置の追究が、中世の寺院社会論、都市論、さらには国家論ともかかわる重要な課題であることが確認されつつある。

しかし、右のような寺社公人研究の進展に対し、寺社以外に属した公人の研究はいまだ低調であり、中世公人研究を総体的に見れば、やや偏りが存する感は否めない。そこで本稿では、如上の研究史に学びつつ、室町幕府の諸機関（政所・侍所など）のもとで多岐にわたる活動を展開した職員である室町幕府公人（具体的には政所公人、および侍所雑色・小舎人）に着目することとしたい。

室町幕府下級職員の研究は、とりわけ侍所雑色・小舎人研究がその主流をなしてきた。すなわち、野田只夫・辻ミチ子により近世「四座雑色」と侍所雑色・小舎人の系譜関係が解明され(6)、さらに、「常時侍所を運営する下級職員」が「京都市政に関与する実態」を解明する必要性を説く佐藤進一や、佐藤の議論を継承した羽下徳彦の研究により、雑色・小舎人に鎌倉期の使庁下部からの人員流入が想定されること、彼らが侍所所司代や幕府奉行人のもとで使役されたことなどが指摘された(7)。

その後、政所公人も含めた幕府下級職員の全体像をはじめて明らかにしたのが丹生谷哲一の研究である。丹生谷は、既往の室町幕府研究の成果を踏まえ、政所公人および侍所雑色・小舎人ほかの幕府下級職員について、将軍家家政にかかわる雑務や幕府諸役の徴収、検断といった具体的な職掌、被差別民との関係、地頭御家人役などに基づく経済基盤、商工業への関与や居住地の分布などを詳細に論じた(8)。丹生谷の研究により室町幕府下級職員の基本的な様態はすでにおおむね明らかにされたとみてよい。ただし、あくまで基礎的な分析に終始していることもあり、なお検討を要する課題も残されているように思われる。本稿では次の二点に着目したい。

一点目は、中世後期の京都（洛中及びその周辺）という場と室町幕府公人との関係である。中世の公人が比較的大規模な都市の住人であったことはすでに稲葉の指摘にある通りだが、こと京都においては、室町幕府の支配が、特定の在京寺社本所の存立を保障する形で展開したがゆえに、所領構造やそれら諸権門に所属した住人らの身分・存在形態に顕著な重層性・多元性が認められる(9)。例えば雑色・小舎人は祇園会・稲荷祭礼などの祭礼の差配・監督に深く関与したが、それらの職務を接点として彼らが武家以外の諸権門とも緊密な関係を構築していたことは想像に難くない。そのような室町幕府公人の存在形態を、彼らを取り巻く社会的環境と連関させつつ検討することは、中世公人論の進展に加え、中世後期京都の社会とそれに対する室町幕府支配の実態面を明らかにする上でも、一定の意義を有するはずである。

二点目は、現状の幕府公人論が静態的な分析に留まっており、歴史的展開に応じた彼らの特徴が十分に捉えられていない点である。例えば、応仁・文明の乱勃発から戦国期にかけて注目される現象のひとつに、政所公人や雑色・小舎人らが、集団として様々な訴訟の当事者となってゆくことが挙げられる。その争点の多くは、各時期における室町幕府公人の有り様や置かれた社会環境と深く関係するものであった。しかし、そのような相論関係史料は、存在が指摘されこそすれ本格的に検討されることは少なかったように思われる。本稿では、そのような史料を積極的に利用し、幕府公人の存在形態を動態的に把握することを試みたい。

以上の問題意識を踏まえ、1では、幕府による下地遵行、および京都周辺の諸社が催した祭礼時における幕府公人の役割を検討することで、寺社本所からみた彼らの存在意義を論じる。2では、室町幕府公人が所持した諸特権、具体的には諸役免除の内実を検討する。そして3では、戦国期における室町幕府公人の集団的特質や各幕府公人の「家」について検討し、集団としての幕府公人の有り様がいかなる変質を遂げたのかを確認する。なお、侍所雑色・小舎人が「公人」と言い換えられる事例が散見する点に鑑み(10)、政所に属する下級職員については政所公人、侍所所属の雑色・小舎人も含む幕府に属す公人一般を示す場合には、室町幕府公人（あるいは幕府公人）と表記する。

1　中世後期京都と室町幕府公人

下地遵行における侍所雑色・小舎人

本章では、主に一四～一五世紀における、京都周辺の寺社本所からみた室町幕府公人の存在意義について検討する。なお、南北朝期から一五世紀前半頃の史料において単純に幕府の「公人」と表記される人々は基本的に侍所雑色・小舎人を含む侍所下級職員を指しており[11]、政所公人はその多くが一五世紀半ば以降の史料から検出される。そのため、本章で扱う事例は自ずと侍所下級職員に関するものが多くなることを断っておく。

南北朝期以来、幕府公人は極めて多岐にわたる雑役に従事したが、そのひとつに幕府侍所による下地遵行への関与がある。本節では、かかる点に注目して寺社本所と幕府公人の関係に迫りたい。

右の事実について、はじめて本格的に言及したのはおそらく羽下徳彦だと思われる。そこでは、下地の打渡を行うのは侍所頭人の被官であり、雑色・小舎人は参加しこそすれ頭人被官に随行する程度であったと推測されている[12]。しかし、応永二一年（一四一四）における東寺掃除散所法師に対する諸課役免除の遵行状では、小所司代とみられる人物に対し「任二去廿七日御下知之旨一、可レ令レ免二除諸課役一之由、可レ申二付公人等一」と、命令の執行を「公人等」に指示すべきことが述べられている[13]。さらに、宝徳二年（一四五〇）に四府駕輿丁へ洛中辺土米穀商売役の催促が行われた際にも、所司代に対して「所詮堅仰二公人一、可レ被レ加二催促一」ことが指示されている[14]。これらをみるに、侍所遵行における「公人」の関与は特に例外視されておらず、そのことをあえて低く評価する必要はないと思われる。

表1　下地遵行における侍所雑色発給文書

№.	年　次	署 判 者	遵 行 内 容	典　拠	備　考
1	康暦元. 4. 14	彦次郎・九郎三郎	東寺領山城国植松東庄十町余地頭職の打渡	『東寺文書聚英』373号	
2	至徳元. 11. 4	九郎三郎・六郎三郎	東寺領東西九条内須久多里田地九段への違乱排除	『東百』あ函24号	九郎三郎の花押は№.1と一致
3	応永2. 9. 晦	清五郎友継・七郎次郎光安	村上主計助への洛中地（六角富小路）打渡	「三宝院文書」（『大日本史料』7－2，246頁）	
4	応永7. 11. 10	七郎二郎	洛中地（五つしの御ち）打渡	「宝鏡寺文書」（『大日本史料』7－4，712頁）	
5	文安5. 4. 16	—	洛中地（五条八丁町）打渡	「祇園社記続録　五」（『八坂神社記録』4）	目録上の記載
6	文安5. 4. 19	衛門五郎満長	洛中地（高辻町）打渡	『八坂神社文書』2065号	

また、羽下は侍所雑色が直接遵行に関与した実例は一例に留まると指摘しているが[15]、雑色が発給した打渡状の例はそれ以上に確認可能である（表1参照）。雑色の侍所遵行への関与は、少なくとも現在考えられているよりは一般的なことであったとみられる。

また、東寺に残された遵行関係文書のなかには、文書中に遵行に関与した雑色・小舎人の名を注記しているものも散見する[16]。寺院側が、遵行に関与した幕府公人を逐一把握する意識を有していたことが窺われよう。幕府公人の発給文書が他の遵行文書とともに公験として伝来している点も踏まえるならば、寺社本所にとって幕府公人は、単なる下地遵行の担い手以上の意義を有する存在であったといえる[17]。

その他、幕府公人は侍所からの指示を伝達する使者としても当然ながら数多の史料に現れる上[18]、特定の事業を寺社本所と共同的に実施することもあった[19]。また、室町幕府に対する段銭・地口銭免除申請などに際して、雑色・小舎人に礼銭が供出される事例も確認される[20]。室町幕府の京都支配が展開するなかで、その最前線にあった幕府公人と寺社本所との間には、自然と密接な関係が構築されていったと考えられる。

祭礼における雑色・小舎人の役割

前節でみたような幕府公人と寺社本所との密接な関係は、祇園会や稲荷祭礼など京都周辺で実施された諸祭礼の執行にかかわる史料においてより顕著に窺うことができる。

祭礼における幕府公人、とりわけ雑色・小舎人の役割は、基本的に神輿ないし境内の警固にあった。例えば、応永三四年（一四二七）の祇園会において「少将院（井）駕輿丁」と宮仕との間で「喧嘩」が発生した際には、「少将院御輿」を警固していた「公方小舎人雑色」が駕輿丁方に「合力」したことで、死人が出るほどの闘諍事件に発展している。雑色・小舎人が、神輿警固にあたるとともに、それらを担ぐ駕輿丁集団と強固な結びつきを有していた点に留意しておきたい[21]。また、北野祭礼においては、祭礼に参加する西京神人および大宿禰神人に対して「長具足」の着帯を禁じる侍所の指示を伝えるとともに、祭礼の執行時には「社頭左右中門」に祇候して見物人の整理にあたっている。彼らに対する酒直は社家および西京の土倉から徴収された[22]。

これらの事例からは、中世後期における京都周辺の諸社が雑色・小舎人の参加を所与の前提として祭礼を執行していたこと、諸社は彼らの職務に対して一定の支出を行うことになっていたことが確認される。先に挙げた事例のように、祭礼において実際に闘乱沙汰が発生していた点を踏まえても、雑色・小舎人の祭礼参仕は不可欠であったといえよう。

またそのことは、祭礼における彼らの存在感をも自ずと拡大させてゆくことになったと推測される。やや時代は下るが、長享二年（一四八八）の稲荷祭礼にかかわって発生した次の一件に注目したい。

稲荷祭礼は伏見稲荷大社の祭礼で、三月の二度目の午の日に行われる稲荷社から御旅所への御輿渡御と、その後四月の二度目の卯の日に行われる御輿還行がその中核をなしていた（現在では、神輿渡御は四月下旬、還行は五月三日に実施）。還行の途中、神輿は東寺に立ち寄ることになっており、南大門のうち真中の門にあたる「中門」を中心に法会が営まれている[23]。幕府公人も当祭礼に関与しており、「公方雑色」らが祭礼警固などに従事する様子が史料から確認される[24]。

しかし、長享二年には「公方雑色」が祭礼参仕を拒否する事態が生じ、東寺において大きな問題となった。この前年、東寺は法会を行う「中門」の仮屋木材の調達を雑色に委嘱していたらしく、当年もその職務を行わせようとした。しかし雑色はそのことに難色を示し、祭礼への参仕自体を拒否した。東寺廿一口方は別奉行松田数秀に働きかけて、雑色・小舎人を指揮する立場にあった侍所開闔飯尾為規宛の書状を入手し、足利義尚の六角氏攻めに従軍する飯尾のもとへ雑掌を派遣した。その結果、東寺方は、祭礼参仕と材木屋への指示を「雑色掃部助」に命ずる飯尾書状を獲得するが、その書状を受けた掃部助（の代官）は、掃部助が近江に在陣していることを理由に再び参仕を拒否する。窮した東寺方は別奉行松田と相談し、雑色方へ金銭を支払うことで事態を解決しようとしたが、それも功を奏さず、伏見稲荷社へ祭礼の延期を申し出ることとなった[25]。

引付の記載は以上で終わっているため結末は不詳だが、稲荷祭礼と幕府公人との関係を考える上で示唆に富む事例であることは間違いない。まず注目されるのは、幕府雑色の催促にかかわる文書の送受を、幕府ではなく東寺方の人間が一手に行っている点である。中世における文書発給の当事者主義的傾向を顧慮すれば当然といえるかもしれないが[26]、幕府雑色が基本的には侍所（今回の場合は開闔）の統属下にある一方、案件によっては寺社本所側が幕府雑色の動員を全面的に主導する必要のあったことがわかる。また、東寺方が幕府雑色を介した材木調達のあり方を新たに恒例化させようと試みている点は、祭礼における雑色の役割が、警固役のみに留まらず拡散してゆく傾向にあったことを推測させる。応仁・文明の乱を経て稲荷祭礼の執行形態や財政面に相応の変化が生じていたとみられる点も考慮せねばならないが[27]、当時の稲荷社が、幕府公人に対して、彼らの本来的な職務を超えるレベルの関与を求めるに至っていたことは確かだろう。

このように幕府公人が京都周辺における祭礼の執行に深く関与し、神社側がその役割を頼みとしていた様子は、祇園会においても看取される。応仁・文明の乱以前の祇園会山鉾の具体名が知られることで著名な史料「祇園会山鉾事」[28]では、再興前の山鉾の様子が「古老」の小舎人「新右衛門清次」に尋ねられており、一六世紀初頭の小舎人集団が祇園会山鉾の「先規の次第」に関する知識を蓄積していたことがわかる[29]。また、本史料の成立と同じ頃、駕輿丁中において喧嘩が発生したために各神輿を管轄していたとみられる「神方」が招集された際、彼らは、駕輿丁への尋問は「御公人衆」が行うことが先規であるため自分たちは存知していないと述べている[30]。幕府公人と神輿駕輿丁とのつながりは前述した通りだが、神幸あるいは山鉾巡行の執行においても、雑色・小舎人が不可欠な存在として位置づけられていたことが確認されよう[31]。

これらの諸祭礼が室町幕府の多大な後援によって維持されていたことは、先学でもしばしば強調されてきた通りである[32]。本章で挙げてきた各祭礼における室町幕府公人の関与は、第一にかかる政治的条件の所産であったと考えられる。前節の内容も踏まえるに、室町幕府公人の特徴のひとつは、かかる政治構造の狭間で多様な活動に従事した点に求められるだろう。当該期京都には、その社会秩序を維持してゆくにあたり、公・武・寺社勢力いずれもが幕府公人の存在に依存する構造が存したのである[33]。ただし、本章で挙げた稲荷祭礼の事例でみたように、幕府公人の社会的位置に起因して、幕府公人と、彼らを使役する幕府・寺社本所との間で利害衝突が発生する場面があったことにも注意しておきたい。

2　経済基盤と諸特権

幕府公人の経済基盤

公人の集団的特質を考察する上で、彼らの経済基盤の分析は不可欠である。稲葉伸道は中世公人に関して、その経済基盤が一般的に所属機関からの給分や職掌に伴う得分、課役免除特権を背景にした手工業・商業利益からなることを指摘している[34]。その後、阿諏訪青美は、東寺では鎮守八幡宮や北面御影堂におけるさい銭が公人の重要な経済基盤となっていたことを明らかにした[35]。一方、三枝暁子は、北野社においても東寺と同様の構造がみられるとしつつも、公人によるさい銭取得は「都市収入」への依存を深めてゆく権門寺社の経営構造の問題として扱われるべきであることを指摘している[36]。これらの研究を踏まえつつ、本章では室町幕府公人の経済基盤と彼らの帯びた特権の内実を考察する。

室町幕府公人に関する諸先学は、彼らの経済基盤が、①地頭御家人や守護を介して納入され職掌に応じて下行された給物と、②諸公事免除を背景とした諸商売の利益からなることを明らかにしている[37]。ただし、その分析はやや静態的なものに留まっているように思われ、以下では、各財源の徴収実態や時期差の問題に留意しつつ、改めて彼らの経済基盤の大要を確認したい。

幕府からの給物とその下行

室町幕府の雑色・小舎人が、南北朝期以来、地頭御家人役により扶養されたことは、貞和三年（一三四七）三月九日付室町幕府法にみえる規定などに基づき、これまで盛んに論じられてきた通りである[38]。同役の徴収は貞和五年（一三四九）に一旦途絶し、貞治年間以降に再び徴収されはじめる地頭御家人役とは異質なものであることが近年の研究で指摘されているが[39]、ここではひとまず、幕府下級職員に対する給物制が、徴収方式の国役化を伴いつつも一六世紀前半まで維持されたことを確認しておきたい。なお、史料の出現はやや遅れるが、政所公人給物の徴収体制もほぼ同様に推移したとみられる。徴収された給物は公方御倉に集積された後、各幕府公人に下行されたのであろう。

ただし、役徴収の実態については検討の余地がある。造酒正が京都一帯の酒屋・麴屋に賦課した酒麴役に対して、永正一四年（一五一七）に酒屋を兼業する雑色・小舎人らが提出した請文には、「諸国給物之事、応仁乱以後者最少分給置候条、被二思食一分候者各忝可二畏存一候、御目出度諸国役如二先規一致二拝領一候者、酒麴役者可レ致二沙汰一候」とある[40]。幾分の誇張が含まれる可能性も懸念されるが、応仁・文明の乱後に「公人雖レ為二御恩無足一勤二籠之番一」といった、幕府公人への下行が不足する状況を伝える史料が散見することを踏まえるに、あながち虚構とも言い切れない面がある[41]。戦国期の幕府関係史料に守護・守護代や奉公衆などに対して諸給物の納入を命ずる奉行人奉書案などが残されており、かかる点が幕府公人及び室町幕府の性格を規定する上で重要な意味を持つことは確かだが[42]、当該期における現実の給物納入がきわめて不十分な状態であったことにも改めて注意しておきたい。

なお、先にみた北野祭礼の事例において雑色・小舎人に対する酒直が設定されていたように、職務に関係する寺社などから支出される礼銭も彼らの収入源となっていた[43]。

商業利益

幕府公人が商業に従事していたことは、稲葉以来の研究でつとに指摘されてきた[44]。その事実を示す際には戦国期段階の史料が用いられることが多いが、まずは彼ら幕府公人の商業への関与がいつ頃から史料にみえるのか確認しておきたい。

著名な事例であるが、応永二九年（一四二二）、大炊寮本所であった中原（押小路）師勝は、洛中とその周辺の米屋が「米屋課役」を難渋していることを幕府に訴え、幕府はこれ以上命令に従わないならば厳しく処罰する旨を侍所頭人京極高数に指示した。文中に列記された課役納入の難渋者の中には「雑色・小舎人・政所下部」が挙げられており、ここからは、彼ら幕府公人のなかに応永年間から米屋業を営む者がいたことがわかる[45]。幕府は課役難渋者に幾度となく納入命令を発したが、彼らは納入を長期にわたって拒否し続け、幕府公人も文明一一年（一四七九）の段階でなお役賦課に応じていなかった[46]。その後の事例はいずれも一六世紀のものとなり、雑色・小舎人のなかに太刀屋を号する集団や酒屋業・餅屋業・土倉業を営む者がいたこと[47]、政所公人のなかに茜染業に従事する者がいたことなどが判明する[48]。

以上から、幕府公人はすでに室町期の段階から商人としての一面を備えていたが、応仁・文明の乱頃を境として給物下行が低調になったことにより、次第に経済基盤を自助的に構築する必要に迫られていったと推測される。戦国期においても幕府公人の本来的な職務は一定の事態を有し続けたが、彼らの活動における商業への関与の割合が室町期段階よりも拡大していたことは確実であろう。かかる点を踏まえた上で注目されるのが、彼らの諸商売の前提として重視されてきた諸役免除の特権である。次節ではその実態について検討したい。

諸役免除とその実態

室町幕府公人が所持した諸役免除特権については、稲葉がこれを中世公人に共通する性格のひとつとして位置づけて以降、さほど議論の俎上には上ってこなかったように思われる。幕府公人が一般的にこのような特権を帯びる存在であったことは、後にも触れる政所「公人惣中」に対して下されたとみられる文書に「依レ為二当所役人一、被レ免二除諸役一致二諸商売一之段、古今事旧訖」とあることなどから確認される(49)。ただし、政所公人あるいは雑色・小舎人の諸役免除に関する究極的な公験の存在は、管見では見出しえない。また、右の文書は永禄五年（一五六二）に発給されたもので、戦国期に至ってようやくこのような文言が史料中に現れるという点も注意すべきだろう。これらの点は幕府公人の有した諸特権が、現実には十分な安定性を欠いていたことを示唆するのではなかろうか。実際に、応仁・文明の乱以後には、幕府公人の主張する自らの諸特権をめぐって、彼らと寺社本所との間で多数の相論が発生している。それらを踏まえた上で、以下、彼らが所持した諸特権の内実を検討したい。

中世後期の京都において諸役免除を認められた人々を表す史料として、先行研究では次の同日付文書二通がしばしば利用されてきた。

〈史料1〉

洛中洛外諸商売幷徳役等条々目録 明応三 十一 十四

一諸寺社領地上百姓事

一公方御小者事

一上様(日野富子カ)御中間・御小者衆事付、御地上百姓等事

一御所々御被官人事付、御地上百姓事

一御所御女房衆御被官人事

一公方役仕諸職人事

一吉良殿・石橋殿・渋川殿幷日野殿(政資)其外公家・門跡・権門勢家被官人事付、地上百姓等事

一四府駕与丁事付、釜殿事

一御牛飼幷御輿舁事付、彼等被官人事

一駒方神人事

一小舎人雑色幷政所公人(事、脱カ)付、彼等被官人事

一御元服以下御祝諸役人被官事

以上(50)

〈史料2〉

就二御元服幷色々御祝方以下要脚一洛中洛外諸商売同富有輩御借用銭条々 明応三 十一 十四

一彼両役目録在二別紙一、如二酒屋土倉役一、不レ謂下帯二諸役免除 綸旨 御判一之在所、同権門勢家被官上、随二其分限一、可レ相二懸之一、万一有二一段歎申之仁体一者、為二両三人一召二出支証正文一、令レ糺二明之一、就二有無一可レ令レ申二沙-汰之一、非二諸商売証文一、号二諸役免除一、於二有名無実之儀一者、不レ可レ有二御許容一之事

一閣二両三人一、付二別奉行一、猥申二給免除御下知一儀、可レ被二停止一事

一催促之時、致二狼藉之輩一、可レ被レ処二罪科一事

以上[51]

これらは、明応三年（一四九四）に一一代将軍足利義澄の元服要脚として、室町幕府が「洛中洛外諸商売同富有輩」へ「御借用銭」を賦課した際の史料である。脇田晴子は、〈史料1〉を〈史料2〉にみえる「御借用銭」の免除分目録とみて、室町幕府がここに挙げられた諸本所の特権を保護する政策をとったと論じた[52]。しかしその理解は正しいだろうか。〈史料2〉は『中世法制史料』に室町幕府追加法として採録されているが、その補註にあるように〈史料2〉にみえる「彼両役目録在二別紙一」が〈史料1〉を指すことは明らかである[53]。その上で〈史料2〉傍線部をみると、「かの両役は、酒屋土倉役と同様、諸役免除の綸旨・御判を所持する在所や権門勢家の被官か否かに関係なく、その経済状況に応じてこれを賦課する」、（支証正文を所持する場合は個別に検討するが）「諸商売の証文を持たず、諸役免除と主張して有名無実の儀をはたらく者を許してはならない」とある。以上を踏まえて〈史料1〉に立ち返ると、ここに挙げられた人々は、「御借用銭」を納入すべき「帯二諸役免除綸旨御判一之在所、同権門勢家被官」を指すとみるのが自然な解釈と考えられる。室町幕府は、雑多な所属とそれに伴う特権を帯びた人々に対する横断的な賦課を実現しようとしたわけであり、〈史料1〉に記載された人々を今回の課役の免除対象者とみるのは誤りといえる。

そして、本稿の観点から注目されるのは〈史料1〉傍線部にあるように「小舎人雑色并政所公人」およびその被官が、元服要脚の賦課対象に含まれていることである。すなわち、彼ら幕府公人は、室町幕府の編成下にある集団でありながら、当の幕府による有徳役的賦課の対象にもなりうる存在だったのである。

以上からは、当時、彼らの特権が幕府の都合により相対化される局面が生じつつあった様子を看取しえよう。また、次の事例もかかる状況を裏書きするものといえる。

〈史料3〉

御札承悦候、仍小舎人・雑色役銭事、先々諸公事免除之間、只今又御免之由候、於ㇾ私一段畏存候、雖ㇾ然御事闕時分候之条、為二御礼物一、千四百疋年中可ㇾ致二進納一之旨候、其分堅申付候、今度之儀、併御取合之故、如ㇾ此事調候之段、祝着本望此事候、必以ㇾ参可二申達一候、御心得、又憑存候、恐々謹言、

正月廿七日　貞運（花押）

（礼紙上書）

「　飯尾近江守

貞運[54]

蜷川新右□門尉殿（親孝）

御宿所　」

〈史料3〉は、侍所開闔飯尾貞運がその在職中（永正六～九年〈一五〇九～一二〉頃[55]）に政所代蜷川親孝へ送付した書状である。傍線部には、「小舎人・雑色に課される役銭については、これまで諸役免除であったので、今回も免除されるということです。私としても大変勿体ないことです。しかし、事欠きの時分であるので、御礼一四〇〇疋を今年中に進納せよとのことを承りました。そのことを「小舎人・雑色」らへしっかりと申し付けます」とある。「小舎人・雑色」が、おそらく開闔の飯尾を通じて幕府へ「役銭」免除申請を行い、その申請は認められる一方、「御事闕時分」を理由に礼物の支払いが命ぜられたことがわかる。室町幕府は幕府公人の特権を再確認する一方で、礼銭などの名目によって彼らに臨時的な負担を求めることもあったのである。

さらに、幕府公人の諸特権は、室町幕府と個々の寺社本所との関係に左右される場合もあった。ここで注目したいのが、幕府公人の地子免除特権

である。本特権に言及した先行研究は少ないが、例えば高橋康夫は、戦国期には雑色・小舎人身分を所持していても特権を証する公験がなければ、地子免の維持が困難な場合があったことを指摘している(56)。その際に用いられた事例が、戦国期に生じた日野家領「四条町」および「六角町」の屋地をめぐる相論である。本相論の係争地は雑色・小舎人の集住地となっており、ある時期まで彼らは地子を免除されていたと思われる。しかし、大永年間頃から領主日野家は現地支配の強化に乗り出したらしく、現地の雑色・小舎人からも地子銭徴収を企図するようになる。その命令を日野家に伝えた大永五年（一五二五）の幕府奉行人奉書には、雑色らの地子免除が「棄破」されたとみえる(57)。しかし、雑色らは地子を十全に支払うことなく現地に居住し続けた。これに対し日野家は、文書中で当地の特殊性を強調したり、現地の町人に現地での家屋売買を監視させたりしたが、その状況は永禄年間に至るまで大きく変わることはなかった(58)。

このように、室町幕府は、足利将軍家に近しい存在である日野家がかかわる場合などには、幕府公人の特権を否定するケースもあった。そして、かかる事態に直面した場合、幕府公人は、相論において自らの特権を主張したり、地子不払いを続行したりといった運動を展開することになったのである。

ところで、以上の経緯には、幕府による幕府公人に対する地子免除が本来的に相対性を帯びていた点も影響しているように思われる。次の事例に注目したい。

〈史料4〉

当寺　八幡宮阿弥陀三昧料所唐橋猪熊敷地内雑色神五郎屋地事、御上洛以後小舎人・雑色等、号二地子御免内一、不レ致二沙汰一云々、代々証文以下明鏡之上者、於二彼屋敷一者、不レ混二自余一之条、如二先々一為二寺家進止一、地子銭可レ被レ加二催促一之由、所レ被二仰下一也、仍執達如レ件、

永正七年十二月卅日

（付箋）「美濃守基雄（斎藤）」
美濃守（花押）
対馬守（松田英致）（花押）

東寺雑掌(59)

永正七年（一五一〇）、東寺膝下領の「唐橋猪熊敷地」に居住していた雑色神五郎は、「御上洛以後小舎人・雑色等号二地子御免内一」して地子不払いを行っていたが、幕府は「彼屋敷者不レ混二自余一」として〈史料4〉を発給し、東寺の現地支配を認めた。「御上洛」とは永正五年（一五〇八）の足利義尹の政権復帰を指すとみられ、その際に雑色・小舎人の「地子御免」が実施されたことが窺われる(60)。ただし、本相論において神五郎側は具体的な証文を提出しておらず、「地子御免」は、寺社本所権益との相対性を克服しえないものであったと考えられる。また管見では、本事例は公人を含む幕府下級職員が地子免除を主張したことを示す初見事例である。これ以後、先にみた日野家領に居住した雑色・小舎人をはじめ、幕府の「御厩（舎人）」や「御小者」らも盛んに地子免除を主張するようになる。なかには地子免除も含む「本役幷諸役以下」の免除を幾度も獲得する「御小者石若」のような例も確認される(61)。

以上のように、とりわけ応仁・文明の乱以後の史料からは、幕府公人の諸特権が、室町幕府の臨時的な賦課や寺社本所の権益などと相対的な関係にあり、それら上位権力による影響を多分に受けうる状態になっていたことを読み取れる(62)。本稿冒頭で指摘した室町幕府による京都支配の基本的なあり方や、前章で確認した幕府公人と寺社本所との密接な関係性を踏まえるならば、そのような構造が現れることは自然な成り行きといえるかもし

れない。かかる状況のなかで、幕府公人はそれぞれの局面に応じて、自らの特権を確認・安定化させるための運動を展開することになった。本節冒頭に示したような諸役免除文書の獲得は、幕府公人が本来的に持つ諸特権を確認したものであると同時に、その安定化を求める彼ら自身による逐次的な働きかけの成果でもあったと評価しえよう。

3　集団としての室町幕府公人

戦国期の「公人惣中」

前章では幕府公人が帯びた諸役免除特権の相対性を明らかにしたが、多少の不完全さこそあれ、彼らが室町幕府から諸役免除を認められる存在であったこともまた事実である。先行研究でも、戦国期には諸役免除特権の獲得を期待して幕府公人となる商工業者がいたことが指摘されているが[63]、実際に、幕府公人の商工業者としての側面は、時代が下るにつれてより顕著になってゆく。

ただし、幕府公人の任免権は、制度的には彼らの所属先である幕府侍所・政所に帰したものとみられる。また、雑色・小舎人が「両座公人」「四座公人」などと称され[64]、政所公人が、彼らから旬ごとに選ばれる番頭の編成を受けた点などからもわかるように[65]、幕府公人集団は一般に座的構成を有していた[66]。では、幕府公人の身分を得ようとする京都住人はいかにして集団への参入を果たし、また幕府公人側はそれに対してどのような対応をとったのだろうか。本章では、これまで述べてきた内容を踏まえつつ、戦国期段階における幕府公人集団の特徴を検討したい。

〈史料5〉

手日記

公人惣中謹言上

右之子細者、傍輩三郎右衛門所行事、近年新儀ニ不レ伺二上儀一、惣中へ不レ及二談合一、相二加傍輩在所一事、不レ可レ然之旨、申事候、其故者、近日迄諸公事仕来之在所、号二傍輩一之時、強方之申分在レ之者、前々儀迄相破可レ申事、難レ堪存候、先年今村(慶満カ)見入公事存知之時、如レ此之申事在レ之、傍輩中失二面目一申儀候き、自然為二上儀一被二仰出一、又者傍輩中以二相談一上申入、被二召加一事者、可レ為二別儀一候歟、然を為レ私無二尽期一可二相加一事、争可レ有二御許容一候哉、此段申聞候処、新儀之傍輩於レ不レ可二召加一者、為二惣中一、毎年臨時之可レ致二礼義一旨、一向恣之申分候、次 公私相調近年奉公仕傍輩之内、毎年一廉礼義可レ仕候之由申レ之、此等も非分之申事候、将又 公方催促之時、在所、又者雇方之礼義をも不レ令二配分一、我物仕事、沙汰之限候、急度可二申達一候処ニ、移之儀候間、罷過事候、向後於二其儀一者、不レ可レ致二承引一候、尚以正月四日御礼之姿御座候、如二在来一、以二三郎右衛門一申候処、不二届申一候之由、承及候、御□如レ此□(自)由之儀、不レ応二異見一、結句、対二惣中一、悪□任二雅意一之儀条々雖レ在レ之、先粗申入候、急度可二□仰付一事、可二畏存一候、恐惶謹言、

永禄十一七月　日[67]

〈史料5〉は政所公人が「惣中」なる集団を形成していたことを示すものとしてこれまでも注目されてきたが、ここでその内容や背景事情を改めて精査しておきたい。本史料は永禄一一年（一五六八）七月に、政所公人惣中が幕府政所に宛てて作成した申状案である。問題は、政所公人三郎右衛門が政所や惣中に断りなく新たに公人を惣中に加入させたことにあった。惣中としては、そのような新加公人の勝手な振舞いによってトラブルが起こされることは迷惑であり、私的なつながりをもって政所公人を増員させることは戒められるべきことであった。また三郎右衛門は、新参公人のな

かから礼銭を取得したり、職務の報酬を独占したり、正月四日の御礼銭を着服したりもしていたらしい。そこで惣中は、政所に訴えることで現状を改善しようと試みた。今回の訴えを受け、同月には上京・下京計二九名の在所と姓名が記された政所公人注文が作成され[68]、また翌月には、特殊な場合を除き注文に記載された者以外に新加公人を認めないこと、三郎左衛門が取得する礼銭はこれまで通りとすること、職務の報酬は公人の人数に応じて配分することなどを取り決める定書が作成された[69]。

本事例からは、人々が幕府公人の身分を獲得する経路として、惣中および政所から正式な許可を得るものと、今回のように非合法的ながら既存の公人との私的なつながりを利用するものとがあったことがわかる。例えば、この前年に遠江国茜染座との間で相論を起こした政所公人新四郎は、前章でも掲げた永禄五年（一五六二）の幕府文書によって新加を認められたと思しく、こちらは前者のケースといえる[70]。ただし、金銭の収受などを伴ったと推測されることから、現実には後者のケースも横行していたとみられる。京都住人のなかに政所公人身分を求める者が一定数おり、また実際に身分を獲得するための経路が複数存在していたことが確認されよう。

一方、右の状況は、政所による政所公人の管轄が当時十分に機能していなかったことをも示唆する。それは当時雑色・小舎人を管轄していた侍所開闔においても同様であったらしく、天文八年（一五三九）、幕府奉行人飯尾堯連は「小舎人・雑色者、近年相定之人数在レ之哉、而年中一ヶ度申二御礼一者也、自然又以二免許証文一、駈二加非分之族一者太不レ可レ然、可レ有二御禁制一哉之旨各申レ之」との意見状を作成している[71]。したがって、新加公人への対応は、まず雑色・小舎人の座や政所公人惣中レベルで処理されるべき問題とされていたことが窺われる。

以上を踏まえて〈史料5〉へ立ち返った際に改めて注目されるのは、政所公人惣中が衆中の有力者であったとみられる三郎右衛門の追及を政所に対して要請し、それをもって注文と定書が作成されるという一連のプロセスである。政所に働きかけることで新加公人の問題を解決しようとする指向が、他ならぬ政所公人の側から生じている事実が窺える。そのような集団としての指向は、先に触れた政所公人新四郎と茜染座の相論において、公人衆中が自らを「公方人之第一」と規定するとともに、新四郎の職分を保護しようと試みる様子と通ずるものがあろう[72]。また、雑色・小舎人においても、十五世紀末期以降、室町幕府を含む諸権力から賦課される諸役に対して集団的な抵抗が試みられていたことを想起するならば、戦国期において幕府公人の集団的自律性に一定の向上がみられたことは確かなように思われる。

では、政所・侍所による幕府公人管轄が十分とはいえないなか、集団内部において一定の自律的結集が生じた背景とはどのようなものであったのだろうか。次節では、集団としての幕府公人を構成した個々の「家」に着目することで、その点について考えたい。

戦国期における幕府公人の「家」

京都における「町」共同体成立過程の議論にかかわって、近年、三枝暁子は血縁集団である「家」が、地縁的共同体を含む中世社会のあらゆる集団・身分の基礎をなしたことに注意を喚起している[73]。幕府公人が一般的に「家」を有したとみられることは、南北朝期の史料に「骨張之雑色之家内」なる文言があることなどから確認できる[74]。ただし、南北朝・室町期の史料からは彼らの姓がほとんど確認されず、彼らの「家」の様態がある程度具体的に判明するのは、有姓者が増加する戦国期になってからとなる。かかる変化の背景もまた重要な問題と考えるが、ひとまず本節では、主に戦国期における室町幕府公人の「家」の有り様を確認した上で、それらにより構成された幕府公人集団の特徴を析出したい。

幕府の雑色・小舎人を務めた「家」としては、六角町付近を拠点とした「ちきり屋」水谷家が著名である。彼らの史料徴証については高橋康夫の研究に詳しく、一五世紀末〜一六世紀頃に酒屋業を営みつつ塩合物公事を収取していたこと、一六世紀半ばには四府駕輿丁座のひとつである左兵衛座の兄部職を務め、同世紀後半には六角町の年寄に就任していたことなどが明らかにされている[75]。高橋はこのような水谷家について、雑色・小舎人のなかで例外的な存在ではなかったとしている。ただし、彼ら以外の幕府公人の「家」は取り立てて検討されていないため、以下、他の幕府公人の「家」がいかなる状況にあったのか確認しておきたい。

比較的富裕であったと思しい雑色の「家」の例としては小嶋家が挙げられる。彼らの初出は、管見では永正八年（一五一一）に酒麴役徴収のために作成された酒屋在所注文にみえる小嶋次郎左衛門で、最近酒売買を開始したとして役の賦課対象に挙げられている[76]。天文一六年（一五四七）には、次郎左衛門の縁者とみられる月行事小嶋太郎左衛門尉宗重が酒麴役朝要分の加増延期交渉に臨んでおり、当時酒屋中において一定の地位を占める存在となっていたことが窺われる[77]。これらの史料では彼が雑色であったか否かは不明だが、戦国期の雑色・小舎人注文からは、小嶋姓の人物が下京に計三ヶ所の土地を確保していたことが知られる[78]。近世には京都における松村氏麾下の下雑色の一家としても確認される[79]。

一方、政所公人については、水谷・小嶋両家ほどの経済力を有した「家」は、史料上からは確認しえない。ただし、公人衆中で問題を起こしていた三郎右衛門は久富の姓を有していたようで[80]、金銭を配分して新加公人を誘引できる程度の財力を有していたことが窺われる。その他、室町頭町に居住した国松与三左衛門尉については、その縁者とみられる国松彦五郎が弘治二年（一五五六）に同南半町の月行事として禁裏修理要脚五貫文を負担したとの記録が残されている[81]。また、久富家と同じ「つき山ノ町」に居住した「下村源四郎」は、天正四年（一五七六）に京都の法華宗寺院が実施した勧進関係史料にその名がみえており、立本寺に二貫文を収納していることが知られる[82]。

以上、史料状況に恵まれた事例を中心に挙げたが、丹生谷が指摘するように彼らの中には屋号を持つ「家」も多く[83]、彼らが特権を背景に様々な家業に従事していたことが推測される。先にも触れたように、これら商工業者の幕府公人化は先学においても指摘されてきたが、本稿ではそのような動向の多くが「家」を単位として生じている点に改めて注目しておきたい。むろん「家」ごとの経済的格差も相応にあったとみられるが[84]、ひとまず、幕府公人を構成した各「家」の安定的経営の実現が、前節でみたような彼らの集団的自律性の向上を下支えしたことは確かだろう。戦国期の幕府公人は、公人としての職務をなお一定程度果たす存在であり続けた一方、諸特権の確保を通じて、自らの「家」経営の安定化を図る京都住人により形成された社会的結合の一類型でもあったといえる[85]。

既往の研究にあるように、その後、雑色・小舎人は京都所司代のもとで四座雑色として再編成され、公的に俸禄を給与されるとともに、京都及びその周辺地域の支配にかかわる多様な職務に従事した[86]。一方、政所公人の動向は判然としないが、室町幕府の滅亡と前後して、集団としての枠組みは解体したと思われる。京都支配の構造が大きく転換するなかで、室町幕府公人が持った中世公人としての諸要素は、支配の末端担当者たる四座雑色の職務へと、一定の純化を遂げつつ継承されていったとみられる。

おわりに

以上、三章にわたって南北朝～戦国期における室町幕府公人の存在形態とその展開を論じてきた。彼らは室町幕府の編成下にあって雑役に従事することを本務とした集団であるが、寺社本所以下の諸勢力が並存する京都にあって、それらと密接な関係を保ちつつ、当該期における京都の社会秩序の維持にかかわる幅広い職務に従事した。ただし、応仁・文明の乱勃発以後における給物下行の低調や、幕府公人をも対象とする横断的賦課の実施といった事態が発生するなか、彼らの存在形態には一定の変化が生じることになる。幕府公人は古くから商工業者としての側面をも有する存在であったが、一五世紀末～一六世紀初頭頃を境にかかる側面をより明確に表すとともに、幕府公人たる自覚を向上させつつ集団としての結束を強化してゆく。戦国期における幕府公人集団は、諸特権の確保を通じて、自らの「家」経営の安定化をめざす京都住人によって形成された社会的結合の一類型として位置づけられる。彼らは、室町幕府の末端に連なる職員としての地位を確保しつつ、個々の社会状況に応じて主体的に自己の経営の安定化を図る存在であったといえよう。

丹生谷哲一が、幕府公人の扶持が戦国期に至るまで地頭御家人役によりなされたことをもって「吏僚給物制は、幕府がその公権性を主張しようとするかぎり、最後まで死守すべき必然性があった」(87)と述べているように、これまでの幕府公人論は、室町幕府研究の一環として扱われることが多かった。これに対し本稿では、幕府公人それ自体と彼らを取り巻く社会環境に着目し、彼らが、京都という場に生活する「家」・集団として、幕府内外の諸勢力に対して一定の政治的主体性を発揮することで、その存立を保った様子を明らかにしてきた。とりわけ一五世紀末以降、室町幕府が幕府公人の諸特権を常時保護するとも限らない状況のなかで、幕府公人が集団としての結束を主体的に強化していったとみられる点を踏まえるに、幕府公人の問題は、室町幕府による京都住人編成の指向性や実態にかかわる問題としても、なおいっそう追究される必要があるように思われる。

一方で本稿は、室町幕府公人の京都住人としての側面を強調したことで、公人研究を含む中世身分制研究との対話が十分に果たせなかった点に問題を残している。かかる問題に取り組むためには、寺社公人をはじめとする他の中世公人と幕府公人との比較検討も自ずと必要となってこよう。さらにその作業の先には、「役」と「身分」の一致に向かうとされる近世社会への展開のなかで(88)、ここまで論じてきた幕府公人の存在形態や諸活動、指向性をどのように評価するか、という問題も立ち現れてくる(89)。困難かつ大きな課題であるが、幕府公人研究が、寺社をはじめとする他の中世公人研究とも切り結ばれるべき論点を含む課題であることを確認して、本稿は擱筆することにしたい。

（1）稲葉伸道「中世の公人」（『中世寺院の権力構造』岩波書店、一九九七年、初出一九八〇年）。以下、稲葉論考と表記。
（2）富田正弘「中世東寺の寺官組織について」（『京都府立総合資料館紀要』一三号、一九八五年）。
（3）下坂守「山門公人の歴史的性格」（『中世寺院社会の研究』思文閣出版、二〇〇一年、初出一九九三年）。
（4）阿諏訪青美①「東寺の宮仕と庶民信仰」（『中世庶民信仰経済の研究』校倉書房、二〇〇四年、初出二〇〇〇年）、②「寺院社会とさい銭」（『同』初出二〇〇一年）。
（5）三枝暁子「中世寺社の公人について」（『比叡山と室町幕府』東京大学出版会、二〇一一年、初出二〇〇七年）。ただし、「公文所」による公人編成の評価については実証面からの批判が提出されている（野地秀俊・

佐々木創・瀬田勝哉「書評 三枝暁子著『比叡山と室町幕府』」『史学雑誌』一二二編七号、二〇一三年、九一～九四頁）。

(6) 野田只夫「封建社会に於ける雑色人の位置」（『ヒストリア』八号、一九五三年）、辻ミチ子「京都における四座雑色」（『部落問題研究』四号、一九五九年）。

(7) 佐藤進一「室町幕府論」（『日本中世史論集』岩波書店、一九九〇年、初出一九六三年）、羽下徳彦「室町幕府侍所考」（小川信編『論集 日本歴史五 室町政権』有精堂出版、一九七五年、初出一九六三・六四年）。

(8) 丹生谷哲一「室町幕府の下級官人」（『増補 検非違使』平凡社、二〇〇八年、初出一九八二年）。以下、丹生谷論考と表記。

(9) 仁木宏「中世後期の都市構造」（『京都の都市共同体と権力』思文閣出版、二〇一〇年）。

(10) 「室町幕府侍所々司代浦上美濃守打渡状案」（『東寺百合文書』〈以下、『東百』と表記〉さ函六六―一号）など。多様な職掌に就く人々がいかなる場面において「公人」と称されるのかという問題は、稲葉伸道が、東大寺堂童子の分析をもとに、彼らが本来的な堂童子としての職務を逸脱した役割を果たすようになったことで「公人」の呼称が生じた（稲葉論考、三七四頁）、と論じて以降、中世公人論の重要な課題となっている。ただし、室町幕府公人に関しては、書き手により史料上の表記が一定しないこともあり、厳密な考証は困難な面がある。ひとまず本稿では、本来的には足利家の下級職員と位置づけられていたとみられる雑色・小舎人が、以下に述べるような広範な職務を遂行するなかで後発的に「公人」と呼称されてゆくという史料所見上の傾向に鑑み、基本的に稲葉の理解を踏襲しておくことにしたい。

(11) 「三年一請会引付」康応元年（一三八九）八月条（『北野天満宮史料』古記録）では、祭礼を警固した「小舎人雑色」が「彼公人」と呼称されている。本史料には「政所方公人」も登場するが、あえて「政所方」と表記されている点に注意したい。一五世紀半ば以前の政所下級職員は「政所下部」と記される場合が多い（『師守記』貞治六年（一三三七）六月一一日条など）。

(12) 注(7)羽下論考、二九頁。そのため、丹生谷論考でも雑色・小舎人の遵行への関与についてはほとんど触れられていない。

(13) 「所司代土屋熈忠遵行状」（『東寺文書聚英』一九四号）。

(14) 「室町幕府奉行人連署奉書」（『壬生家文書』一一七一号）。

(15) 注(7)羽下論考、三六～三七頁。

(16) 注(10)掲出史料、「学衆方評定引付」至徳元年（一三八四）六月二九日条（『東百』ネ函六〇号）。

(17) 遵行状・打渡状が証拠文書としての機能を有することがあった点については、齋藤慎一「遵行状・打渡状の獲得と相伝」（峰岸純夫編『今日の古文書学 第三巻 中世』雄山閣出版、二〇〇〇年）参照。

(18) 南北朝期、祇園社による犬神人の発向を停止させるために「雑色孫六」が侍所頭人から使者として派遣されている事例（『社家記録』正平七年〈一三五二〉五月二〇日条〈『八坂神社記録』一〉）ほか多数存在する。

(19) 「東寺廿一口方評定引付」応永九（一四〇二）年七月一〇日条（『東百』天地）には、東寺の主催する神泉苑掃除に「公方公人」が参仕する様子がみえる。

(20) 丹生谷論考、三一九頁。

(21) 『満済准后日記』応永三四年（一四二七）六月一四日条。永享三年（一四三一）の祇園会では駕輿丁・雑色間で大規模な喧嘩が発生しており（『同』永享三年六月一四日条）、両者の関係は常に良好であったわけではない（河内将芳「祇園会神輿駕輿丁と今宮神人」『祇園祭の中世』思文閣出版、二〇一二年、初出二〇〇六年、一六五～一六六頁）。中世後期における祇園会神輿駕輿丁とその母体については、西山剛「中近世における祇園会神輿をめぐる人々」（『芸能史研究』二一八号、二〇一七年）に詳しい。

(22) 注(11)掲出「三年一請会引付」。

(23) 中世稲荷祭の概要については、馬田綾子「稲荷祭礼役をめぐって」（『朱』二五号、一九八一年）を参照した。

(24) 「廿一口方評定引付」長享元年（一四八七）四月八日条（『東百』ち函

二五号）。

(25)「廿一口方評定引付」長享二年（一四八八）四月朔日～七日条（『東百』け函四四号、『大日本史料』八―二一、九〇七～九一〇頁）。青山由樹「室町幕府『別奉行』についての基礎的考察」（日本古文書学会編『日本古文書学論集8　中世Ⅳ』吉川弘文館、一九八七年、初出一九七九年）一八二頁も参照。

(26) 上島有「解説」（注(25)日本古文書学会編書所収）四〇〇～四〇二頁。

(27) 川嶋将生『町衆のまち　京』（柳原書店、一九七六年）一四五～一五〇頁。ただし、稲荷祭礼地口銭は、地子銭との一体化を果たしつつ文明年間以後も長く徴収され続けた（注(23)馬田論考）。

(28)「祇園社記　第一五」（『八坂神社記録』三）。

(29) 本史料に対する史料批判については、河内将芳「戦国期祇園会の再興と『祇園会山鉾事』」（『中世京都の都市と宗教』思文閣出版、二〇〇六年）、同『祇園祭と戦国京都』（角川学芸出版、二〇〇七年）参照。

(30)「社務執行宝寿院玉寿書状案」（『八坂神社文書』一九一号）。

(31) 当該期には祇園会功程銭の催促においても幕府雑色が動員されている（「室町幕府奉行連署奉書案」『八坂神社文書』二六八号）。

(32) 祇園会に関しては、二木謙一「足利将軍の祇園会御成」（『中世武家儀礼の研究』吉川弘文館、一九八五年、初出一九七〇年）、瀬田勝哉「中世の祇園御霊会」（『増補　洛中洛外の群像』平凡社、二〇〇九年、初出一九七九年）、河内将芳「室町期祇園会と公武政権」（注(21)河内著書所収、初出二〇一〇年）、北野祭礼については、三枝暁子「北野祭と室町幕府」（注(5)三枝著書所収、初出二〇〇七年）、西山剛「室町期における北野祭礼の実態と意義」（瀬田勝哉編『変貌する北野天満宮』平凡社、二〇一五年）など参照。

(33) その背景としては、佐藤進一が推測した検非違使下級職員から幕府公人への人材流入の影響も考慮に値しよう（注(7)佐藤論考）。

(34) 稲葉論考、三九一～三九二頁。

(35) 注(4)阿諏訪②論考。

(36) 注(5)三枝論考。

(37) 稲葉論考、三三八～三九二頁、丹生谷論考、三三一～三四五頁。

(38) 丹生谷論考、三三一～三三三頁。

(39) 吉田賢司「武家編制の転換と南北朝内乱」（『日本史研究』六〇六号、二〇一三年）四九～五五頁。

(40)「小西康夫氏所蔵文書」（『大日本史料』九―二一、二二三頁）。永正年間の酒麹役賦課に対する雑色・小舎人の抵抗については、久留島典子「戦国期の酒麹役」（石井進編『中世をひろげる』吉川弘文館、一九九一年）参照。

(41)『蔭凉軒日録』文明一九年（一四八七）七月一〇日条。木下昌規「戦国期侍所の基礎的研究」（『戦国期足利将軍家の権力構造』岩田書院、二〇一四年、初出二〇〇六年）一五四頁も参照。前章でみた稲荷祭礼の事例でも、東寺別奉行松田数秀は「当時儀、彼等無二御恩一間、御用共ニ不参、一向御事闕候事（衍カ）ニ候」と述べている（注(25)掲出史料）。

(42) 戦国期における地頭御家人役の徴収体制については、桑山浩然「室町幕府経済の構造」（『室町幕府の政治と経済』吉川弘文館、二〇〇六年、初出一九六五年）、今岡典和「幕府―守護体制の変質過程」（『史林』六八巻四号、一九八五年）参照。

(43) 注(11)掲出「三年一請会引付」。

(44) 稲葉論考、三九一～三九二頁、丹生谷論考、三四〇～三四五頁、仁木宏「都市共同体の確立と展開」（注(9)仁木著書所収）八六～八八頁。

(45)「洛中幷河東西郊米屋課役文書案」（『京都御所東山御文庫所蔵地下文書』一四号(1)）。

(46)『同右』一四号(8)。

(47) それぞれ、「京都大学文学研究科所蔵『小槻時元日記』」文亀二年（一五〇二）三月二日条（『日本前近代社会における下級官人の研究』二〇〇一～二〇〇四年度科学研究費補助金研究成果報告書、研究代表者：稲葉伸道）、注(40)掲出史料、「川端道喜文書」二号（『立入宗継文書・川端道喜文書』）、『親俊日記』天文一一年（一五四二）二月二三日条。

(48)「幕府政所公人等申状案」（『蜷川家文書』大日本古文書家わけ第二一、八一〇号）。

(49)「幕府政所執事摂津晴門加判奉書案」(『同右』七九五号)。
(50)「洛中洛外諸商売并徳役等条々目録」(『同右』二九四号)。
(51)「足利義高《義澄》元服等要脚借用銭条々事書」(『同右』二九三号)。「政所方引付」から補われる欠損部分も文中に含めて記載した。
(52)脇田晴子「領主経済の変質と問屋的支配」(『日本中世商業発達史の研究』御茶の水書房、一九六九年)二九一〜二九二頁。また、仁木宏も目録に載る人々を「商売役・徳役を免除された人々」としており、本史料を免除目録とみる認識が定着していることがわかる(注(9)仁木論考、三二〜三三頁)。
(53)「補註」(佐藤進一・池内義資編『中世法制史料集 第二巻』岩波書店、一九五七年)三一〇〜三一一頁。
(54)「飯尾貞運書状」(『蜷川家文書』四〇六号)。
(55)注(41)木下論考、一四五・一六五頁。
(56)高橋康夫「戦国時代の京の都市構造」(『中世京都都市史研究』思文閣出版、一九八三年)三四七〜三四八頁。
(57)「日野家領文書写」(『室町幕府文書集成 奉行人奉書篇』下、三〇九五号)。
(58)本事例については、注(56)高橋論考に加え、菅原正子「日野家領の研究」(『中世公家の経済と文化』吉川弘文館、一九九八年)が詳細である。
(59)「室町幕府奉行人連署奉書」(『東寺文書聚英』三八五号)。
(60)〈史料4〉を発給した幕府奉行人は、地子免除が行われた事実自体は否定していないため、ひとまず事実とみておきたい。
(61)『大館常興日記』天文九年(一五四〇)七月九日条、「披露事記録」天文八年(一五三九)三月一九日条(『室町幕府引付史料集成』上、一三〇頁)。
(62)室町幕府が従来は認めていた諸特権を自ら否定することがあった点については、康正二年(一四五六)の地口銭賦課などを例にこれまでにも指摘がある。馬田綾子「洛中の土地支配と地口銭」(『史林』六〇巻四号、一九七七年)、早島大佑「中世後期社会の展開と首都」(『首都の経済と室町幕府』吉川弘文館、二〇〇六年、初出二〇〇三年)など参照。かかる点が幕府公人の有する特権についても例外でなかったことに注意しておきたい。
(63)桜井英治「酒屋」(『日本都市史入門 Ⅲ 人』東京大学出版会、一九九〇年)、河内将芳「「上京地下人」「下京地下人」」(『中世京都の民衆と社会』思文閣出版、二〇〇〇年、初出一九九三年)二七一頁など。このことは、酒屋を兼業する雑色・小舎人による酒麴役難渋が生じた際に中原(押小路)師象が認めたという目安案に「為レ逃二少分之課役一、酒屋等近日号二雑色一之者、大略横入之族候歟、依二謀計之所行一、根本之課（ママ）可レ令二断絶一之条、尤歎候也」(「小西康夫氏所蔵文書」『大日本史料』九―二、二二五頁。注(40)久留島論考《表1》参照)とあることからも確認される。
(64)それぞれ、注(11)掲出「三年一請会引付」、「祇園社記 第一一」(『八坂神社記録』三)一五八頁。
(65)『親元日記』寛正六年(一四六五)三月五日条。
(66)稲葉論考、三九一頁。
(67)「幕府政所公人惣中申状案」(『蜷川家文書』八一二号)。
(68)「幕府役者公人人数注文」(『同右』八一三号)。
(69)「幕府公人衆定書案」(『同右』八一四号)。
(70)注(48)・(49)掲出史料。
(71)『伺事記録』天文八年閏六月七日条。
(72)注(48)掲出史料。
(73)三枝暁子「「町」共同体をめぐって」(『歴史科学』二一八号、二〇一四年)三三頁。
(74)「山城金頂寺僧某書状」(『春日神社文書』二七一号)。
(75)注(56)高橋論考、三四六〜三四七頁。また、日吉神人出身の有力酒屋として知られる沢村家も、雑色身分を得るとともに、後に「東綾小路町」の「行事」を務めたことが知られる(注(63)河内論考、二七一頁)。
(76)「酒屋注文」(『小西家所蔵文書』七号)。永正一二年(一五一五)作成の酒麴役算用状によれば、彼の在所は「錦小路烏丸与室町間北頰」であった(「小西康夫氏所蔵文書」『史料 京都の歴史』第4巻、三一〇頁)。

(77)「小野晃嗣氏所蔵文書」(『史料 京都の歴史』第4巻、三一三頁)。
(78)「小舎人雑色衆家間数注文」(『蜷川家文書』四〇七号)。
(79)「京都覚書」(同右)二三一頁。
(80)注(68)掲出史料。
(81)「上下京町々古書明細記」(『日本都市生活史料集成一』三都篇一)一四二頁。
(82)「諸寺勧進帳」(『京都十六本山会合用書類』)。
(83)丹生谷論考、三四三頁。
(84)注(78)掲出史料などをみるに、各雑色・小舎人の敷地丈数にはかなりのばらつきがある上、なかには姓を持たない者も確認される。よって、彼らが集団としてフラットな構造を有していたとは考えにくい。
(85)雑色・小舎人は、織田信長の入京後すぐに、信長から「屋地子并諸役・諸公事」を免除される判物を獲得している(「吉田文書」『増訂 織田信長文書の研究』補遺一二号)。
(86)注(6)両論考参照。
(87)丹生谷論考、三三七頁。
(88)三枝暁子「中世の身分と社会集団」(『岩波講座 日本歴史 第七巻 中世二』岩波書店、二〇一四年)二〇七頁。
(89)酒麴役徴収に対する雑色・小舎人の難渋行為が発生した際、造酒正側の対抗手段が幕府からの役賦課命令に依存することしかなかった点に関して、久留島典子は「「役」と「身分」が必ずしも対応せず、そこに権力自体を支える主従関係が容易に入り込んでくる状況。それらを整合的に秩序づける主体を公権力と呼ぶなら、この時代そのような意味での公権力は存在しなかったといえよう」と述べている(注(40)久留島論考、九八頁)。そのような造酒正をめぐる社会環境は、諸特権を与えられつつも、編成主体たる幕府やその保障下にある寺社本所などの都合に左右され、与えられた特権を常に安定して保持しうるとは限らなかった幕府公人のそれとも本質的には同様であったと思われる。

(まついなおと・京都大学等非常勤講師)

論文

近世鎌倉中の空間構造

岩田会津

はじめに

中世に武家政権の中心地として、「鎌倉中」と呼称された都市空間は、永享の乱以降の戦乱により衰退の一途を辿り、後北条氏期にはすでに農村の態を示していたとされる。[1]日本史上、これほど重要な都市が村落化した例は極めて少ない。

『鎌倉市史』をはじめとする先行研究は、この村落化の具体的な様相には触れておらず、単に都市が衰退、崩壊した事実のみを指摘してきた。このような一面的な現象の捉え方に対し疑義を呈したのが、藤木久志の論考である。[2]藤木は中世鎌倉の祇園会と町衆組織が武家政権の崩壊後も維持されたことを明らかにした。これは住民構成、在地組織の面で中近世の連続性を指摘するものといえる。

一方、支配の面では豊臣秀吉、徳川家康によって旧来の構造の転換が図られた点が注目されている。児玉幸多は秀吉の寺社政策を八幡宮・建長寺・円覚寺・東慶寺を優遇し、旧来の寺社勢力を牽制するものと位置づけ、家康の寺社政策によって散在する寺社領が鎌倉中に集中されたとする。[3]また中野達哉は、秀吉の政策が寺社領をそのまま安堵するものであった一方、家康の政策は寺社領の再編を伴うものであり、武家支配の枠外にあった鎌倉中の寺社勢力を自身の領国支配下におき、近世的な秩序に組み込むものであったと評価する。[4]

すなわち都市の村落化の具体的様相として、在地の面からは中近世の連続性が、支配の面からは近世的秩序への変化が指摘されてきたといえよう。しかし、上記の研究は居住地の分布や所領の形態といった問題を捨象しているために、この事象の空間的な有様はほとんど明らかにされていない。本稿では、このような問題意識のもと近世鎌倉中の空間構造について考察を試みる。

空間構造を論じる上では、近世以前の都市ないし村落景観の把握が十分になされていない点が大きな課題となる。先行研究の関心はとりわけ武家政権が栄えた中世前期に集中し[5]、近世はほとんど顧みられてこなかった。近世の地誌の記載から商工業地の所在を指摘した関口欣也の論考[6]や、明治初期の門前地について地籍の分析を通してその実態を詳らかにした木村彦三郎の研究など[7]は、対象が個々の町場に限定されているために、そもそも地域全体の交通網や集落、耕作地の立地が不明瞭なままとなっている。まずはこうした広域的な村落景観の解明が不可欠と考える。

そこで本稿では、まず議論の土台となる近世の村落景観について明治期の地籍図をもとに復元を行う（第1章）。その上で、各地域の住民構成（第2章）、所領形態（第3章）について論じ、既往研究では看過されてきた村落化の空間的様相を明らかにする。第4章では村落行政のあり方から、前章までで示した空間構造が鎌倉中の社会に与えた影響について考察を加える。最後にまとめとして、都市の村落化により成立した近世の鎌倉中の構造について、空間的な観点から一つの全体像を提示したい。

1 景観

各村の地理

中世鎌倉の都市域は、近世においても「鎌倉中」「鎌倉十数ヶ村」と呼称され一つのまとまった地域と認識されていた[8]。表1は元禄十五年（一七〇二）、天保五年（一八三四）の相模国郷帳から該当する村落の情報を抜粋したものである。これらの村落は一部に統合、分村による変化が見られるが、大半は現在の字にまでその領域が継承されている。

これらはほとんどが中世前期の地名、寺社名に由来する村名を冠するが[9]、その区分がいつごろ成立したかは不明である。しかし天正十九年（一五九一）の家康の寺社領安堵の朱印状（後述）にはすでに、「雪下」「扇谷」「乱橋」「本郷（後の大町）」「浄明寺」「山之内」「二階堂」「十二所」「極楽寺」「小町村」と、近世の村落名とおよそ一致する地域区分が見られるため、家康の関東入り時点ではすでに村落区分の大枠は定まっていたとみられる。

明治初期の『皇国地誌』の記述から各村の人口、地目（税地）ごとの面積をまとめたものが表2である。表から各村は一〇〇戸を超えるものとそれ未満の大小二種類に大別できる。地目を見ると前者では乱橋材木座村の

表1 『相模国郷帳』における鎌倉中の村落

〔元禄15年相模国郷帳〕				〔天保5年相模国郷帳〕			
村名	石高(石)	比率(%)	永高(貫)	村名	石高(石)	比率(%)	永高(貫)
極楽寺村	45.979	37.4	41.120	極楽寺村	45.979	37.4	41.120
山之内村	40.450	15.3	119.350	山之内村	40.450	15.3	119.310
扇谷村	9.289	3.5	136.389	扇ヶ谷村	9.289	3.5	135.296
雪下村	15.237	5.7	134.630	雪下村	15.237	6.1	125.030
長谷村	146.653	97.5	2.000	長谷村	146.653	97.5	2.000
材木座村	32.883	63.7	10.000	乱橋材木座村	85.059	35.0	84.550
乱橋村	52.176	27.2	74.550				
大町村	63.193	6.7	471.440	大町村	63.380	6.7	471.440
小町村	28.273	16.1	78.540	小町村	29.367	15.0	89.340
西御門村	5.586	46.9	3.387	西御門村	5.587	40.0	4.480
二階堂村	19.958	8.3	118.600	二階堂村	14.346	6.2	115.354
浄妙寺村	5.635	2.8	106.370	浄明寺村	5.636	2.8	106.370
十二所村	5.656	5.5	52.425	十二所村	5.656	5.5	52.380
坂之下村	64.013	100.0	0.000	坂之下村	64.013	100.0	0.000

出典）『市史　近世史料編』1—6，16。
注）「比率」は村高に占める石高の割合を表す。

ように山林地の割合が少ない村落が多く、後者では極楽寺村のように山林地が過半を占める村落が多いことがわかる。これは村落が平地上に立地するか、谷合に立地するかによって、集落の規模に差異が生じていたことを示している。

明治初期地租改正図

この構成を地図上で確認したい。図1は明治六年[10]（一八七三）の地租改正令に伴い作成された鎌倉中の各村の地引絵図から、当時の景観を復元したものである。本図には村境、字境、道路、水路のほか、宅地、田畑地などの地目が地番ごとに色分けで示されており、図1ではこのうち地形、インフラ、集落立地に関係する地目を図示した。

図1から、鎌倉中では先述の分類に対応して、平地の村落では大規模な集落が、谷合の村落では小規模な集落が形成されている様子が窺える。

平地では寺社門前と街道筋に大規模な集落が見られる。前者は鶴岡八幡宮、長谷寺、光明寺の門前が該当し、図の外においても山ノ内の建長寺、円覚寺の門前に集落が存在していた（後述）。後者は海沿いを走る東西の古東海道と平地東部を南北に走る小町小路に沿って、坂ノ下および大町辻

芝　地	溜　池	面積計
		123.0.1.08
		79.8.0.01
		173.1.0.07
0.2.1.14		38.7.1.29
		8.8.9.15
		13.8.4.12
		135.2.8.14
		84.5.9.26
		65.7.6.18
0.0.4.13		70.3.4.16
0.1.1.16	0.0.5.00	242.7.4.16
		113.9.3.23
0.1.2.12		73.9.3.00

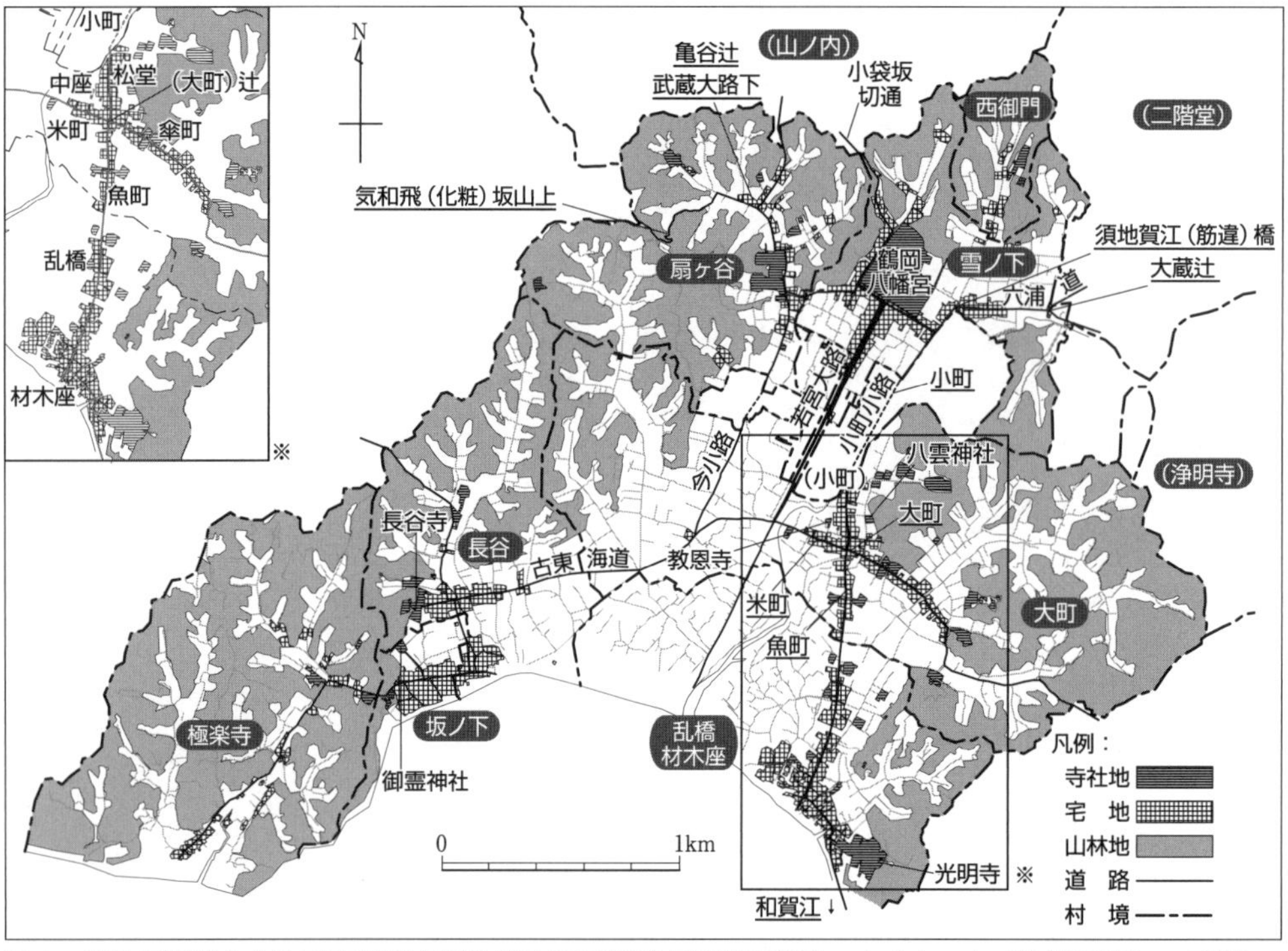

図1　明治初期鎌倉中地目図（明治初期地租改正図〈鎌倉国宝館所蔵〉）　山ノ内・十二所（範囲外）・二階堂・浄明寺・小町村の分は未確認。太字下線は『吾妻鏡』記載の町屋免許地（松尾剛次『中世都市鎌倉の風景』〈吉川弘文館，1993年〉を参照）。

表２　『皇国地誌』における鎌倉中の村落

村　名	戸	数			戸数計	人口計	税				地	
	士	平	社	寺			田	畑	宅　地	藪	山　林	萱山／野
山ノ内村		154	1	47	202	825	7.3.8.01	31.7.3.15	7.3.7.10	0.7.9.21	75.7.2.21	
雪ノ下村	4	143	2		149	712	3.7.8.08	32.1.0.22	8.5.9.23	0.0.8.19	34.9.1.09	0.3.1.10
大町村		148	1	12	161	784	16.2.2.12	76.6.4.12	5.6.7.27	0.4.8.26	74.0.6.20	
小町村	2	56	1	6	65	276	4.8.8.08	16.7.5.20	4.0.2.26	0.1.2.27	12.7.0.24	
西御門村		17	1	2	20	136	0.4.9.20	1.6.7.03	1.2.8.19		5.4.4.03	
坂之下村		118	1		119	654	0.1.6.22	6.4.6.12	2.8.0.19		4.4.0.19	
極楽寺村		67	3	2	72	399	6.0.6.12	23.5.9.22	3.3.6.06		101.5.2.03	0.7.4.01
乱橋材木座村		206	4	10	220	1143	7.9.7.09	53.3.7.29	7.3.0.22		15.9.3.25	
長谷村	2	111	2	5	120	697	2.8.8.21	20.6.6.01	4.4.1.03		37.8.0.23	
扇ガ谷村	3	47	3	8	61	290	7.8.9.12	19.3.0.13	3.0.4.00	0.9.1.09	39.1.4.29	
十二所村		42	1	2	45	221	9.8.0.11	10.0.0.07	1.7.1.22	0.4.9.16	220.5.6.14	
二階堂村	1	42	4	3	50	237	7.0.7.26	17.2.5.15	2.3.7.19	0.9.6.04	114.9.0.27	1.3.5.22
浄明寺村		40	1	2	43	214	4.6.1.15	17.3.6.17	2.1.4.07	0.6.6.24	48.3.5.12	0.6.6.03

出典）『神奈川県皇国地誌相模国鎌倉郡村誌』(神奈川県郷土資料集成第12輯)。
注）　面積の単位は(町.反.畝.歩)の順。

近辺で町並みが見られる。特に小町小路の町並みは「鶴岡八幡宮領往還谷々小道分間図」によれば大蔵から光明寺門前まで家屋が連なる長大なものであった。

以上の構成は、幕末の「鶴岡八幡宮領往還谷々小道分間図」[11]や元禄期以前に作られたとされる「相州鎌倉之図」[12]、貞享二年（一六八五）『新編鎌倉志』[13]挿図に記載される状況とも一致しており、近世初期貞享年間まで遡ることができる。これらの門前と街道筋の集落は、全て近世の地誌に商工業地として記載のある地域であるため[14]、鎌倉中では商工業地が村落景観の主体であったといえよう。

また図１から、集落は鎌倉中全域でみると東西の二極に集中しており、村落間で連結している箇所も見られることがわかる。その結果、由比ガ浜砂丘と、多くの谷合には広大な無人地帯が形成されている。これは鎌倉中の集落が本来東西二つにまとまっていたことを強く推定させるものであり、村落化する前の中世都市の骨格を表していると考えられる。近世の行政村の境界はこうした先行する構造が分節された結果として生じたと思われる。

中世都市景観との比較

中世都市との関係性についてより詳細に検討したい。中世の都市景観は、以前は若宮大路を平安京の朱雀大路に擬した計画的都市を推定する研究者もいたが[15]、現在ではそれは否定され、当時の主要な街道を軸に都市が展開していたとする考え方が主流である[16]。特に鎌倉時代以前から存在していた平地の古東海道および六浦道の二本の東西道と、これらをつなぐ小町小路や今小路などの南北道が都市軸として重要視されており、考古学調査によってこれらの街道は現在の道路網と一部一致することが明らかにされている[17]。

図1を見ると先ほどの街道筋の集落はこの都市軸上に展開していることがわかる。このことから、近世の街道筋集落は、中世都市の形態を反映したものであることが想定される。事実、鎌倉時代には幕府によって商工業地として町屋免許地が指定されたことが『吾妻鏡』に記載されているが[18]、その位置は扇ガ谷村の二ヶ所を除けば全て近世の街道筋集落の立地に対応する。中でも大町辻近辺に町屋免許地が集中するが、当地は北部に鎌倉幕府歴代将軍の御所[19]、南部に中世の軍港である和賀江島が存在しており、小町小路は古東海道から両者に至る主要経路となっていた。町屋免許地はこうした交通の要衝に展開した商工業地を背景に設定され、それが近世の街道筋集落の母体となったと考えられる。

また南北朝期の「円覚寺境内絵図[20]」および「浄光明寺敷地絵図[21]」には門前に家屋が密集している様子が描かれており、近世の門前地も中世の景観との一致が指摘できる。

谷合には武家屋敷が立地する傾向（「谷立地傾向」）があったことが山村亜希により指摘されている[22]。近世の谷合の無人地帯は、武家政権の崩壊に伴い武士が退去したことで生じたと考えられる。

中近世鎌倉中の景観の変化は簡潔にいえば、以上の「街道筋」「門前地」と「谷合」の三類型で説明されよう。すなわち、谷合は武士の退去に伴って耕地化・無人化した一方で、平地では中世の商工業地の形態が、近世の街道筋、門前地の町場に反映されていたのである。

町場における中近世の景観の連続性は、藤木が指摘した在地組織の中近世の連続性と呼応する現象といえる。実際に次章で論じる通り、集落内部の住民構成は景観の類型に応じて差異が生じていることを指摘することができる。

2　住民構成

街　道　筋

前章では、大町辻と坂ノ下の二ヶ所の街道筋に町場が存在することを指摘した。中世の商工業地に由来すると考えられる両地域は近世においても、それぞれ材木座と坂ノ下の浜辺に漁民が居住する他は商工業地であった[23]。

大町辻では光明寺文書内の明応六年（一四九七）の「善宝寺坪付[24]」と題する史料から、中近世移行期の状況が示される。史料には善宝寺分の所領として、「米町青物屋」、「中座紙屋」、「峰岨銀細工」といった商工業者の屋地が坪単位で記される。善宝寺は大町辻北西部の現教恩寺境内に立地していた寺院であるが、「米町」「中座」はその周囲の地名にあたるため[25]、善宝寺では境内周辺に商工業地が展開したことがわかる。同時期の「善宝寺絵図[26]」にも境内周辺の街道沿いに「米町」と記載され家屋が軒を連ねる様子が描かれる。

図1では、善宝寺の他にも街道筋の宅地の裏手に寺社が多く立地しており、この地域は中小寺社門前地の集合体としての様相も持ち合わせていたことがわかる。これらの中には日蓮宗寺院が多く、また八雲神社においては中世から現代に至るまで祇園会が行われていたことが知られている。松尾剛次が論じているように[27]、これは町衆が成立した京都の状況と一致するものであり、鎌倉中でも同様に商工業者による社会集団が成立していたことが想定される。『快元僧都記』天文三年（一五三四）六月十六日条には「町人」が七度小路（若宮大路）と下馬橋の修復を発願した件、天文九年（一五四〇）九月二十八日条には「町人共」が八幡宮院家に対し「御神輿御供事」について尋ねた件が記載されているが[28]、これは社会集団としての商工業者の活動を示すものと考えられる。

このように大町辻では断片的ながら、戦国時代の戦乱の中、商工業地が存続したことが史料上確認できる。前後の時代の状況と合わせれば、当地の商工業地は中世前期から近世まで維持されたといえよう。

坂ノ下では極楽寺切通の下に横町、裏通りを持つ面的な町場が形成されている。坂ノ下村の文久元年（一八六一）の商売仲間議定[29]に一〇〇人以上の連署が見られるように、当村は鎌倉中の一大商業地であった。北部には長谷寺の門前に町場が見られるが、図1を見ると坂ノ下とは集落が分断されている。したがって坂ノ下の町場は長谷寺門前とは別個に形成された集落であると考えられる。

集落の中央に参道を持つ御霊神社は、史料上、中世初期には存在が確認される神社であり[30]、集落の核と見なせるだろう。中世の坂ノ下の商業地を史料から確認することはできないが、文久の商売仲間議定がこの御霊神社に所収されている文書であることを考慮すれば、大町辻と八雲神社の関係と同様にして、坂ノ下においても御霊神社を核とした商人集団が中世に成立していたことが想定される。

門前地

近世の鎌倉中では寺社に多くの参詣客が訪れたが、その門前には必ずしも商業地が成立していたわけではなかった。その最たる例が建長寺である。明治二年（一八六九）の調査によれば建長寺門前には一九軒の「境内無高家来百姓」と一四軒の行者（寺院の雑務を行う俗人）・門番などの帯刀者が居住しており[31]、寺院被官層のみで門前地が構成されていた。また木村によれば円覚寺門前にはこのような被官層の他に、石工、畳屋、桶職などの御用職人が居住しており、光明寺門前においてもこうした寺と関わりのある職人が居住していた[32]。

このように近世の門前地では寺院被官や御用職人が重要な構成員であった。木村は、円覚寺では中世においても、伽藍建設に従事した職人や行者目代門番等が境外の門前地に居住したとする。また円覚寺には建武四年（一三三七）および貞和四年（一三四八）の門前屋地に関する史料が存在しており、秋山哲雄によって南北朝期には寺院から下級僧の「承仕・小番」に与えられた門前地が、さらに「畳刺」などの職人層に又貸しされる重層的な所有体系が構築されていたことが明らかにされている[33]。

このような寺院の強い支配下にあった門前地は、当時の莫大な寺内需要に支えられたものと考えられ、街道筋の商業地とは対置的な都市空間と捉えられよう。木村によれば建長寺、円覚寺門前では中世の職人や行者、目代、門番の子孫が現代に至るまで居住しており、中世の門前町は住民構成を大きく変えずに近世以降に継承されたと考えられる。

鶴岡八幡宮の門前には、享保十一年（一七二六）時点で二四軒の旅籠屋が存在しており[34]、参詣客を対象とした商業地・宿場が成立していたことが知られている。これは先述の建長寺とは対照的な例であり、中世の門前町との関連では説明されない集落構成を示しているように見える。事実、近世初期に彦坂元正が八幡宮に対して「小袋坂之下ゟ前橋之双方之前、又扇谷境を切而、御客来等又ハ御両殿様此地江下着候時分、似合〳〵之人宿を茂可仕様ニおもて向之家をも作り候ものを可被御入替[35]」旨の指示を出しているように、八幡宮門前は近世に入って幕府により要人来訪に備えて宿場町として整備されたのであった。

一方、同時期に幕府は近世以前に各地に退去していた八乙女の還住を行っている。彼らは商人、職人と混住する形で門前地に屋敷を与えられていた[36]。近世の八幡宮門前は商工業地のみならず社人屋敷地としての性格も持っていたのである。

また、木村が明らかにしたところによると、明治五年（一八七二）の壬申戸籍調査時には門前居住者の大半が社人で占められており、彼らの多くは副業として旅籠等の商工業を営んでいた。すなわち八幡宮門前の商工業地は社人によって担われており、実際は建長寺同様、寺社被官層が門前地を構成していたのである。近世初頭に再編されたとはいえ、八幡宮門前の住民構成も従来の門前町の流れを汲むものであり、商業地・宿場町としての性格は社人層の商工業者への転業によって副次的に生じたものと捉えられる。

谷　合

先述の通り谷合は武家政権の崩壊後、無人地となったがその一部に小規模な集落の形成が見られた。これらの集落も中世の街道筋や門前地の町場との関係が指摘できる。一例として扇ガ谷村を見てみたい。

図2は、図1のうち扇ガ谷村の地目を拡大して示したものである。図からわかる通り扇ガ谷村では亀ヶ谷坂近辺と、浄光明寺、寿福寺門前の三ヶ所に集落が見られる。

亀ヶ谷坂の集落では街道沿いに家屋の展開が見られる。この街道は平地部から切通を越えて山ノ内へ至る中世以来の交通路であり、近世においても平地部から建長寺の伽藍へ至る主要路であった(37)。この地域は鎌倉時代の「亀谷辻」の町屋免許地にあたる（図1）ため、集落は交通の要衝に成立した中世の商工業地に由来すると考えられる。

浄光明寺門前では、「浄光明寺敷地絵図」にすでに町屋が見られる。円覚寺の例を考えれば当寺にも中世に行者などの寺院被官層が居住しており(38)、それが近世の集落につながったと考えられるだろう。「寿福寺領地図」に「寿福行者屋敷」「寿福行者地」との記載が見られるため、寿福寺では絵図

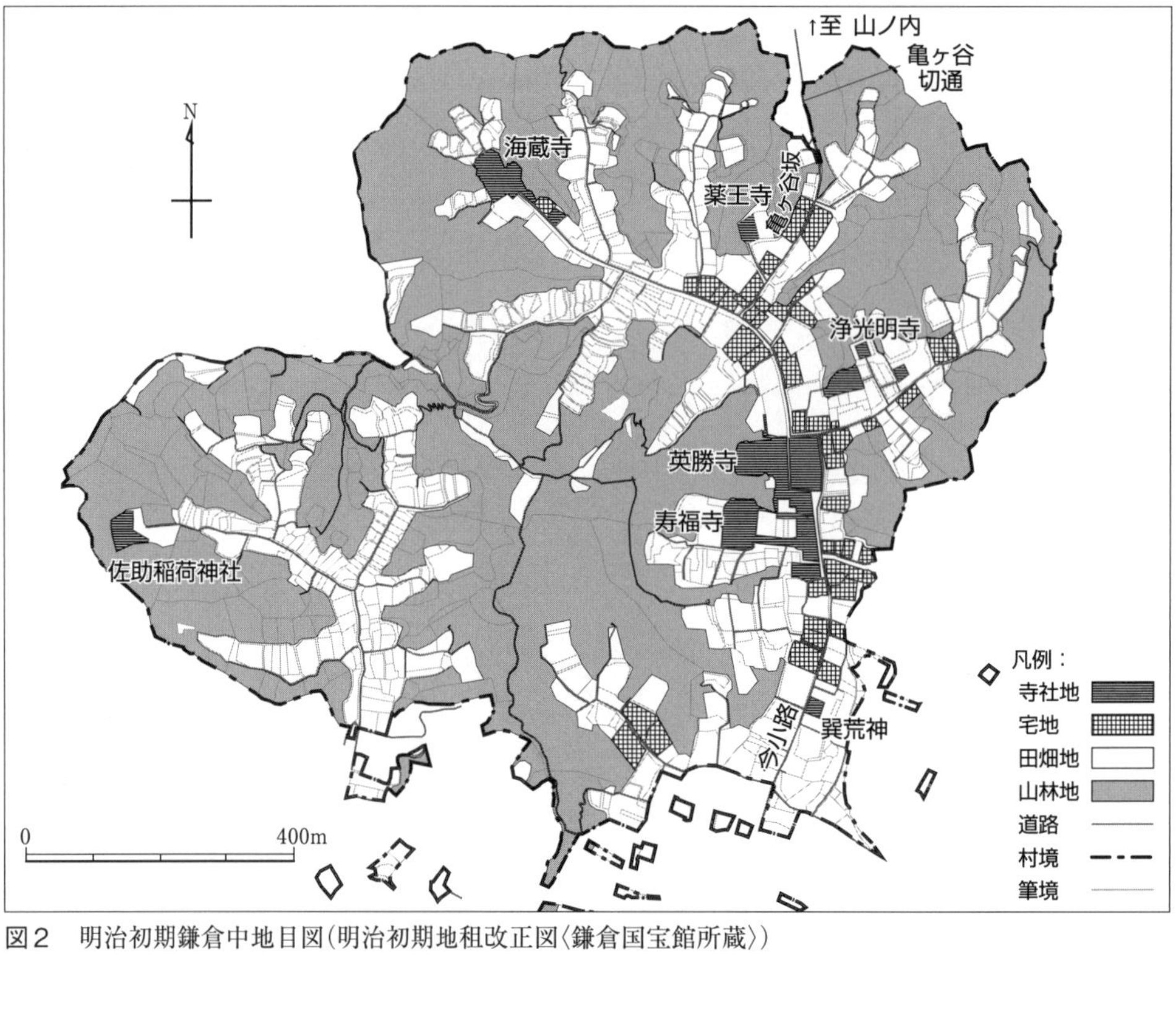

図2　明治初期鎌倉中地目図（明治初期地租改正図〈鎌倉国宝館所蔵〉）

が作成されたとされる、江戸初期貞享年間まで門前に行者が居住していたことがわかる。当寺の五山第三としての扱いを考えれば、建長寺・円覚寺と同様に寺社被官層が居住する中世の門前町が近世の集落につながった可能性は高い。

谷合のその他の地域でも同様のことが推定される。極楽寺村の集落は古東海道沿いに形成され、かつ極楽寺の門前地としての性質を持つ。西御門村でも来迎寺を核とした門前集落が認められる。

これらの集落は人口減少の結果、小規模なものになったと考えられる。実際に寿福寺門前では、江戸初期の「寿福寺領地図」と図2を比較すると今小路の居屋敷の一部が耕地化しており、人口減少が進行している状況が窺える。浄光明寺門前の散居的な家屋の配置も同様に集落規模の縮小を表すものであろう。両寺は近世に荒廃していたことが知られており(39)、そのことが門前の人口減の直接的な要因になったと考えられる。

表3は明治三年（一八七〇）「相模国鎌倉郡扇ヶ谷村平民族戸籍」(40)に記載されている職業から扇ガ谷村の職種ごとの家数を集計したものである。本史料は平民のみを記載しており、村内にはほかに僧侶・神官と、御用刀工山村家および同氏拝領地内の二家が居住していた。表から村内に大工兼業の小間物売を除いて商人がおらず、集落規模の縮小の結果、街道筋、門前の商業地としての性格がすでに失われていた様子が読み取れる。

表3　明治3年扇ガ谷村職業内訳

職業	家数	備　　考
農業	13	
大工	8	（兼小間物売1）
先山	4	
左官	2	
木挽	1	
屋根	1	
仏師	4	（兼社人経師1）
桶工	5	
綿打	2	
板行	1	
計	41	

出典）「相模国鎌倉郡扇ヶ谷村平民族戸籍」（鎌倉国宝館所蔵）。
注）「農業」以外は全て「農間／○○」の形で職種が記載される。

一方、職人層が村内の大半を占める点で扇ガ谷村は極めて特徴的である。同様の状況は天保九年（一八三八）の「鎌倉中渡世書上帳」(41)からも確認できる。本史料では扇ガ谷村三九軒のうち、村内の過半数にあたる二〇軒が「農間諸職人」として記載される。この中には建長寺、寿福寺英勝寺の寺社大工として知られる河内家や、鶴岡付仏師の加納家、三橋家、御用刀工山村家などの職人が含まれる(42)。「平民族戸籍」では彼らの職業を全て「農間」と記すが、これは明らかに表向きの記載であり、実態としては寺社や武家に雇用された専業の職人であった。

彼らは扇ガ谷村の旧家であり、ほとんどが後北条氏期からの活動を確認できる。特に仏師に関しては、文和四年（一三五五）以前に作成された光触寺の「頬焼阿弥陀縁起絵巻」の霊験譚に亀谷仏師が登場しており(43)、扇ガ谷村に相当する地域は少なくとも室町初期には仏所所在地として認識されていた。この事実は職人村落としての扇ガ谷村が中世の都市職人を基盤に成立したことを示唆するものといえよう。

小括

以上で述べたように「街道筋」では商工業者が社会集団を形成した一方、「門前地」は寺社被官層により構成されていた。これは中世都市の構造を反映したものであり、近世の参詣地化も基本的にはこの構造に従って説明された。

「谷合」においても一部で中世の街道筋、門前地の町場が存在していたが、近世には集落規模が縮小し、その商業地としての性格は失われていた。しかし中世都市の要素は完全に失われたわけではなく、職人主体で村落が構成されていた扇ガ谷村のように特異な集落を成立せしめる結果となっていたのである。

3　所領の形態

大規模所領

寺社領が大半を占める鎌倉中の特異な所領形態は、秀吉、家康により発給された一連の朱印状により、その領域が画定された。

浅倉有子によれば享保十八年（一七三三）の時点で鎌倉中の領高の内訳は社領が五三・六九％、寺領が二八・六三％、幕領が一七・六七％であった(44)。内訳をさらに細かく見ると、後述する通り幕府および鶴岡八幡宮・建長寺・円覚寺・東慶寺の五者の所領がそのほとんどを占めていた。このうち鶴岡八幡宮・建長寺・円覚寺は、家康朱印状の前後で所領の付け替えが行われていたことが明らかにされている(45)。このような一部の領主に所領が集中する状況は、冒頭で述べた家康による寺社領再編の結果と考えられる。本章では、はじめにこの五者の所領の空間配置から、家康の政策の意図を明らかにしたい。

まず幕領については元禄十五年（一七〇二）および天保五年（一八三四）の「相模国郷帳」（表1）の記載から、その大まかな境域が判明する。本史料では村高が永高と石高に分けて記されるが、これは鎌倉中では寺社領高のほとんどが永高で表記されたためである。したがって史料中の石高は幕領高を表していることになる。両者の間には一貫＝一石八斗七升の換算式があることが知られており(46)、表1にはこの式をもとに各村落の石高（幕領）比を示した。この比から長谷村と坂ノ下村では村高のほぼ全てが幕領であったことがわかる。

一方、寺社領はその他の村落で大半を占めている。表4は家康朱印状などの記載から各寺社の朱印地高をまとめたものである。表から鶴岡八幡宮以下四寺社（以下「四寺社」）とそれ以外の寺社では朱印地の規模について明確な差が見られる。前者が一〇〇貫を超える規模であり、合わせて寺社領全体の九割以上を占めるのに対し、後者は二〇貫未満の規模しかない。

四寺社の朱印状には地域ごとの内訳が記載される。第1章で論じた通りこの地域名は近世の行政村と対応するものと考えられる。表4にはこの内訳から四寺社の朱印地が村高に占める割合をそれぞれ記した。表から四寺社の朱印地が多くの村落で高い割合を占めており、これら四寺社領が立地する村落と、幕領地である長谷、坂ノ下村を合わせると、ほぼ鎌倉中全域に相当することが読み取れる。

また、四寺社の朱印地は村落の重複がないように設定されている。例外

表4　鎌倉中の寺社朱印地高

寺　社　名	永高(貫)	地域名	比率(%)
鶴岡八幡宮	(840.450)	(計)	
	125.030	雪下	87.6
	98.830	扇谷	69.9
	68.550	乱橋	66.9
	458.970	本郷	90.8
	89.070	浄明寺	81.4
建長寺	(95.900余)	(計)	
	63.600余	小町村	67.9
	32.300余	十二所内	58.3
円覚寺	(144.830)	(計)	
	113.210	山之内	80.3
	31.620	極楽寺内	48.1
東慶寺	(112.380)	(計)	
	82.060	二階堂	63.5
	20.080	十二所内	36.2
	6.240	極楽寺内	9.5
浄智寺	6.140		
浄明寺	4.300		
覚園寺	7.000余		
荏柄天神社	19.200		
浄光明寺	4.800		
荒神社	1.000		
寿福寺	5.200		
長谷観音	2.000		
極楽寺	9.500		
光明寺	10.000		
長勝寺	4.300		
天王(八雲神社)	5.000		
妙本寺	1.200		
本覚寺	12.200		
安養院	1.600		
大行寺	7.200		
別願寺	2.500		
宝戒寺	9.600		
本興寺	0.550		

出典）天正19年朱印状（『市史　史料編』），『市史　近世通史編』表23。
注）「比率」は村高に占める４寺社の朱印地高の割合を表す。カッコ内は執筆者による算出。

として十二所村と極楽寺村には四寺のうち二寺分の朱印地が存在するが、この場合は朱印状の表記も「十二所内」「極楽寺内」と差がつけられている。各村落で四寺社領が占める割合の高さも考慮すれば、四寺社の朱印状に記される地域名は、一部の小規模な所領を除いた村落全体を朱印地として安堵することを意味したと考えられる。

以上から、幕領および四寺社の朱印地は鎌倉中全域を行政村単位で配分したものであることが明らかにされる。それ以前は四寺社の所領は鎌倉外に散在していた。(47)『小田原衆所領役帳』によれば、後北条氏統治下の鎌倉中の寺社領は、「鶴岡領」が二〇五貫、「鎌倉中諸寺へ御寄進」の知行分が二二〇貫存在するにすぎず、(48)一三〇〇貫を超える近世の寺社領は、家康によって鎌倉外の四寺社領が鎌倉中に集約された結果、成立したものであった。(49)

近世の行政村は、このような所領再編の過程で家康の朱印状において初めて史料上に登場するのである。その領域が何を基準に設定されたかを史料から明らかにすることはできないが、以上の経緯を踏まえれば、所領再編に際して各領の高が一致するように村落領域が設定された可能性を指摘できよう。第1章で、景観面から村落領域が先行する集落構造を後世に分節して設定された可能性に触れたが、これも村落領域が所領再編に伴って創出されたことを暗示するものと考えられる。

小規模所領

村落内には他に小規模な所領が点在していた。その一つは長谷近辺の村落以外に散在する小規模な幕領であり、もう一つは四寺社以外の零細な朱印地である。

幕領の一部は朱印状発給後に寺社領が上知され生じたものであった。近世初期に山ノ内村、極楽寺村、小町村において行われた建長寺、円覚寺領の上知がこれに該当する。(50)

その他の寺社領および幕領の一部は家康の朱印状の時点ですでに成立していたものである。その境域は以下に論じるように、それぞれ第1章で提示した「門前地」「街道筋」の集落類型に従うものであり、近世以前の所領形態を継承するものであった。

幕領と「街道筋」

慶長十一年（一六〇六）「鎌倉中反銭棟別改地帳」、享保十八年（一七三三）「相模国鎌倉郡拾ヶ村寺領御料社領高改帳」、年不詳「鎌倉惣高之帳」（以下まとめて「幕領高帳」）(51)は、鎌倉中の幕領高について村落ごと、種別ごとの内訳を記載した史料である。年不詳の幕領高帳は記載内容から寛永十一年から延宝七年以前の情報を記していると考えられる。(52)表5はこのうち、慶長十一年、年不詳の幕領高帳から三年代の情報(53)をまとめたものである。

表から幕領は田畑山手の他、反銭、棟別銭、改地と多様な種類に分かれていることがわかる。これらを束ねる概念の一つが「御公方物」であった。慶長十一年の幕領高帳冒頭にはこの御公方物について以下のような記載がある。

［史料1］

高五百四拾六石壱斗四升　　鎌倉此わけ
御公方物
一田上中下四拾八石弐升弐合　此納米四拾五俵四合
一反銭棟別山手弐百壱石七斗九升六合
納米五百七拾六俵也

5－2. 年不詳
「鎌倉惣高之帳」

反銭	改地	山手	田	畑	その他
1.811	4.23		5.519		
0.43	1.063				
1.282	0.953				
3.31	1.8				
2.458	0.2				
0.492					
1.369					
1.588	5		4.02	7.66	
0.861			4.412	9.442	2.4
(13.601)	(13.246)		(13.951)	(17.102)	(2.4)
1.545		0.1			0.857
1.922		0.07			
6.118		0.072			
1.5	5.775				
3.485	3.413				
4.768	2.39				
	18.16				
(19.338)	(29.738)	(0.242)			(0.857)
1.586		3.45	3.58	13.629	
2.02		1.6	11.878	91.091	1.7
(36.545)	(42.984)	(5.292)	(29.409)	(121.822)	(4.957)

5－3. 延宝7年
「鎌倉中御公方物之細割之帳」

地域名		※	改地	付定
町中	小町	31.317	1.02	0.812
	大町	11.144		
	中座	3.144		
	正楽分	1.8		
	傘町	6.034		
	米町	8.324		
	うお町	1.679		
	辻	3.274		
	材木座	18.248		0.725
	(小計)	(84.964)	(1.02)	(1.537)
上谷合	十二所	7.604		
	浄明寺	2.861		
	二階堂	7.674		
	西御門	4.155	2.735	
	雪下	4.044		
	扇之谷	11.3		
	山ノ内上ノ町	2.684	1.3	
	中之町	5.577	4.67	
	下ノ町	8.406	4.75	
	(小計)	(54.305)	(13.455)	
	極楽寺	19.216		
	長谷村	82.304		3.67
	坂下	24.232		0.792
	(計)	(265.021)	(14.475)	(5.999)

(以下略、記載内容は表5―1の通り)

この記述に従えば、御公方物は「田」約四八石と「反銭棟別山手」約二〇一石から成っていた。両者の石高を先の換算式から永高に直し表5―1と比較すると、前者が「改地」、後者が「反銭棟別」および「山手」の合計に相当することがわかる。(54)

このうち改地は上知により生じた幕領と考えられている。(55) 反銭棟別銭はそれぞれ鎌倉中の田地、家屋に賦課された役銭であり、後北条氏時代の遺制としての性格を持つものであった。(56) 役銭は幕領寺社領の区別なく対象地に一律に賦課されていたものであり、地面が寺社領である場合も無地高として便宜上幕領に算入されていた。(57)「御公方物」はこのような特殊な形態を取る幕領の総称として用いられたと考えられる。

その他の「田」「畑」の項は、面積を持ち土地としての実態を有する所領に当たる。

以上の幕領の分類は、以下の史料に「御公方物」と「御領所」という形で表れる。(58)

[史料2]

書付を以、詫言申上条々

一　鎌倉寺社領被下置候内、反銭・棟別・改屋敷等之御公方物、寺社領之内いりましり候間、寺社領百姓諸役被仰付候、依之百姓退転申候、然ルニ反銭之儀者、田地茂無之、田作り候役ニ候間、御免可被下候事、

一　御公方物事をハ、御領所つゝきの長谷村近所を以、被召置候而、相残寺社領之百姓等ニ、一円諸役不仕候様ニ、かたきり被成候而可被下候事、

表５　「幕領高帳」内訳

5－1.　慶長11年
「鎌倉中反銭棟別改地帳並ニ寺社領渡帳」

地　域　名		反銭棟別	改　地	山手	田	畑	不明	地域名	棟　別
四ヶ町之分	小町分	7.539	0.342					小町分	3.213
	町小路	5.7	0.962					町小路分	2.537
	中座ノ分	3.495						中座分	2.06
	松堂分	4.501	2.123					松堂分	2.739
	[傘町]	5.94	0.18					からかさ町	1.267
	米町分	7.392	0.2					米町	5.278
	[うお町]	1.565						魚町	1.073
	辻分	3.274						辻町分	2.531
	[乱橋分]	8.905					5.17	乱橋分	7.342
	材木座分	2.99						材木座分	2.84
	(小計)	(51.301)	(3.807)				(5.17)	(小計)	(30.88)
上ノ谷之分	十二所分	7.378		0.1				十二所村	1.104
	浄明寺分	2.635		0.07				常明寺村	0.622
	[二階堂]	7.674						二階堂村	1.356
	西御門	1.299	8.045					西御門村	
	雪ノ下	3.226	0.817					雪下村	
	扇之谷	8.24	1.978					扇之谷村	2.9
	山ノ内三ヶ町	12.65	13.639					山之内村	
	(小計)	(43.102)	(24.479)	(0.17)				(小計)	(5.982)
	極楽寺	4.75	1.958	3.2	11.828				1.33
	長谷	6.398			22	103.462		長谷村	1.044
(計)		(105.551)	(30.244)	(3.37)	(33.828)	(103.462)	(5.17)	(計)	(39.236)

出典）『市史　近世史料編』１―42, 53。
注）　数値の単位は貫，カッコ内は執筆者による算出。
※）　史料に種目は記されないが，貫高から反銭棟別，山手，田，畑の合計に当たると推定される。

（以下略、傍点引用者）

この文書は慶長期、四寺社が彦坂元正に対して役銭の免除を願い出た書状である。本史料から御領所が長谷村に存在したこと、「反銭・棟別・改屋敷等」から成る御公方物が「寺社領之内いりまし」る散在所領であったことを読み取ることができる。文書では御公方物を「御領所つゝきの長谷村近所を以」て召し置くよう願い出ているが、裏を返せば御公方物はその他の村落にも存在していたことになる。鎌倉中に散在する小規模な幕領は、このような御公方物の空間分布を反映したものといえよう。

以上より鎌倉中の幕領は長谷近辺の御領所と、その他の地域に散在する御公方物に分類できる。表5―1、5―3を見ると、後者はさらに「町中」（四ヶ町）と「上谷合」（上ノ谷）に二分されていたことがわかる。このうち「町中」は小町、大町、乱橋材木座村、「上谷合」は「町中」の三ヶ村と御領所が存在する長谷、坂ノ下、極楽寺村を除いた村落に該当する。「町中」には村落区分とは異なる一〇ヶ所の地域名が記載されているが、これらはほとんどが大町近辺の街道筋の地名に比定できる（図1）[59]。

両地域の幕領は棟別銭の徴収額に大きな差が見られる。表5―2から計算すると計三〇貫強の「町中」と計六貫弱の「上谷合」では棟別銭高に五倍程度の開きがある。一方、表2から両地域の戸数を算出すると、「町中」が四一〇戸に対し「上谷合」が四八五戸であり、棟別銭の比率と一致しない。これは、「町中」では棟別銭の課される家屋の割合が「上谷合」より高いことを意味する。

役銭は無地高であるため、その賦課対象の地面が幕領であるとは限らない。実際に反銭に関しては、「町中」「上谷合」に幕領の田畑が存在しないため、寺社領地面に課されていたとわかる。しかし棟別銭は、そのほとんどが幕領地面の宅地に賦課されていたと考えられる。

このことは安政二年（一八五五）の「相州鎌倉郡雪之下村組合村々地頭性名其外書上帳」(60)から示される。本史料は鶴岡八幡宮の社役負担組織である「雪ノ下組合」内の村落について、所領ごとの高、戸数、人口などを記載したものである。鎌倉中では長谷村、坂ノ下村を除く全村落について記載があり、その内容を表6にまとめた。

表からほとんどの村落で幕領に居住者が存在することがわかる。扇ガ谷村の幕領が「無民家」となっているのは、幕領が無地高の反銭から成るためである(61)。山ノ内村では幕領は改地（上知）から成るが、無民家であるためその中に宅地は含まれていなかったことになる。裏を返せば、その他の村落では幕領は宅地を有していたといえよう。表から幕領の戸数を地域ごとに集計すると、「町中」に当たる三ヶ村では全三七九戸中二一九戸、「上谷合」では全二八六戸中五〇戸を占めており、両地域の戸数比は棟別銭高の比に近似することがわかる。したがって両地域では棟別銭は幕領の宅地に賦課されたものと考えられる。

「町中」の三ヶ村は幕領民が特に集中しており、地域人口の過半数が幕領に居住する。第**1**章では善宝寺の門前地について言及したが、表6を見る限り寺社領民がこれら三ヶ村に占める割合は小さい。表5を見ると町中に幕領の「田」「畑」が存在しないため、「町中」では幕府が宅地を、寺社が耕作地を領有していたといえよう。『新編相模国風土記稿』大町村の項の「御入国の後御料所にて鶴岡八幡宮領交れり」(62)との記載はこうした特異な幕領の形態を示すものと考えられる。

ここまでの議論から、無地高と改地を除けば、幕領は長谷近辺の村落から成る御領所と、「町中」の宅地から構成されていたことがわかった。両地域は第**1**章で述べた「街道筋」の商工業地にあたるため、幕領＝街道筋という図式が描かれる。

なかでも大町辻近辺では中世前期においても武家の街道筋支配が認められる。「材木座」「中座」の地名に残るようにこの地域では中世前期に商工業の座が成立したと考えられているが、石井進によれば、この座の支配権は鎌倉幕府、鎌倉府から家臣に分与されるものであった(63)。将軍御所と和賀江島の軍港をつなぐ大町辻の立地からも、この地域が幕府の支配域であったことは首肯できる。武家政権が崩壊した後は、この地域は先述の「町人」集団を育むような無主の空間となったが、近世初頭には非寺社支配地として幕領に編入され、再び武家支配地となったと考えられる。

寺社領と「門前地」

四寺社を除くと寺社の朱印地は、門前一帯のみが安堵されたものであった(64)。寿福寺、宝戒寺、光明寺など鎌倉中の一部の寺社には近世の領地図が存在するが、その全てで門前屋敷と境内周囲の小規模な耕地から所領が構成されることを確認することができる。

表6で寺社領の多くが「境内門前地」と記載されていることからも同様の傾向が指摘できよう。この「境内門前地」は、戸数の記載がある一方で、永高の記載はなく、朱印地高に含まれない領地となっていた。浄光明寺や極楽寺など一部の寺院は「境内門前地」と「御朱印地」双方の記載があり、このような場合、境内門前地には戸数が、御朱印地には永高のみが記されている。このことは屋敷地と耕地が、「門前地」と永高で結ばれた「朱印地」として行政上区別して認識されていたことを示唆している。

表6　安政２年『雪ノ下組合村々書上帳』

村　名	地　頭	種　別	石高(石)	永高(貫)	家数	男	女	人口	備　考
雪之下村	松平大膳大夫御預所		15.237		12	19	22	41	
	鶴岡八幡社領	御朱印地		125.030	79	186	182	368	馬２疋
	計		15.237	125.030	91	205	204	409	
谷合四ヶ村(※)	松平大膳大夫御預所		31.225		38	103	88	191	馬７疋，牛４疋
	鶴岡八幡社領	御朱印地		89.070	24	77	71	148	
	松岡東慶寺領	御朱印地		106.400	29	84	76	160	馬３疋，牛１疋
	建長寺領	御朱印地		32.300	14	33	41	74	馬１疋，牛２疋
	一乗院領	御朱印地		19.200	6	13	15	28	
	覚園寺領	御朱印地		7.100	4	6	11	17	
	杉本寺領	御朱印地		2.994	2	4	6	10	
	寿福寺領	御朱印地		3.380	10	38	26	64	
	報国寺領	御朱印地		13.000	1	3	3	6	馬１疋
	浄明寺	御朱印地		4.300					
	高松寺	除地(松平大膳大夫支配)		1.100					
	来迎寺，他２	除地(無高)							
	計		31.225	278.844	128	361	337	698	
大町村	松平大膳大夫御預所		63.380		73	169	210	379	馬３疋
	鶴岡八幡社領			458.970	42	119	101	220	馬５疋
	本興寺	境内門前地			3	10	6	16	馬２疋
	上行寺	境内門前地			2	4	3	7	
	長勝寺	境内門前地			1	2	3	5	
	安養院	境内門前地			3	8	13	21	
	別願寺	境内門前地			1	1	2	3	
	妙本寺	境内門前地			8	20	17	37	
	妙本寺	御朱印地		1.200					
	安養院	御朱印地		1.600					
	別願寺	御朱印地		2.560					
	長勝寺	御朱印地		4.300					
	本興寺	御朱印地		0.550					
	安国寺，他７	除地(無高)							
	小坂藤若(八雲神社)	御朱印地		5.000					
	計		63.380	474.180	133	333	355	688	
扇ヶ谷村	松平大膳大夫御預り所		9.289						但無民家
	鶴岡八幡社領	御朱印地		98.830	22	69	55	124	
	英勝寺領	御朱印地		5.349	4	15	12	27	
	寿福寺領	御朱印地		5.207	5	11	14	25	
	浄光明寺	境内門前地			8	22	32	54	
	浄光明寺	御朱印地		4.800					
	荒神社領	御朱印地		1.000					
	薬王寺	鶴岡八幡社領年貢地							
	計		9.289	115.186	39	117	113	230	
極楽寺村	松平大膳大夫御預所		45.979		22	72	64	136	馬３疋
	鶴岡八幡社領	御朱印地		20.100	12	38	35	73	
	極楽寺	境内門前地			4	14	15	29	
	成就院持	諏訪衆			5	13	12	25	
	極楽寺	御朱印地		9.500					
	成就院	除地(無高)							
	計		45.979	29.600	43	137	126	263	
小町村	松平大膳大夫御預所		29.367		21	45	32	77	馬１疋
	宝戒寺領	御朱印地		9.600	27	89	74	163	馬３疋
	本覚寺	御朱印地		12.200					
	大巧寺	御朱印地		7.200					
	妙勝寺，他１	除地(無高)							
	計		29.367	29.000	48	134	106	240	
乱橋材木座村	松平大膳大夫御預所		85.059		125	308	309	617	馬２疋
	鶴岡八幡社領	御朱印地		84.550	34	84	83	167	馬１疋
	光明寺領	御朱印地		10.000	36	103	92	195	
	補陀洛寺	境内門前地			3	11	12	23	
	感応寺，他７	除地(無高)							
	計		85.059	94.550	198	506	496	1002	
山之内村	細川越中守御預所		40.450						但無民家
	円覚寺領	御朱印地		113.210	79	236	230	466	馬２疋
	東慶寺領	境内門前地			6	27	22	49	
	建長寺領	境内門前地			33	87	85	172	
	建長寺	御朱印地		95.900					
	浄智寺	御朱印地		6.100					
	東慶寺	御朱印地		112.380					
	計		40.450	327.590	118	350	337	687	

［出典］『市史　近世史料編』１―17。
注）網掛けは幕領を示す。
※）十二所村、浄明寺村、二階堂村、西御門村の総称。

両者の区別は秀吉が四寺社に発給した朱印状においてすでに確認することができる。以下には円覚寺の例を示すが、これと同文面の朱印状は建長寺と東慶寺にも存在する。[65]

［史料3］

寺領事、任当知行之旨、被仰付訖、如本帳面、全可令寺納候、国並検地之上、出分共ニ可有領知候、並門前屋敷等、可致進退候、国役之儀、令免除候也

天正十八八月廿二日　（朱印）

鎌倉円覚寺并末寺

朱印状では寺社に対して検地の増分も含めて寺領を当知行安堵すること、門前屋敷等の支配を認めることが並列に記載され、寺領と門前屋敷が明確に区別されている。

表6の「境内門前地」は、この秀吉の政策が四寺社以外の寺社にも適用された結果であり、耕地は後に家康により村落単位に再編されるが、門前の屋敷地は永高に表れない空間として、各寺社でそのまま安堵されたと考えられる。

四寺社もその例外ではなく、表6では建長寺と東慶寺の門前地が朱印地と別に表記される。また塔頭への朱印地の配分が行われた建長寺と円覚寺では、門前屋敷は常住、すなわち本寺分として算入されていた。[66]これは耕地が家康による再編を受け塔頭に配分された一方で、門前地のみは本寺分として安堵されたことを示すと考えられる。

両者の区分は一貫したものではなく、表6では門前屋敷が朱印地に含まれる場合もある。しかし鎌倉中では朱印地が四寺社に対し村落単位で配分された中、その他の寺社の門前が例外的に安堵されたことは空間的に明らかである。区分の厳密性の問題はあるが、朱印地と門前における政策の相違を、こうした空間的特徴の背景として指摘することは可能だろう。

扇ガ谷村の地籍復元

ここまで、統計資料を主に扱い鎌倉中の所領形態について論じてきたが、最後に以上の傍証として、近世の地籍史料が残る扇ガ谷村を例に具体的な寺社領域の復元を行う。

扇ガ谷村の所領は表6の五寺社の朱印地に加え、建長寺塔頭寺院海蔵寺の境内地[67]および御用鍛冶山村綱広の拝領地[68]から成っていた。幕領は反銭高であるため土地を持たない。

これらの所領のうち朱印地に関しては、明治三年（一八七〇）上知令の際に作成された領地ごとの名寄帳が存在する。[69]一方、明治九年（一八七六）「田畑其外改正段別取調簿」[70]には地租改正図の地番と対応する形で土地所有者が記されており、地租改正図上に当時の土地所有関係を復元することができる。年代の近いこの史料と地目、字、所有者を比較することで、上知令時の名寄帳に記載される各寺社領の筆もその位置を比定できる。

図3はその結果をもとに各寺社領の境域を復元したものである。この図から①村内の大半が八幡宮領であること、②その他の寺領が境内地、門前地周辺に固まっていることの二点が明らかであり、先述の四寺社とその他の寺社の所領形態の差が確認できる。

②の寺領は、門前地が寺社被官層の居住により成立したことを考えれば、近世以前の所領を継承したものと考えられる。実際、寿福寺領には貞享年間まで行者屋敷が存在していたのであった。また図3の浄光明寺領は「浄光明寺敷地絵図」に記載される所領の範囲と大きな差がなく、南北朝期から所領の形態が大きく変化していないことが確認できる。

寿福寺領は門前の今小路沿いに散在する点で特徴的である。「寿福寺領

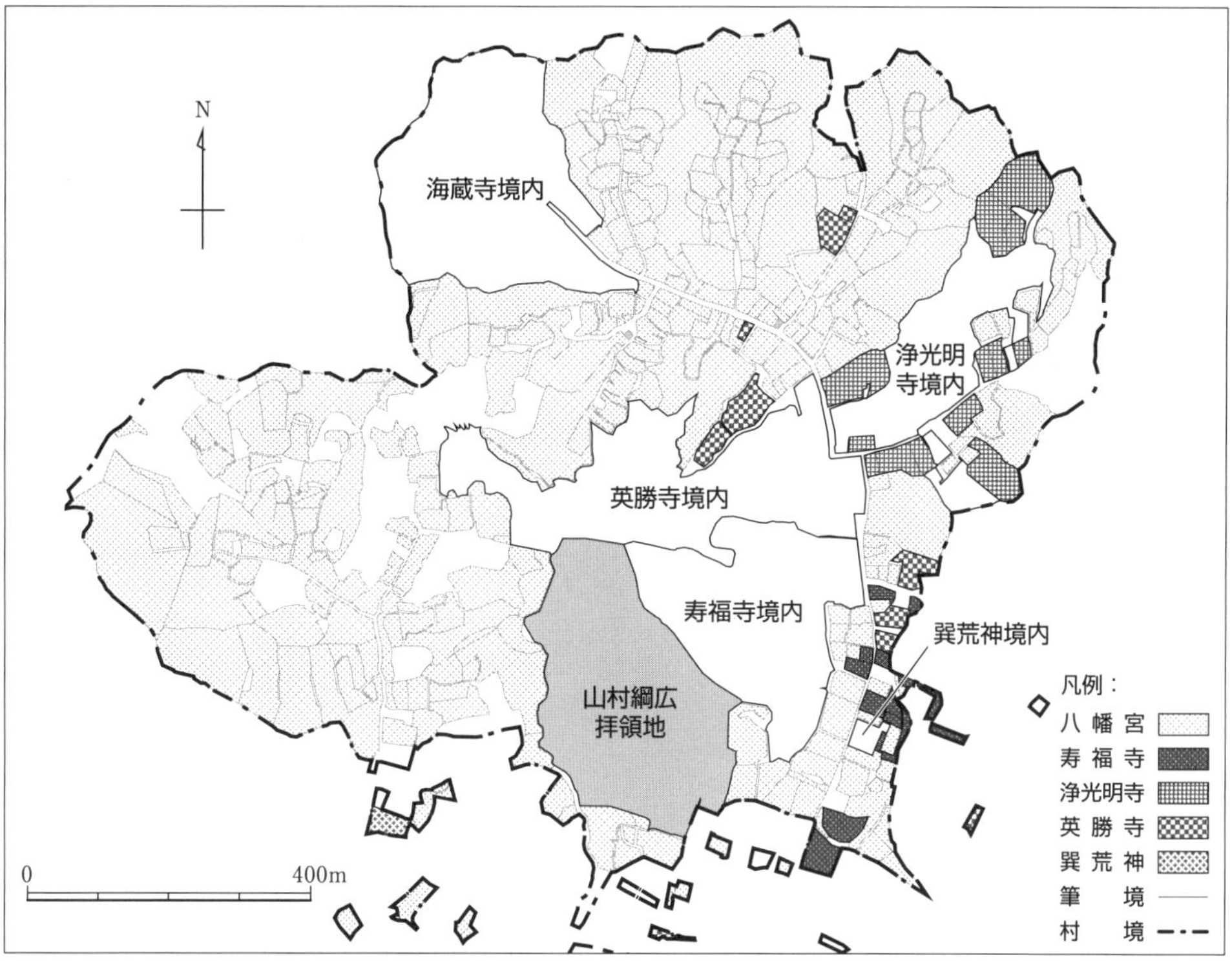

図３　近世鎌倉中領地図（明治初期地租改正図，明治９年「田畑其外改正段別取調簿」〈鎌倉国宝館所蔵〉，明治４・５年「上知取調帳」〈『加納家文書』〉　境内地・拝領地は明治９年の各寺社・山村家の所有地から推定。

地図」からわかる通り、これは今小路沿いの家屋の一部が選択的に組み込まれたものであり、行者屋敷もこの中に含まれていた。これは所領の安堵が単に門前一帯の領有を認められたものでなく、領民との被官関係、支配関係を加味してなされたことを示すと考えられる。

小括

本章では、家康の関東入りを画期として成立した近世鎌倉中の所領について、大規模なものと小規模なものに分類し、それぞれ空間形態上の特質を述べた。両者の形態の差は、耕地部と集落部における所領配分論理の差に帰着されよう。耕地部では幕府および四寺社の五領主に対し行政村を単位とした所領の再編が行われた一方、集落部では中世以来の武家—街道筋、寺社—門前地の支配関係をもとに所領が設定されたのである。

街道筋、門前地の分類は景観、住民構成上の分類とも対応するものであり、集落部に行政村の区分とは異なる空間区分を形成していた。表6を見ると、各村落の朱印地高はほとんどが先述の五領主に集中する一方、人口比はその他の寺社領も一定の割合を占めていることに気付くが、これはこうした空間区分に基づいて、各村の集落が複数の所領により分断されたことを示すと考えられる。

4　村落支配への影響

一村の集落が複数の所領により分断されたことは単に空間形態上の問題にとどまらず、実際の村落支配の上でも次の二点で影響を与えた。

一点目は、年貢が村請の形を取らず所領を単位として行われ、各領民が領主へ直納する近世以前の貢納制度が維持されたことが挙げられる。一例として扇ガ谷村の加納家では年貢皆済状から、幕領・英勝寺領分を扇ガ谷

村名主、八幡宮領神主分を雪ノ下村名主に納入した他は、年貢を各領の納所に直納していたことが明らかにされている。(71)

　神主分も寛政四年以前は直納であった。(72) また英勝寺領は寛永十一年（一六三四）に同寺領が設置される以前は幕領であった。(73) その幕領も天和年間以前は年貢割付状が鎌倉中で一通しか発行されなかったと考えられている。(74) 以後は村落ごとに年貢皆済状が発行されるようになったが、加納家の例から納入は雪ノ下村名主が他村落の分も引き受けたと見られ、村請への移行には至らなかった。

　したがって、天和年間以前には年貢納は全ての領内で直納が原則であったことになり、鎌倉中では村落は貢納の単位としては機能していなかったことがわかる。

　もう一点は、村役人が「幕領名主」「寺領名主」といった形で分割されていたことが指摘できる。次に挙げるのはそのことを示す扇ガ谷村『河内家文書』(75)中の嘉永五年（一八五二）の名主退役に関する文書である。

［史料4］

　　乍恐以書付奉願上候

一御寺領扇ヶ谷村御百性奉申上候、名主利左衛門義退役仕候ニ付村方人撰仕候所、相当之人物無御座候ニ付、社人之一人ニ御座候得共年寄数馬儀御用筋等相心得候者ニ御座候ニ付、鶴岡神領名主役於鶴岡会所ニ被申付候、彦根様名主役之儀も於宮田御役所ニ被仰付候、右ニ付

御寺領名主役之義も何卒右数馬江兼役被仰付被下置候ハヽ、一難有仕合奉存候、依而奉願上候処如此ニ御座候、以上

　　嘉永五子十月日

　　　　　　　　御寺領扇ヶ谷村御百性

　　　　　　　　　　　　栄蔵

　　　　　　　　　　　　斎宮

　　　　　　　　　　　　久左衛門

　　　　　　　　　　　　長左衛門

御屋敷様

　御役所

この文書から扇ガ谷村の名主役が「鶴岡神領名主」「彦根様（幕領）名主」「御寺領（英勝寺）名主」に細分されていることがわかる。また、名主は各領内の百姓の推薦を受ける形で「鶴岡会所」「宮田御役所」「御屋敷様（英勝寺）御役所」と異なる主体によってそれぞれ任命されており、各領は独立した名主役の任命機構を有していた。

　行政における各領の独立性は村落によって大きく異なる。山ノ内村で寛政年間に発生した建長寺門前名主と円覚寺・幕領兼帯名主(76)の間の相論は、特に強く各領の独立性を示す例である。浅倉による論考に従ってその内容をまとめれば、本件は①宗門人別改帳提出、②朱印状受け取りの二点の職掌を巡って兼帯名主と建長寺門前名主の間で争われたものであった。その背景には宗門人別改帳が円覚寺・幕領と建長寺門前でそれぞれの名主によって分けて作成されていた事実があった。また相論の過程で門前名主が建長寺門前の殺人事件に際して訴え出、検死の立合い、死体引取りを行い、独自に検断権を行使していた事実も明らかにされている。

　それに対して兼帯名主側の主張は、各寺社の門前名主は年貢納入等を勤める存在で公用に関わることはなく、上記二点は村内各領主の取次役たる自身の職掌であるとするものだった。表4にみる通り山ノ内村は村高の面では円覚寺の一円的な領有下にあり、兼帯名主側の主張の立脚点もそこにあったと考えられる。最終的に兼帯名主側の訴えは棄却され、建長寺門前地の独立性が確認されるのだが、こうした相論が発生すること自体に単一

の村落行政への変化を指向する動きも見て取れよう。

実際に他村では各領の名主が連携する場合もあった。乱橋材木座村においては、光明寺領名主が幕領名主と密接な連絡を取っており、日常面で諸事を仰ぐことが多かったことが木村により指摘されている。

また扇ガ谷村では、史料4で「御寺領名主」に推薦されている数馬がすでに社領、幕領名主に任じられているように、実際には一人が全ての名主役を兼任していた。延宝七年にはすでに「扇之谷村名主和田利左衛門」との記載が見られるため、近世初頭の時点で村内の名主は実質的に一人だったと考えられる。また宗門人別改帳や五人組帳も村内で一冊に統合されており、扇ガ谷村では山ノ内村とは対照的に、事実上一体の村落行政が成立していた。[77][78]

おわりに

本稿の議論をまとめると、近世鎌倉中の空間構造は、武家—街道筋、寺社—門前地という対応関係で説明される。これはそれぞれ中世都市における武家支配の町屋免許地と寺社支配の門前町の構造を反映したものであった。

それに対して近世初頭の家康の所領再編によって実現したのが、幕府および四寺社の五者による行政村単位の領有であった。これは所領を四寺社に集約させることで鎌倉中を家康の領国支配下に組み込むと同時に、村切を行い、他地域と同様の近世的な村落領域を鎌倉中において確立することを意図したものであったと考えられる。

この村落領域は前記の空間構造と齟齬をきたすものであったが、両者の矛盾は耕作地と集落部における政策の相違によって解消された。すなわち家康の所領再編は耕作地を中心として行われたために、集落部では従来の所領形態が保たれたのである。第4章で見たように村落支配もこうした所領を単位に行われた。特に各門前で独立した運営がなされていた山ノ内村は、行政村の枠組みが全く擬制的なものにすぎなかったことを示す例といえる。

鎌倉中の空間の大枠は以上のような中世都市に由来する構造と、近世的な村落領域の対立項で捉えられよう。これは谷合の村落においても同様であり、本稿では扇ガ谷村を例に集落と所領の形態に中世都市構造との一致が見られることを指摘した。

一方、事実上一体の村政が実現していた点で近世の扇ガ谷村は山ノ内村とは異なる面を見せる。扇ガ谷村では、集落規模縮小の結果として社会構造が空間構造から乖離し、単一の村落社会へと変質したと考えられる。集落の縮小が顕著な谷合では、他の村落においても同様の傾向が指摘できるだろう。また乱橋材木座村で名主間の連携が見られたように、他の村落も、程度の差はあれ街道筋や門前町といった中世都市時代の機能に応じて、固有の村落社会を形成していたと考えられる。

元来都市民であった鎌倉中の住民が、いかにして村落社会を形成したのか。また、先に鎌倉中の村落領域は所領の再編に伴い為政者によって恣意的に設定された側面を持つと指摘したが、扇ガ谷村のような村落ではその後、一体の村落社会が成立したのか、あるいはその線引きの下敷きとなる地縁社会がすでに成立していたのか。以上は、都市の村落化を考える上で大きな課題であると考える。

本稿では中近世の比較に重点をおいたために、このような社会の変容が「いつ」「どのように」生じたかまで明らかにしえなかったが、この点に関しては今後の研究課題としたい。

（1）鎌倉市史編纂委員会編『鎌倉市史　総説編』（鎌倉市、一九五九年）第二十章。

（2）藤木久志「中世鎌倉の祇園会と町衆―どっこい鎌倉は生きていた―」（『神奈川地域史研究』一一号、一九九三年、二〇～四二頁）。

（3）児玉幸多「関東御入国と鎌倉十ヶ村」（鎌倉市市史編さん委員会編『鎌倉市史　近世通史編』吉川弘文館、一九九〇年、第一編第一章第一節）。

（4）中野達哉「豊臣秀吉・徳川家康の寺社政策―両政策の異質性と家康の関東領国整備―」（中野達哉編『鎌倉寺社の近世』岩田書院、二〇一七年、一一～三六頁）。

（5）石井進＋大三輪龍彦編『よみがえる中世3――武士の都 鎌倉』（平凡社、一九八九年）、山村亜希「中世鎌倉の都市空間構造」（『史林』八〇―二号、一九九七年、二〇八～二四八頁）など。

（6）関口欣也「寺社の復興と民家」（『鎌倉市史　近世通史編』第五編第一章）。

（7）木村彦三郎『鎌倉の社寺門前町』（鎌倉市教育委員会、一九九一年）。

（8）浅倉有子「鎌倉中の構成と住民」（『鎌倉市史　近世通史編』第二編第一章）。

（9）三浦勝男編『鎌倉の地名由来辞典』（東京堂出版、二〇〇五年）。

（10）鎌倉国宝館所蔵。一三ヶ村のうち八ヶ村分の全村図を確認している。

（11）渋江二郎編『鎌倉の古絵図（3）（鎌倉国宝館図録第十七集）』（鎌倉市教育委員会・鎌倉国宝館、一九七〇年）図版一。

（12）渋江二郎編『鎌倉の古絵図（2）（鎌倉国宝館図録第十六集）』（鎌倉市教育委員会・鎌倉国宝館、一九六九年）図版一。

（13）『大日本地誌大系　新編鎌倉志・鎌倉攬勝考』（大日本地誌大系刊行会、一九一五年）。

（14）注（6）。

（15）大三輪龍彦「鎌倉の都市計画―政治都市として軍事都市として―」（注（5）石井＋大三輪編書、四四～五一頁）。

（16）注（5）山村論文および、秋山哲雄『鎌倉を読み解く――中世都市の内と外』（勉誠出版、二〇一七年）。

（17）宇都洋平「木組み側溝からみた鎌倉遺跡群の区画」（中世都市研究会編『中世都市研究』一五、山川出版社、二〇一〇年、五九～七四頁）。

（18）松尾剛次『中世都市鎌倉の風景』（吉川弘文館、一九九三年）。

（19）大倉、宇都宮辻子、若宮大路の三期にわかれる（注（18））。大倉は八幡宮東部に地名が残っており、後二者は位置に諸説あるが、小町小路北部に比定する点は共通している。

（20）鎌倉国宝館『中世鎌倉寺社絵図の世界』（鎌倉国宝館、二〇一七年）一四頁を参照。

（21）大三輪龍彦編『浄光明寺敷地絵図の研究』（新人物往来社、二〇〇五年）を参照。

（22）注（5）山村論文。

（23）『大日本地誌大系　新編相模國風土記稿五』（雄山閣、一九三三年）材木座村、坂ノ下村の項に「村民漁猟を業とし」、「海浜居住の民は漁猟を業とする者多し」との記述がある。

（24）注（11）、解説七頁。

（25）注（9）。

（26）注（11）、図版三。

（27）注（18）。

（28）塙保己一編『群書類従　第二十五集』（続群書類従完成会、一九六〇年、三版）を参照。

（29）鎌倉市市史編さん委員会編『鎌倉市史　近世史料編』（吉川弘文館、一九八六年）一―二七一。

（30）鎌倉市史編纂委員会編『鎌倉市史　社寺編』（鎌倉市、一九五九年）。

（31）注（8）。

（32）注（7）。

（33）秋山哲雄「都市の地主――敷地絵図にみる鎌倉の寺院」（高橋慎一朗・千葉敏之編『中世の都市――史料の魅力、日本とヨーロッパ』東京大学出版会、二〇〇九年、二一五～二四二頁）。

（34）鎌倉市市史編さん委員会編『鎌倉市史　近世史料編』（吉川弘文館、一九八七年）二―一九八。

(35)　注(34)。
(36)　注(8)。
(37)　沢寿郎編『鎌倉―史蹟めぐり会記録―』(鎌倉文化研究会、一九九〇年)二九九頁。
(38)　注(12)、図版六。
(39)　高木智子「江戸時代の寿福寺」(『鎌倉』二〇、一九七一年、一～一八頁)、東京大学法制史資料室所蔵「相州鎌倉郡扇谷村公用書類」内、文政七年から天保五年までの宗門人別改帳から、浄光明寺が「無住」とされるほど荒廃していたことがわかる。
(40)　鎌倉国宝館所蔵。
(41)　『鎌倉市史　近世史料編』一―二〇。
(42)　関口欣也「中世の鎌倉大工と造営名目」(鎌倉市文化財総合目録編さん委員会『鎌倉市文化財総合目録　建造物編』鎌倉市教育委員会、一九八七年、七五八～七六九頁)、三山進「鎌倉の近世仏師」(『鎌倉市史　近世通史編』第五編第二章第二節)、本阿弥宗景「刀鍛冶」(『鎌倉市史　近世通史編』第五編第二章第一節)。
(43)　塚本麻衣子「比企谷と霊験阿弥陀如来像」(高橋慎一朗編『鎌倉の歴史　谷戸めぐりのススメ』高志書院、二〇一七年、一〇四～一〇七頁)。
(44)　注(8)。
(45)　中村陽平「御朱印地配分からみる近世鎌倉寺社領の成立と構造」(注(4)中野編書、三七～八八頁)。
(46)　菊池邦彦「近世鎌倉における永高換算値についての一考察」(『鎌倉』六四、一九九〇年、一～一九頁)。
(47)　注(3)。
(48)　佐脇栄智校注『小田原衆所領役帳(戦国遺文後北条氏編　別巻)』(東京堂出版、一九九八年)。八幡宮領高は秀吉方に提出された社領指出の案文と思われる「鶴岡八幡領注文」(『鎌倉市史　社寺編』六五～六六頁)の記載と一致する。
(49)　検地増分や体制の変化の影響を考えると数値を単純に比較することはできないが、一部の寺社では後北条氏の所領高が近世以降の朱印地高と一致することが知られており(注(45))、鎌倉中では為政者の交替に伴う高の変化はそれほど大きくなかったと考えられる。
(50)　鈴木ゆり子「鎌倉の税制」(『鎌倉市史　近世通史編』第一編第一章第二節)。
(51)　それぞれ『鎌倉市史　近世史料編』一―四二、四五、五三。
(52)　史料中、扇ガ谷村分の棟別銭および改地の項には「御屋敷(英勝寺)へ渡ル」との記載がある。英勝寺領が形成されるのは慶長十一年の幕領高帳から寛永十一年と判明するため、本史料の年代はそれ以降となる。また延宝七年時点では長谷村と坂ノ下村を分けて記載するが、本史料では長谷村に統合されている。したがって本史料の年代は延宝七年以前となる。
(53)　延宝七年の情報は慶長十一年の幕領高帳の末尾に追記されたものである。享保十八年の史料については『鎌倉市史　近世通史編』表二八参照のこと。
(54)　御公方物反銭棟別山手二〇一・七九六石／一・八七＝一〇七・九一二貫≒一〇八・九二一貫(幕領反銭棟別山手計)、御公方物田方四八・〇二二石／一・八七＝二五・六八〇貫≒二五・三二四貫(幕領改地)。
(55)　注(50)。建長寺、円覚寺領の上知の前後で「改地」が増加している点に着目している。
(56)　注(3)。
(57)　注(50)。
(58)　鎌倉市史編纂委員会編『鎌倉市史　史料編』(鎌倉市、一九五六年)二―三九八。
(59)　注(9)。
(60)　『鎌倉市史　近世史料編』一―一七。
(61)　表5―2には棟別銭、改地の記載もあるが、これらは原史料内の記載から寛永年間に英勝寺領となったことがわかる。
(62)　雄山閣編集局『大日本地誌大系　新編相模國風土記稿四』(雄山閣、一九三三年)二八〇頁。
(63)　石井進「鎌倉七座」(注(5)石井＋大三輪編書、二〇二～二〇三頁)。

南北朝期に材木座の支配権が足利氏から佐々木導誉に与えられたことをその根拠として挙げている。

(64) 注(38)(寿福寺領地図)、注(12)、図版八・九（宝戒寺境内領地図）、注(11)、図版一二（光明寺境内図）。

(65) 鎌倉市史編纂委員会編『鎌倉市史　史料編』（鎌倉市、一九五八年）三―二一八（建長寺）、三三四（東慶寺）、三九一（円覚寺）。

(66) 注(45)。

(67)『鎌倉市史　近世史料編』二―六七。

(68)『鎌倉市史　近世史料編』一―二三七に「字無量寺ヶ谷と申一ト谷ツ」が知行分として挙げられている。無量寺ヶ谷は「田畑其外改正段別取調簿」でも山村家所有となっている。

(69) 明治四年（一八七一）「鶴岡八幡宮領扇ヶ谷邑高上知田畑取調帳」（『加納家文書』〈鎌倉市中央図書館近代史資料室写真製本版〉一四三五～一五三一頁）、明治四・五年（一八七一・七二）「上知田畑取調名寄帳」（『加納家文書』一五九二～一六〇二頁）。

(70) 鎌倉国宝館所蔵。

(71)『鎌倉市史　近世史料編』一―八五。『同　近世通史編』表三二に内容がまとまっている。

(72) 注(8)。

(73) 注(52)参照。

(74) 注(8)。

(75) 片桐一男編『鎌倉近世史料　扇ガ谷編（二）河内家（二）』（鎌倉市教育委員会、二〇〇二年）二九五頁。

(76) 注(8)。

(77) 慶長十一年幕領高帳（注(51)）の末尾に記載されている。

(78)「相州鎌倉郡扇谷村公用書類」（東京大学法制史資料室所蔵）。

（いわたあいづ・東京大学大学院工学系研究科）

小特集　植民地と都市そして地域

シンポジウムの開催について

テーマ　植民地と都市そして地域

記念講演

藤森　照信「地球規模の建築の移動」

問題提起

伊　藤　　毅「植民地都市の広がり」

報告

長田　紀之「ラングーンの都市形成と移民―『東南アジア』と『南アジア』のあいだ―」

松原　康介「アルジェ・植民都市計画の変遷―モダニズムの地域性―」

勝田　俊輔「近世アイルランド（アルスタ）の植民都市―『市場』と『文明』―」

坂野　正則「近世フランスの植民都市とカリブ海域―研究整理と論点提示―」

佐　賀　　朝「居留地と遊廓社会―横浜・大阪・東京を素材に―」

主催　都市史学会

日時　二〇一七年十二月九・十日

会場　東京理科大学葛飾キャンパス講義棟一〇一教室

第五回都市史学会大会は、二〇一七年十二月九・十日の二日間にわたって東京理科大学において開催された。

一日目は、藤森照信氏によって「地球規模の建築の移動」と題した記念講演が行われ大盛況となった。植民都市が世界中を席巻した世紀、日本において近代建築の出発点を特徴づけた「ベランダ」と「下見板張り」のデザインが辿った道筋やアイルランド出身のお雇い外国人建築家ウォートルスの三兄弟の来歴などが、地球規模の壮大な構想力で語られ、その視点は二日目のシンポジウムへと引き継がれた。

二日目は、若手研究者四名の研究発表の後、シンポジウム「植民地と都市そして地域」が開催された。シンポジウムでは、まず、従来、植民地統治の拠点として支配・被支配の二項対立的な立場から語られることの多い狭義の植民都市論の概念を「領域史」へと広げる問題提起がなされ、近代のビルマ・ラングーンとチュニジア・チュニス、近世のアイルランド・アルスターとカリブ海域、さらに居留地・横浜の遊郭社会と、世界史的にも地域と時代を広げた対象をもとに、都市計画史・東洋史・西洋史・日本史の立場から五本の意欲的な報告がなされた。

複雑な移民の様態、都市・市場と農村あるいはプランテーションとの関係、様々な社会集団や住民構成など都市の内部構造、クレオールな都市そして異文化の融合、原住民社会と域内交易圏など地域ネットワークの形成、それらと地理的空間や都市計画・都市空間との関係などを論点に、多様な「植民地都市」像が提示されている。

討論では、吉澤誠一郎氏の報告に対するコメントを受け、活発な議論が交わされたが、都市史学会ならではの学際的なシンポジウムによって、広がりをもった植民地都市論の多様な論点が整理され、新たな「領域史」としての出発点が準備されたと言えるだろう。

（都市史学会編集委員会）

小特集　植民地と都市そして地域

植民地都市の広がり

伊藤　毅

はじめに

都市史研究者にとって、「植民地都市」（この語については後述）がもつ意義や論点をいかに広げ、深化できるかは、思いのほか重要なのではないだろうか。それは都市という存在の根源的な部分に触れる一つの視角を与えてくれるとわたくしは考えている。

植民地都市は古代地中海各地に建設された植民市に始まり、中世フランスのバスティード[1]、近世アメリカ大陸におけるヨーロッパ列強による植民地、帝国主義時代のインドやその他のアジアにおける植民地など、「扶植された定住地」という意味では通時代的に存在してきた都市の一形態を示し、近代以降、計画的に建設された新都市もまた特定の意図にもとづく定住地建設という点において、この流れのなかで捉えることが可能である。

植民地都市とはけっして帝国主義時代の列強による植民地支配のみに限定する必要はないのであって、まずは地球上で広範に見られた各時代の新都市という側面を有している。また「植民」という語が示す「大地に植え付けられた人間居住」は都市の初源的な性格に触れる問題である。「すべての都市はある意味で植民都市である」という物言いはやや語義を拡張しすぎであって、それぞれの時代の歴史的な性格規定が不可欠であるという批判は免れないが、その一方で植民地都市の本質的な一側面を衝いた言説である、というのがわたくしの立場である。都市はかならず人為的な定住があってはじめて成立するものであって、「都市の自然形成」というのは本来ありえない。定住のスピードや計画性、あるいは都市形成が「他成的」（urban imposition）か「自成的」（urban generation）かの違いがあるだけだ[3]。

この小報告では、わたくしがいままでかかわってきた都市のフィールド調査や都市史の研究対象がいかに広義の植民地都市と深い関係にあったかを振り返ることによって、与えられたテーマ「植民地都市の広がり」の一端を示すとともに、植民地都市の語義についても若干の整理を試み、本シンポジウムの前座的な役割を果たすことにしたい。

1　植民都市性へ

わたくし自身が過去行ってきた都市史研究、都市調査を振り返ると、そこにはつねに「植民都市性」とも言うべきテーマがフィールドの周辺に隣接していたことにあらためて気づかされる。

寺内町

わたくしが比較的初期に研究対象として選んだ寺内町は、戦国期に畿内および北陸を中心に建設された一向宗寺院を中心とする宗教都市であるが、多くは河川の氾濫原や河岸段丘などの荒蕪地に営まれたことが知られる。

一向宗は「城作」や「番匠」と呼ばれる土木・建築技術者集団を抱えており、彼らはそれまで居住が困難であった氾濫原で土居の築造や濠の開削などで巧みに治水を行い、荒地を克服して都市を建設した。[4] ここには後に気づくことになる都市が初発の段階から抱え込むことになる「荒地性」とも呼ぶべき属性が認められることに加えて、戦国期の一向宗の教線拡大の布石としてさまざまな主体による都市群が次々と植民されていったことが重要であった。

城下町

寺内町研究を一つの核としてまとめたわたくしの大坂の中近世移行期の都市史は、要約すれば寺内町から城下町への歴史的展開過程にほかならず、中世後期大坂に点在していた小都市群（石山本願寺寺内町、四天王寺門前町、天満天神門前町など）は、城下町という新たな枠組みによって再編され、点と点は線によって結節され（平野町）、さらに都市域に格子状の町割り＝グリッドが施されて、面としての近世城下町大坂が誕生することになる。[5] 城下町はけっして植民都市ではないが、大名権力のヘゲモニーによる新都市建設という側面が強く、研究当時は都市建設の武断的側面を批判するあまり中世からの継承性に論の力点は偏っていたが、その後あらためて近世都市全体を再考したさいに、その計画性のもつ意義はけっして小さくないことを再確認し、以前からの見解である⑴に加えて、⑵の性格を強調して次のように述べた。[6]

⑴城下町が形成された場所を歴史的に辿ると、まったく新規に未開地に都市建設が行われたケースはなく、かならず古代ないし中世に遡る何らかの先行条件があり、それらを下敷きにしながら都市が建設・形成されたことが指摘できる。つまり直接的には中世後期の状況こそが近世城下町成立のためのきわめて重要な規定条件であって、中世後期から近世にかけての都市形成を連続的に追跡する必要がある。

⑵その一方で、城下町は植民都市的な側面をもつことも事実であり、形態的には多様な城下町があるようにみえて、城郭・武家地・町人地・寺社地の同心円的位相構造はきわめてよく類似しており、巨大化した城下町を除けばある意味で単純な空間構成をとる。

江戸についてもいわゆる山の手と下町の二元構造があることはしばしば指摘されてきたが、鳥居龍蔵が江戸の町について記した短文にその本質的な部分が見事に切り取られており、それについて触れたことがある。すなわち鳥居は江戸には高台の江戸と低地の江戸、台地の江戸と水郷の江戸があり、江戸の都市発展はこの両者が連続することになる一連の低地整理のプロセスであるとし、鳥居はこれを「江戸殖民史」と表現している。たしかに江戸下町は低地の埋立と水路整備によって新たな町人地が造成され、計画的にレイアウトされた街区には多くの上方商人が「殖民」し急速な都市発展を遂げた。[7]

都市グリッド

寺内町にせよ城下町にせよある種の計画都市であるから、そこには格子状の道路パターンであるグリッドがかぶせられる。戦国期の寺内町にどの程度のグリッドがあったかは不明とせざるをえないが、『天文日記』に登場する石山寺内の宅地は整形な短冊状地割りをもっていた。

大坂研究の後、中世の都市空間の特質を捉えるために「境内」と「町」という二つの空間類型を検出し、中世都市の形態はこの二つの空間タイプの組み合わせによってかたちづくられていることを提案した。[8] 中世都市には強いグリッドがないため、中心核を取り巻くようにして成立する境内と軸に沿って形成される線形集合である町が主要な空間形態を示すことを指摘し一定の反響があったが、その作業を通してわたくしのなかではむしろグリッドがますます存在感を高めていったのである。

一九九九〜二〇〇〇年の一年間、わたくしはアメリカ・ニューヨークに滞在するチャンスを得て、ニューヨークという巨大都市の魅力に惹かれるかたわら、アメリカ各地に存在するグリッド都市を数多く訪ねた。東部・西部・中南部の各地のアメリカ都市は判で押したようにグリッド都市であるが、それらはけっして画一的なものでなく、実に多様で個性的であった。[9]グリッドは近代批判でそれまで指摘されてきた「均質空間」の元凶ではなく、むしろ豊富な多様性を備えたシステムであることに徐々に気づき始めていた。

たまたま当時わたくしの研究室に在籍していたキューバ人留学生をたよりにアメリカでの在外研究を終えた二〇〇〇年夏、わたくしにとってはじめての海外調査となるハバナ調査を行うこととなった。このハバナは言うまでもなくスペイン植民地都市であり、複数の異なるグリッドがかぶさる都市としてきわめて興味深い対象であった。しかもスペインの一方的な、あるいは他成的な都市ではなく、各所に魅力的な自成的な都市空間を形成しており、旧市街の外側にはその後の都市発展のプロセスが色濃く刻み込まれた多様な地域が広がっていた。[10]

バスティード

キューバ調査は二〇〇一年同時多発テロによっていったん打ち切ることを余儀なくされ、次なる調査対象を検索していた時期、たまたまある研究会で南西フランスにバスティードと呼ばれる中世の一群のグリッド都市があることを知り、ただちに研究対象をバスティードに絞ることにした。バスティードは当時、一部の専門家には知られていたが、わが国ではほとんど無名の存在であったと言ってよい。フランス思想史の横張誠氏、西洋史の加藤玄氏、工藤晶人氏、坂野正則氏らと共同研究を始めたのが、現在にいたる西洋史と建築史の学際研究のきっかけとなったという点でも重要であった。[11]

中世都市と言えばヴェネツィアのような迷宮都市しか知らなかったわたくしにとって、中世のグリッド都市はきわめて新鮮な研究対象であり、南西フランスの豊かな農村地帯を背景に多種多様なバスティードがおよそ三〇〇建設されたことは驚くべき事実であった。バスティードも植民地都市ということはできないが、建設主体ごとに都市を計画的に割り出し、法的な契約の下、都市住民を招致して成立した新都市は、まさに「植民」された都市にほかならない。

フエの都市イデア

バスティードは単にグリッドということだけでなく、都市プランそのものに当該期の建設者や都市住民の「イデア」が表出されていたことが重要である。グリッドの中央部には交易のための広場がかならず確保され、グリッドによって割り出された土地は都市に植民してくる新住民のために可視化された宅地であった。市壁は必要不可欠な要素ではなく、都市の明快な形態こそに都市創出のイデアが込められていた。このグリッドとイデアを展開させるために次に研究対象として選んだ都市がベトナムの古都フエであった。

フエはベトナム最後の王朝阮朝の都城として香河沿いに一九世紀初頭に建設されたグリッド都市であるが、ここでのグリッドは中国都城の坊を割り出すシステムとして採用されている。つまり中国古代都城のイデアが都市形態の主要部分を規定している。しかしこのベトナム都城は中国都城の引き写しでなく、都城周囲の要害にはフランス・ヴォーバン式の系譜に属する鋸型の城壁を備え、中国都城に典型的な北闕型をとらず、香河の湾曲に沿うようにして都市軸を傾斜させ都城南に王宮が配されている。ここにベトナム都市のイデア、水に寄りそう居住地[12]（water-along community）のあり方が重ね合わされていることがわかる。

沼地・荒地・島嶼

ベトナム調査の後、わたくしの研究関心は都市が拠ってたつ基盤としての「大地」へと大きくシフトしていった。オランダ・フリースラント調査、イタリア・アゾロ調査、フランス・ラングドック調査、アイルランド調査、アンティル諸島調査など二〇〇九年から現在に至るさまざまな海外調査は、わたくしたちがすでに喪ってしまった大地へのリアリティを取り戻すための一連の追体験の旅であったかもしれない[13]。

ここではこれらの論点について詳細に論ずる余裕はないが、荒地性を内包しつつ誕生した寺内町に始まり、大地への植民や線刻という行為を通して扶植されてゆく都市の根源性を相対化するためには、水と陸の中間形態である沼地や海洋に孤絶する島嶼などの荒地の存在形態こそが大きな手がかりになる。そしてこれらを全体として捉えるためには、都市や農村はもとより隣接域に広がる未墾地などの荒地を含む「領域」という概念がどうしても必要になる[14]。

以上、駆け足で見てきたわたくしの都市へのアプローチにはつねに、都市の「植民」性とも呼ぶべき課題意識が通奏低音として響き続けてきたことにあらためて気づく。植民地都市や植民都市そのものの研究というよりは、大地への「植民」に対する興味がわたくしの貧しい研究歴のなかで一つの共通したライトモティーフになっている。

2　植民都市と植民地都市

ここまで先延ばししてきた問題に戻ろう。はたして植民地都市なのか、あるいは植民都市なのか。英語の colony や plantation に対する訳語はかならずしも定まっていないようである。建築・都市分野で最初にまとまったインド植民地の都市研究の成果をまとめた飯塚キヨ『植民都市の空間形成』（大明堂、一九八五年）は、一貫して「植民都市」という語を用い、その後の建築・都市分野からの研究には植民都市という語を使う例が多い[15]。古代ギリシアやローマは植民市と呼ぶのが伝統的であったが、近年では植民都市が主流になっている[16]。また大航海時代のポルトガル、スペインがアメリカ大陸に建設した都市は植民都市が一般的である。

一方、アジアに帝国主義的な支配を行う拠点として形成された都市は、悉皆調査をしたわけではないので、根拠にかけるが、通常、植民地都市とされるケースが多いようだ[17]。しかし植民都市と植民地都市を厳密に定義した先行研究はほとんどないように思われる。

colony と plantation

そこでまず植民都市あるいは植民地都市のもとになった欧語について辞書的意味を明らかにしておきたい。オックスフォード・イングリッシュ・ディクショナリー（O. E. D）では colony を次のように定義している。主要な語義には以下の四つがある。

①農村における農地（farm）や土地（estate）、定住地（settlement）、②古代ローマの植民市コロニア（colōnia）、③古代ギリシアの植民市アポイキア（ἀποικία）、④—a 新しい地域への定住あるいは定住者の共同体の

ことを指し、出身地への属性や関係性が継続しているかぎり、共同体は当初の入植者、その子孫や継承者から構成される。④―b上記のような共同体によって居住された領域（territory）。

一方、plantation は①制度・宗教・信義などを創設すること、②大地に種子や植物を植えつけることがまず挙げられているが、本報告で関係する語義としては、③―a征服または占拠した地域への定住という意味があり、これは colony あるいは colonization と同義とされている（③―bは略）。O. E. D によるとcolony と plantation には植民という点において大きな相違はなく、いずれも都市としての意味は本来含まれておらず、むしろ定住 settlement や領域territory が鍵言葉であることがわかる。

植民と殖民

一方、日本語の「植民」「殖民」は、『日本国語大辞典』によるとオランダ語 volkplanting の訳語であって、「本国以外の新しい領土や未開地などに本国の人民を移住、定住させ、土地を開拓したり、経済的な活動を行なったりすること。また、その移住民」と定義されている。さらに語誌として「植民の概念の紹介は、本木良永の『阿蘭陀地球図説』（一七七二）が最初であった。そこには、コロンブスの新大陸の到達後、ヨーロッパ人は「全地球の国土豊饒の国々にホルコプランティギの術を建し也」とある。良永は、この術を「人民蕃育の術」と注釈した」との注目すべき事実が明らかにされている。

本木良永とは、同じ『日本国語大辞典』に「江戸中期の蘭学者。通称栄之進、のち仁太夫。長崎でオランダ通詞をつとめ、天文地理に関する多くの蘭書を翻訳。このうち、「天地二球用法」ではわが国に初めてコペルニクスの地動説を紹介し、これをさらにくわしく、「太陽窮理了解説」で解説した。享保二〇～寛政六年（一七三五～九四）」とあって、すでに江戸後期には蘭学を通して「植民」という概念が正しく紹介されていたのである。

ちなみに『日本国語大辞典』には「植民・殖民」と「植民地」は取り上げられているが、「植民都市」あるいは「植民地都市」という語は採録されておらず、それは他の各種の辞書でも同様である。そして日本語の各種辞書においても植民に都市的な含意は存在せず、「領土」や「土地」に重点が置かれていることはO. E. Dと共通している。

おわりに―植民地都市論にむけて―

本報告では植民都市や植民地都市の厳密な定義を行うことが主たる目的ではないが、植民都市が都市そのものに重点が置かれているのに対して、植民地都市は支配領域である植民地がまずあって、その領域内に存在する政治・経済・文化的な凝集域＝都市という捉え方が鮮明である。植民地都市という語は都市だけでなく、その背景に広がる農村地帯などを含む土地、そして植民地全体を含む領域概念として位置づけるべきであろう（図1）。

わたくしは近年、都市史から領域史への展開の必要性を主張しているが、それは単なる都市から領域へのスケールの拡大を意図しているのではない。領域は抽象的かつ静的な観念空間ではなく、リアルな大地に基盤を据えた具体的な政治、経済、文化が重畳する動的なテリトリーである。[18] そうし

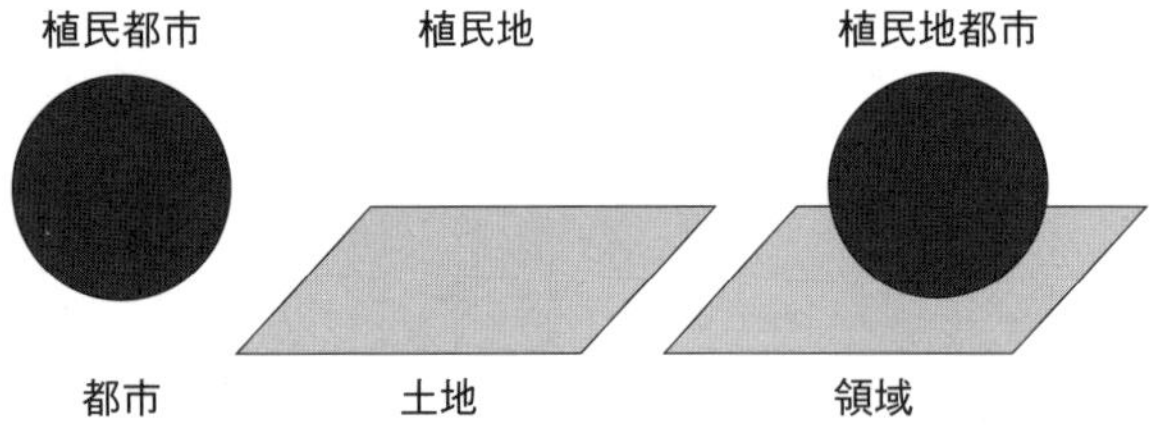

図1　植民都市・植民地・植民地都市

たなかで歴史的に都市はどのように形成され、いかなる振舞いをしてきたかを問うことが要請されている。そして領域を問うことは「境界」を再検討することと同義であって、近年科学やイノベーション分野で鍵言葉として浮上してきたadjacent possible（隣接可能領域）という新たな知の枠組みとも親和的である。(19)

わが都市史学会はSociety of Urban and Territoryという英称をひっさげて二〇一三年一二月に誕生した。都市と領域を併せて研究対象に位置づけることはまさに本学会にふさわしい課題である。今回のシンポジウムはその重要な契機になるはずである。

(1) 伊藤毅編『バスティード――フランス中世新都市と建築』中央公論美術出版、二〇〇九年。

(2) ロバート＝ホーム著・布野修司ほか訳『植えつけられた都市――英国植民都市の形成』京都大学学術出版、二〇〇一年。

(3) 矢野暢「東南アジアの都市をどう見るか」（横浜市『調査季報』七三号、一九八二年三月）。

(4) 伊藤毅「摂津石山本願寺寺内町の構成」（『建築史学』三号、一九八四年九月）。

(5) 伊藤毅『近世大坂成立史論』生活史研究所、一九八七年。

(6) 伊藤毅「近世都市の成立」（『岩波 日本歴史講座 第10巻 近世1』岩波書店、二〇一四年）。

(7) 伊藤毅「現代都市事情15 別の場所 浅草」（『年報 都市史研究』一九号、山川出版社、二〇一二年）。

(8) 伊藤毅「境内と町」（『年報 都市史研究』一号、山川出版社、一九九三年）ほか。

(9) 原広司「均質空間論」（同『空間――機能から様相へ』岩波書店、一九八七年）。

(10) 伊藤毅・尹世遠・石渡慎一・宇野悠里・岩本馨「ハバナの都市史：キューバ革命まで――ハバナ都市史研究(1)」「ハバナビエハ（旧市街）の形成過程――ハバナ都市史研究(2)」『日本建築学会学術講演梗概集』F、二〇〇一年九月）。

(11) 前掲注(1)。

(12) 伊藤毅編『フエ――ベトナム都城と建築』中央公論美術出版、二〇一八年。

(13) この間、二〇一一年三月一一日の東日本大震災があり、危機都市論としてまとめた伊藤毅・フェデリコ＝スカローニ・松田法子編著『危機と都市――Along the Water』（左右社、二〇一七年）のなかで喪われた大地の問題を扱っている。

(14) 伊藤毅「領域史の視点、領域史の方法」（『建築雑誌』№一六七一、二〇一五年五月）。

(15) たとえば布野修司は一貫して「植民都市」という語で通している（『近代世界システムと植民都市』、『グリッド都市――スペイン植民都市の起源、形成、変容、転生』など）。

(16) 川島清吉『古代ギリシア植民都市巡礼』吉川弘文館、一九八九年など。

(17) 橋谷弘『帝国日本と植民地都市』吉川弘文館、二〇〇四年など。

(18) 伊藤毅「島嶼化する都市」（『都市のアーキテクチャー』横浜国立大学大学院都市イノベーション研究院Y-GSA、二〇一六年）、同「フィードバックされる「西洋」の知見」（日本建築学会建築・意匠部門編『フィールドとしての「西洋」を問う―建築史・都市史研究が拓く未来―』二〇一七年）など。

(19) 生物学者のスチュアート＝カウフマンが自己組織化理論のなかで指摘した概念であり、現在さまざまな科学分野やイノベーション分野で応用されている。本稿で想定している領域論も境界に隣接するゾーンの可能態としての挙動が注目される。本シンポジウムに登壇する長田紀之は都市ラングーンを捉えるにあたって、「……重層する諸空間のなかで、ある空間がどれだけ統合された空間として機能しているのか、という問題が重要になる。この統合の程度を含んだ空間の性質を『領域性』と呼ぶことにしよう。（略）境界はある空間をほかから切り出してそこに領域性を付与するが、（略）境界があることと境界が機能していることは区別して考えなければならない。本書は、境界形成における画定と管理の二段階を区別し、後者をより重視する立場をとる。（略）植民地期の境界のどの線分において、どのような領域性が生み出されたのかが検討すべき課題となる」と述べ、わたくしの問題意識と共通していることを知る（長田『胎動する国境――英領ビルマの移民問題と都市統治』山川出版社、二〇一六年）。

（いとうたけし・青山学院大学総合文化政策学部）

近代植民地都市について
――東南アジア研究の立場から――

長田紀之

本小特集の元となったシンポジウム「植民地と都市そして地域」で、私は「ラングーンの都市形成と移民―『東南アジア』と『南アジア』のあいだ」と題した報告をおこなった。その内容は、拙著[1]で議論したことの手短な紹介であったが、本稿では、シンポジウムの討論を踏まえたうえで、ラングーンの事例を敷衍させ、近代植民地都市という問題設定の意義を東南アジア研究の立場から考えてみたい。

まず、植民地都市という用語について、論全体の趣旨ともかかわるので、ここで簡潔に述べておこう。英語のcolonial cityの日本語訳は、「植民都市」か「植民地都市」とすることが多いが、植民都市とする場合には、植民という述語的表現を用いることで、その主語となる特定のアクターに関心が集中する傾向にあるように思われる[2]。これに対して本稿では、複数のアクターがかかわりあう社会的な場として都市をみることに力点をおく。また、とくに近代においては、都市自体を考察の対象とする場合も、それを取り囲む植民地の領域のなかに都市を位置づけて考える必要があるだろう。こうした空間的な広がりを想起させる言葉として、植民地都市という表現を採用した。

以下では、植民地都市をどのように捉えるかについて、東南アジア研究の蓄積を踏まえて述べたのち、時代を近代に限定させて同時代の都市間比較をおこなう意義を論じる。

1　異種混淆性―その都市は誰のものか？―

植民地都市とは、どのような社会的空間であろうか。差し当たり、「その都市は誰のものか」という問いが、重要な意味をもつ場だと考えることができると思う。このことは植民地という言葉の根本的な意味とかかわっている。

植民地という概念は、一般的な理解においては、異民族支配を含意しているといえるだろう。たとえば、互いに異なった文化をもつA民族とB民族がいて、軍事的・政治的・経済的な力の非対称性を前提にAがBを支配した場合、本来はBのものであったがAによって支配されることになった土地を指して、植民地という言葉が用いられる。そうした意味で捉えられる植民地は、Bを支配するAと、Aに抵抗するBとがせめぎあう場として観念される。このとき、「誰のものか」という問いは、実効支配しているAのもの、もしくは、本来的に権利を有するBのもの、というあらかじめ用意された二つの答えのうちどちらを正当とみなすかという二者択一の問題になる。

しかし、民族や文化を構築物とみる見方を採るならば、AかBかという選択にみられる静態的二元論は受け入れがたくなる。A民族とB民族という不変の存在を認識の前提とするのではなく、社会的な場における諸種の力の作用によって、つねに民族や文化（あるいは階級やジェンダー）が生成・変容する動態的な過程が想定されるからである。少なくとも、ある土地が「本来的に」誰かのものである、ということは客観的事実の提示ではなく、一つの歴史観の表明だとみなされる。したがって、こうした立場からみれば、「誰のものか」という問いは、あらかじめ答えが用意されていないオープンな問いであると同時に、そのように問答すること自体が民族や文化を生み出す言語的な営みだということにもなる。しかも、そうした問答の政治性は、研究対象となる過去の時代の人々のみならず、いま・ここから過去について語っている私たちにもまとわりついている。

このように捉えたとき、植民地社会の異種混淆性という特質が浮かび上がってくる。多文化的・多民族的な（しかし、それらのあいだの差異は必ずしも分明でないかもしれない）場で、権力の非対称性を前提として諸アクター間の接触や交渉や混淆が起き、そこからつねに新しい民族や文化が構築され、以前とは異なる多文化的・多民族的な状況へと移行していく。こうした過程は、植民地のなかでも比較的狭い空間内にさまざまな人々が集積する都市において、より顕著にみられるだろう。したがって本稿では、類型としての植民地都市の特徴を、異種混淆性と権力の非対称性を前提とした文化変容の動態のなかで、「その都市は誰のものか」という問いが重要な意味をもつことであると考えたい。

ただし、異種混淆性や権力の非対称性は、程度の差こそあれ、あらゆる都市に普遍的にみられることだともいえる。度合いの強弱は相対的なものにすぎないし、その度合いがどこまで強まれば植民地都市とみなしうるかという厳密な定義を試みても、あまり建設的な議論にならないだろう。むしろ、異種混淆性や権力の非対称性という観点から、（公式の植民地支配下にあるかどうかにかかわらず）さまざまな都市を比較する方法的視角を採れることが、植民地都市という問題設定の利点であると思われる。

ところで、地域研究としての東南アジア研究の分野では、異種混淆性が同地域の重要な特性の一つとして論じられてきた。そもそも東南アジアという地域区分は、二〇世紀の半ば以降に一般化したもので、それ以前にこの地域を一つのまとまりとしてみる見方はあまりなかった。それは、この地域の大部分を統一的に支配した政体が歴史上存在せず、また、地域内の民族的・宗教的な多様性がきわめて大きかったことにもよった。二〇世紀後半に成立した東南アジア地域研究は、このとりとめのない地域を東アジアや南アジアと区別して記述しうる特性、すなわち「東南アジアらしさ」を追い求めてきたといえる。[3] 熱帯の生態環境のなかで育まれた基層文化の共通性、人口の相対的な希薄さと移動性の高さ、東西海上交易路の要衝にあって商業の卓越した多極的なネットワーク型社会などが、そうした「らしさ」の前提条件として指摘された。

「東南アジアらしさ」の追求は、相互に関係する二つの態度を備えていた。一つには、西洋近代パラダイムの相対化である。たとえば、近代国家とは相当に異なる伝統的国家のモデルとして、実体的な国家機構をもたず、王権の執りおこなう儀礼によってその統合性が象徴的に表現される国家（劇場国家論）や、厳密な国境線をもたず、王の資質によって支配の圏域が伸縮する国家（マンダラ国家論）など、中心点とその影響圏からなるような国家像が提示された。もう一つは、周縁的世界における自律性への注目である。地域としての東南アジアが、中国やインド、欧米との関係において周縁的であり、外部からの刺激がなければ停滞してしまう他律的な社会だとする認識に対抗して、外部からの影響を認めつつも、在来社会が自律的な発展を遂げてきたことが強調された。域内においても、山地や海洋など、より周縁的で非国家的な空間における人々の自律性に一定の関心が寄せられてきた。

このような東南アジア研究の潮流のなかで、関心の一つの焦点となったのが、津々浦々の貿易港に生まれた都市、すなわち港市であった[4]。港市には、しばしば王権が形成されたため、これに着目する議論を港市国家論という。そこでは港市が、海上を行きかう多様な商人たちの集まるコスモポリスとして、また、外来商人たちと後背地の商品生産者たちとを媒介するネットワークの結節点として描かれる。そして、多数ある港市間での主導権争いのなかで、より多くの人々を自らの港市へ惹き寄せるために、港市の王たちが外来の文化要素を主体的に取捨選択して採り入れ、自らの優位性や先進性をアピールしたことが指摘された。東南アジアにおいて、紀元一千年紀にインド文化の諸要素が王権儀礼に導入されたこと、一四世紀以降に、イスラームや上座部仏教が、王権による受容をへて、徐々に後背地の社会一般へと浸透していったこと、いくつもの港市国家が中国の歴代王朝に朝貢使節を送っていたことなどが、こうした文脈で説明された。また、外部からもたらされた文化要素が、多くの場合、在来の文化と習合し、地方化・土着化される傾向があったことも合わせて強調された。つまり、港市を介して、さまざまなアクターが関係をとり結び、外来要素と土着要素の織りなす異種混淆的な状況のなかから、絶えず新しい秩序や文化があらわれてくる、そのような東南アジア像が提示されたのである。

先に記した植民地都市の捉え方は、この港市国家論から着想をえており、両者は異種混淆的な場として都市を捉える視点を共有する。そうした視点のもとでは、支配者と被支配者をそれぞれに固定的な民族・文化集団とするような二項対立の図式は採られない。したがって、支配者がヨーロッパ人かどうか、ということも副次的な問題となる。近世（一五～一八世紀）を主眼とする港市国家論では、ヨーロッパ人の勢力は東南アジア海域で活動したその他の勢力と同列に扱われる。植民地都市を視角として用いる際にも、視野をヨーロッパ勢力による公式の植民地に必ずしも限定しなくてよいことはすでに述べた。公式の植民地でない都市も植民地都市の類型に含めてよいと主張しているのではなく、どのような都市でも、異種混淆性や権力の非対称性という視角からアプローチすることに意義があると考えるのである。とはいえ、植民地都市論を港市国家論から区別して、より有意義なものとするためには、別のかたちで議論の射程に限定を加えた方がよいだろう。

2　都市の近代経験――統治・領域・民族――

「その都市は誰のものか」という問いは、近代になってから、同時代を生きる人々のあいだでより切実なものとなったのではないだろうか。こうした想定のもとで以下では、対象を東南アジアの近代港市に限定し、その特徴を記述していく。ここでの近代とは、中国近代史家の吉澤誠一郎の整理にしたがって、一九世紀以降、世界各地での類似性の拡大の傾向が多様化を凌駕してゆく時代であると考えたい。つまり、理念化された「西洋近代」が世界標準として意識されたことによって、世界各地が似通っていく趨勢が生じ、世界大の現象として近代が成立したと考えると同時に、他方で、それぞれに異なる近代経験が地域ごとの個性を形成したため、世界各地に「それぞれの近代」が存在したとみるのである[5]。

理念としての「西洋近代」がもたらした類似する趨勢には、さまざまな面があると考えられるが、ここでは近代国家の形成にとくに注目する。一般に近代国家は、一定の空間と成員を囲い込んで、統治を隅々にまで及ぼそうとし、統治を介して国家と社会とが相互浸透していく状況を生みだす（国家の統治化）[6]。もちろん、いつの時代の国家であっても支配下の住民や土地をできる限り把握しようとしたのであろうが、国家権力が「空間の隅々」

「成員の個々人」という度合いにまで統治を貫徹させようとする志向性をもって作用するようになったことを近代の時代的特質、つまり近代性と捉えたい。

近代国家による空間と成員の囲い込みは、また、それを可能とする閉じた概念の形成と普及をともなった。たとえば、「領域／地域／国土」や「人口／民族／国民」が、明確な輪郭をもち、その内と外を峻別する閉じた単位として観念されるようになった。それらの概念は、為政者による統治手段として、そして、統治される人々による国家権力流用の拠り所として、双方向的に用いられることで定着していった[7]。近代国家が規範的な国家形態として世界中をすき間なく埋め尽くしていくなかで、都市は、異種混淆性の顕著な場であるからこそ、その帰属をかつてなく厳しく問われるようになるのである。そして、各都市が経験する近代国家による囲い込みの過程は、やはり、それぞれに異なっていた。

それでは、東南アジア諸港市の近代経験とはどのようなものだっただろうか。ここでは各港市の個別の経験については立ち入らず、それらにある程度共通してみられる点を、東南アジアの大半が公式の植民地となる一九世紀後半から二〇世紀前半までを中心に取りあげてみよう。

東南アジアの近代国家形成は、近世以来の諸勢力による「西洋近代」理念の追求と、欧米列強による帝国主義的な植民地分割との相互作用のなかで進展した。こうして一九世紀後半から二〇世紀初頭までのあいだに、おおむね現在の国境線と重なるようなかたちで、独立王国のラタナコーシン朝シャム（現在のタイ）、植民地国家の仏領インドシナ（現在のベトナム、ラオス、カンボジアに相当）、英領ビルマ（当時は英領インドの一州、現在のミャンマー）、蘭領東インド（現在のインドネシア）、米領フィリピン（一九世紀末の米西戦争で西領から米領に変化）といった諸国家の領域が確定した。領域内の各地は鉄道、道路、電信、郵便などで緊密に結びつけられ、物理的にも制度的にも領域の統合性が高まっていった。英領マラヤおよび英領ボルネオ（現在は領域の再編をへてシンガポール、マレーシア、ブルネイとなる）は、それぞれ複数の植民地政体を合わせた地域の総称であり、政治的・領域的な統合性は低かったものの、シンガポールをハブとして経済的に結びついていた。

これと時を同じくして、蒸気船航路の開通によって世界市場に深く結びつけられた東南アジアの各地域では、輸出用一次産品の商業的生産が組織的かつ大規模に展開していく。近代国家による領域支配の浸透と商業的生産の拡大とはコインの裏表をなしており、この過程が、国家領域内における主要港市の一極化をもたらした[8]。主要港市は、近代的な港湾施設が整備されて、蒸気船航路で結ばれる国際的な都市間ネットワークの一環をなすとともに、鉄道や幹線道路で結ばれる国家領域の全体を背負い込み、後背地一次産品の輸出港として発展した。くわえて、各国家の行政上の中心を主要港市が兼ねる場合が多く、領域内における都市間の関係も、行政ヒエラルキーにしたがって、ある程度固定化されることになった。主要港市の都市空間では、多大な資本投下によって、土地が造成され、道路と上下水道、のちには電線が通り、立派なレンガ造り建築が立ち並んだ。官庁舎、大学や博物館、百貨店や工場や大規模市場など、諸機能が集積した都市の建造環境は、理念的な「西洋近代」の体現とみなされ、その先進性が出版物などのメディアを通じて後背地に向けて喧伝された。

商業的生産は多くの場合、それまで人口が希薄だった新規開拓地で展開したから、膨大な労働力需要がそこに大量の移民を引き寄せた[9]。開拓地に近接する港市にもまた、急速な発展のなかで多様な人々が流れ込んだ。主要港市の人口規模は、近世には数万人程度の場合が多く、強勢時に一〇万人を超えたとしても長続きはしなかったが、二〇世紀前半には恒常的に数十万人を擁する規模にまで膨れ上がる。こうしてフロンティアとしての都市空間では、比較的少数の（そしてすでに多様であった）在来住民に加えて、域内の伝統的な人口集中地、中国大陸南部、インド亜大陸などから大規模に流入した移民が混住する社会が形成された。移民には、数年間の出稼ぎののちに故郷へ帰る一時滞在者もいれば、移動先に根を下ろして定住する者もおり、出自の異なる移民同士の、または移民と在来住民との接触と交渉によって、多彩な文化的混淆（「混血」）が生じた。

多様な移民からなる各港市社会において、多数派を占めたのは港湾労働、工場労働、都市雑業に従事する単純労働者であったが、一部は事務員や下級行政官になったり、金融・流通や専門職に従事したりして中間層を形成した。社会の最上層では、植民地の場合には宗主国の高級行政官が、シャムの場合には王族が為政者として君臨し、おもにヨーロッパ人である大資本家が経済を支配していた。ただし、二〇世紀に入ると、国家の統治化がすすむ過程で、官僚機構のなかに従来の支配層以外からも多くの人が登用されるようになり、議会制度と選挙の導入などもあいまって、限定的にではあれ統治のプロセスに参与できる人の範囲が広がっていった。近代国家形成と開発を通じて、異種混淆的な社会のあり方も変容を遂げていったのである。

都市はまた、その特性ゆえに、さまざまな思想や運動の交渉と闘争の場ともなった。二〇世紀初頭までに各国家の領域が確定し、徐々に国家と社会の相互浸透がすすむと、その領域国家の主権の所在をめぐって種々の思想が叢生し、主権の受け皿となる主体（「民族」や「階級」）を形成するための運動を生みだした。こうしたなかで都市では、領域国家のなかに都市を囲い込もうとする諸思想と、都市特有の開放性や異種混淆性に価値を見出そうとする諸思想とがせめぎあうこととなった。しかし、二〇世紀中葉までに、つまり、アジア・太平洋戦争での日本の侵攻と占領、その後のしばしば暴力の発生をともなった脱植民地化過程を経て、東南アジアの各主要港市では、「その都市は誰のものか」という問いに対する一応の答えが用意されてくる。多くの場合、植民地都市（タイのバンコクの場合は王都）であったものが、大衆による想像の共同体である国民国家の首都へと変貌した。(10)

各港市の個別経験には偏差があり、以上の記述に当てはまらない場合もある。たとえば、シンガポールは領域国家の中心だとはいいづらいし、仏領インドシナでは、主要港市サイゴン（現ホーチミンシティ）と行政中心ハノイとが分離していた。蘭領東インドではバタヴィア（現ジャカルタ）への一極化の度合いが小さく、スラバヤやスマランといった他の港市の発展も際立っていた。しかし、あえて東南アジア近代港市と概括し、近世港市に関する議論と対照させてみると、その特徴として、①広大な領域国家を背負い込んだ少数の港市の台頭、②後背地と海外の双方からの移民流入による主要港市の人口規模拡大、③都市自体が大衆による政治闘争の舞台となったこと、を挙げることができるだろう。

3　植民地都市の見方

海の世界のコスモポリスと領域国家の中枢という二つの側面をあわせもつ東南アジアの近代港市では、都市の（あるいは植民地の）異種混淆性が論争的な状況を生みだした。こうした状況については、研究史においてもさまざまに評価されてきた。

英領ビルマの行政官であり、かつ高名な学者でもあったJ・S・ファーニヴァルは、英領ビルマと蘭領東インドの植民地社会を比較する研究のなかで、両者の共通点を「複合社会」(plural society) という言葉で表現した。彼のいう複合社会とは、さまざまな民族（人種）集団が隣りあって住みながらも、互いに隔絶しており、各民族は経済面での分業をおこなっているのみで、社会全体としての共通意思をもたないような社会である。[11] 民族間の分断と没交渉を強調するこの静態的社会像は、東南アジア各地が脱植民地化の道を歩みだそうとしているまさにそのときに、理念的国民国家の均質的な社会の像との対照のなかで、克服すべきものとして提示された。

しかし、その後、とくに一九九〇年代以降の東南アジア研究・植民地研究では、民族間の交渉と融合のなかから、新しい文化や秩序が生まれてくる動態的過程に大きな関心が寄せられるようになった。たとえば、土屋健治は、植民地都市バタヴィアのユーラシアン（ヨーロッパ人とアジア人との「混血」）やプラナカン（マレー語で「現地生まれ」「混血者」を指し、おもに華人とその子孫に用いられる）をおもな担い手として始まった「メスティーソ的文化現象」こそが、その無所属性ゆえに、広大な植民地国家の領域内にあまねく浸透し、多様な人々を糾合するインドネシア・ナショナリズムの気分を準備したと説いた。[12] やはり蘭領東インド社会での「混血」に注目したアン・ローラ・ストーラーは、白人貧困層や混血児の存在が、支配者である白人と被支配者である現地人という観念上の区別を揺るがしえたために、植民地権力は不断にその人種主義的イデオロギーを確認し、再生産するようなかたちで作用したと論じた。[13] 異種混淆的な都市は、一方では、水平的・包摂的な民族／国民概念の揺籃の地とみなされ、他方では、垂直的・分断的な民族／人種概念が再構築される現場だとみなされたのである。

民族の生成のみならず、空間の生成過程も関心の対象となった。植民地期シンガポールを研究対象とする歴史地理学者ブレンダ・S・A・ヨーは、「競合空間」(contesting space) という概念を導入し、植民地支配をする者とされる者—シンガポールの場合はイギリス人行政官が統括する市政当局と都市社会の多数派をなす華人移民—の衝突・交渉・対話によって、植民地都市の空間が物理的にも象徴的にも形作られていったと論じた。[14] 植民地都市空間は、権力の非対称性を前提とはしながら、ヨーロッパ人たちが上から計画や政策を押しつけることによってだけでなく、実際にそこで暮らす住民たちの日々の空間表象と空間利用によっても、絶えず更新されつづけるという理解である。

植民地都市社会のかかえる潜在的な亀裂は、ヨーロッパ人＝白人＝植民地支配者と非ヨーロッパ人＝有色人種＝被支配者とのあいだにだけ見出されるわけではない。英領ビルマの主要港市ラングーン（現ヤンゴン）を扱った拙著は、英領インドへの組み込みという特殊な植民地状況下で、インド亜大陸からの過剰な移民流入によって都市空間に矛盾が蓄積したと指摘し、行政権力の日常的実践と都市住民（とくに貧困層）の身体的経験との相互作用に着目して、街区ごとの地域性を形成しながら都市開発が進展したこと、ビルマをインドから分かつ制度的境界が構築されたこと、ビルマ人の排他的ナショナリズムが助長されたこと、などを論じた。[15] 都市における権力の作用が、民族生成という点では、植民地の被支配者同士のあいだでの分断を深め、空間生成という点では、都市空間の再編成のみならず、新しい国家領域の構築にも結びついたと主張されたのである。

各論者の議論の違いが、対象とする都市の個性によるものなのか、論者の研究上の立ち位置によるものなのか、ここで厳密に検討する余裕はない。しかし、近年の研究に共通する、刻一刻と変化しつづける可能態として植民地都市社会をみる見方は、これらの都市を比較するための視座を提供してくれているように思われる。東南アジアの植民地都市では、「その都市は誰のものか」という問いをめぐって、絶え間なく集団生成と空間生成が起こったが、各都市における異種混淆や権力の磁場の具体的なあり方の違いが、「それぞれの近代」を形づくった。このように考えると、たとえば、植民地国家の領域にもとづく民族／国民概念が、ある都市では包摂的性格を帯びたのに対して、別の都市では排他的に作用したとするとき、それらの都市には異種混淆性や権力の非対称性という点でどのような違いがあったのかを比較検討することもできよう。

また、「その都市は誰のものか」をめぐって諸アクターが交渉・闘争する過程を微分的にみるという方法は、時代的な射程を二〇世紀前半から後半にまで広げてみても有用であろう。東南アジアの植民地主要港市の多くは、二〇世紀中葉の激動を経て新生国民国家の首都になっていく。しかし、「その都市は誰のものか」という問いは、植民地の独立によって正解が得られ、以後は問われなくなる、というわけではない。独立後には、新たな権力の布置のもとで、国民国家形成のプロジェクトが不断に遂行されていくのであり、その過程でもやはり、「その都市は誰のものか」を争点として、絶え間なく集団生成と空間生成が起きることになる。このように脱植民地化を、植民地から独立国家への一回きりの劇的な変化としてではなく、独立をはさんだ長いスパンで展開する過程として捉えるとき、一九世紀から二〇世紀にかけて、ひいては二一世紀の現在に至るまで、一つの植民地都市社会の経験した「それぞれの近代」を持続的な変化としてみる視点を獲得できる。

もちろん、植民地における権力の布置と、独立国家におけるそれとは異なる。独立した国民国家は、往々にして、周縁の文化的他者を劣位に置いて包摂（ひいては同化）しようとする志向性を有しており、その領域の内側に帝国─植民地と類似した関係をもつから、国民国家の首都には、植民地都市とは反転したかたちでの権力の非対称性があると想定できる。他方で、帝国の周縁において、帝国を分節して生まれてくる植民地国家も、それ自身の内側に中央─周縁関係を形成するので、近代国家の領域との関係においては、植民地主要港市と国民国家の首都とのあいだに共通する側面もあることになるだろう。しかし、各都市において展開する持続的な変化を微分的に捉えていくという方法は、ある都市の個別の状況をそのように「植民地都市」や「首都」というカテゴリーから演繹的に説明することに留保をつける。そこでは、むしろ、各都市の個別状況の詳細な記述と都市間の比較から、それらのカテゴリーの意味内容を問い直していく態度が重視されることになるだろう。「東南アジア」という地域概念もまた相対化されるので、比較検討の対象は世界中の都市へと広がる。

おわりに

「その都市は誰のものか」という問いをめぐる歴史的動態が重要だとしても、その問いが植民地都市においてのみ問われるわけではないとすれば、あえて植民地都市という問題設定をする意義はあるだろうか。近代世界が帝国─植民地的編成から国民国家的編成へと推移していく過程を、各都市の具体的経験に即して記述していこうとするとき、そこにはつねに弱者─その人にとっては都市がよそよそしく感じられるような人─の存在がある。植民地都市という問題設定の意義は、こうした周縁的な人々に（寄り添うなどということは簡単にできないにせよ）せめてもの意を払うという構えを、記述者に要求するところにあるのではないかと私は考える。弱者への視点をもち、都市の歴史的動態における諸権力の働きを批判的に評価することは、都市の歴史像を描くのみならず、よりよい未来像を描くためにも必要な作業となるだろう。

(1) 長田紀之『胎動する国境——英領ビルマの移民問題と都市統治』（山川出版社、二〇一六年）。拙著の内容については、本誌前号などいくつかの学会誌で紹介や書評を掲載していただいているほか、オンライン公開されている『アジ研ワールド・トレンド』二六二号に自著紹介も書いたので、それらを参照していただきたい。

(2) たとえば、オランダ植民都市を論じた以下の研究は、宗主国による都市計画に注目している。布野修司編『近代世界システムと植民都市』（京都大学学術出版会、二〇〇五年）。

(3) 東南アジア研究の学説史を要領よくまとめたものに、桃木至朗『歴史世界としての東南アジア』（世界史リブレット12、山川出版社、一九九六年）がある。

(4) 港市については、以下を参照のこと。弘末雅士『東南アジアの港市世界——地域社会の形成と世界秩序』（岩波書店、二〇〇四年）。都市の象徴性に着目して、東南アジア都市の歴史的展開に独自の論理を見出そうとした以下の先駆的著作もみよ。Richard A. O'Connor. *A Theory of Indigenous Southeast Asian Urbanism*, Singapore: Institute of Southeast Asian Studies, 1983.

(5) 吉澤誠一郎『天津の近代——清末都市における政治文化と社会統合』（名古屋大学出版会、二〇〇二年）五〜六頁。

(6) 国家を実体としてよりは、権力の働きによって生じる現象として理解するミシェル・フーコーの議論を参照。ミシェル・フーコー「『統治性』」（『ミシェル・フーコー思考集成Ⅶ——1978 知／身体』所収、石田英敬訳、筑摩書房、二〇〇〇年）二四六〜二七二頁。

(7) ベネディクト・アンダーソン『定本 想像の共同体——ナショナリズムの起源と流行』（白石隆・白石さや訳、書籍工房早山、二〇〇七年）、トンチャイ・ウィニッチャクン『地図がつくったタイ——国民国家誕生の歴史』（石井米雄訳、明石書店、二〇〇三年）、パルタ・チャタジー『統治される人びとのデモクラシー——サバルタンによる民衆政治についての省察』（田辺明生・新部亨子訳、世界思想社、二〇一五年）。

(8) 加藤剛「都市のなりたち」（矢野暢編『東南アジア学の手法』講座東南アジア学第一巻、弘文堂、一九九〇年）一四七〜一六九頁。

(9) 田中耕司「フロンティアとしての開拓空間」（矢野暢編前掲書）七二〜九一頁。

(10) 加藤剛「政治的意味空間の変容過程——植民地都市からナショナル・キャピタルへ」（坪内良博編『〈総合的地域研究〉を求めて——東南アジア像を手がかりに』京都大学学術出版会、一九九九年）一六三〜二五九頁。

(11) J. S. Furnivall, *Colonial Policy and Practice: A Comparative Study of Burma and Netherlands India*, New York: New York University Press, 1956, p. 304 (first edition, 1948).

(12) 土屋健治『カルティニの風景』（めこん、一九九一年）一一一〜一四四頁。

(13) アン・ローラ・ストーラー『肉体の知識と帝国の権力——人種と植民地支配における親密なるもの』（永渕康之・水谷智・吉田信訳、以文社、二〇一〇年）。

(14) Brenda S. A. Yeoh, *Contesting Space: Power Relations and the Urban Built Environment in Colonial Singapore*, Kuala Lumpur: Oxford University Press, 1996.

(15) 長田前掲注(1)書。

（おさだのりゆき・日本貿易振興機構アジア経済研究所）

〔付記〕本稿は日本学術振興会科学研究費補助金（課題番号一五K二一六四一）の助成を受けた研究成果の一部である。

小特集　植民地と都市そして地域

アルジェ・植民都市計画の変遷

――モダニズムの地域性――

松原康介

はじめに

本稿の背景と目的

アルジェリアの首都アルジェには、イスラームの伝統に基づき世界遺産でもあるカスバ（旧市街）と、海岸線に沿った植民都市の白いファサード、そしてル＝コルビュジエを先駆とする建築家たちの作品群に、都市・建築の地中海的要素を数多く見出しうる。

昨年末のシンポジウムで共有されたことの一つは、「全ての都市は植民都市である」という仮説であった。筆者の発表を書き起こすにあたって意識したのは、それを敷衍したところにあるはずの、都市空間の地域的な独自性と、近代都市計画との絡み合いを、アルジェを事例に素描しておくことである。

アルジェの植民都市計画史は、カスバを前史とした上で、おおむね三段階に分けられよう。①一九世紀植民地都市計画の時代は、暴力的な空間形成による新市街が建設される。歴史的な建築や都市組織といった地域性はファッションに留まるか、ほとんど配慮されることはなかった。続く②ル＝コルビュジエとCIAMの活動期では、近代建築運動の担い手であったル＝コルビュジエとCIAMのメンバーが地域に目を向け、保全や歴史的空間の読み込みを試みた時代である。そして、CIAMを継承しながらもその普遍性を疑い、より地域的な独自性が追求された時代が③独立期の都市計画とスラム事業といえる。ここではまず、地域性と都市計画との絡み合いを考える上で重要と考えられるものの、近年は議論がやや沈滞気味な「イスラーム都市」論の問題を改めて取り上げる。その上で、日本人建築家・番匠谷堯二（一九三〇～九八）[1]による未実現の中庭式住宅を一つの例として紹介したい。

本稿では、紙数の都合もあり、また①と②についてはフランスを中心に既知の事項が多いことから既往研究に基づく概括にとどめ、史料を紹介しながら③の時代を中心に記述し、①、②を踏まえた③の歴史的な位置づけを目的とすることにしたい。

前　史―カスバの形成と空間―

植民都市計画の変遷を考える上で、各時代の特徴はカスバとの関係性に顕れるといえる。異なる空間原理を持ったカスバこそ、都市計画が相対するところの、アルジェの地域性の根源と見ることができるからである。

カスバとは本来は城塞を意味するアラビア語であるが、アルジェにおいては旧市街を意味する。フェニキア、ローマを起源とし、オスマン帝国下でケチャワ・モスク、ジャディード・モスク、サイダ・モスクが建設された。稠密市街地の街路網には階層性が認められ、主要通りが環状に巡り、不規則な細街路や袋小路が派生していた。[2]

住宅は中庭式であり、空間構成はモロッコやチュニジアの旧市街と多く共通する。ただし、アルジェのカスバは急斜面に立地しており相当な高低差がある。細街路に沿って住宅の壁面が敷地一杯に迫り、袋小路からのアクセスも見られる。街路は薄暗いが、各戸には必ずと言ってよいほど中庭があり、採光と通風が確保されている。また、地下水槽からサイフォンの原理で揚水する噴水があり、植栽も豊かである。日干し煉瓦をモルタルで覆っただけの質素な外壁に対して、中庭は美しく装飾され、住民による手入れも行き届いている。こうした空間形成が一般化した要因として、多くの場合「公私分離の原則」が指摘されてきた。その意味で、中庭は家族の空間であり、私的な生活の場だといえるだろう。

ただし、こうした都市空間の一般的特徴の記述は、個別事例の特徴を浮かび上がらせるためのいわば分析概念であって、そのままアルジェに固有の状況とみなすべきではない。いわゆる「イスラーム都市」論の問題との関連で後述することにしたい。

1 十九世紀植民都市計画の時代

一八三〇年にアルジェリアはフランス軍により占領され植民地となった。残されている当時の図面類から、カスバ内で実施された近代開発の概要がわかる。街路線計画をかけ、広場・道路用地だけでなく沿道部の土地まで含めて超過収用を行い、整った町並みを形成していく手法である。この場合、新しく創出された近代的な広場や道路と、従前の建築や都市組織がどのように関係しているかが重要となる。ひとまず前史で紹介した建築について見ると、一八三一年に中心部に総督府広場を建設した際、そこにあったサイダ・モスクを収用・破壊している。また、ジャディード・モスクは新設された広場に面する形となったが、高低差ができ擁壁が再構築された。また、翌年には近接するケチャワ・モスクがカトリック教会へとコンバートされた。このとき多くのムスリムが抵抗し殺害されたため、総督府広場は後に殉教者広場と呼ばれることになる。

第二帝政期（一八五二〜七〇）に入ると、ナポレオン三世とジョルジュ・オスマンの下でパリを始めとする都市改造が本格化し、古い都市組織を開削し沿道開発も合わせて行う超過収用が各地で実施されていった。一八五八年にはアルジェにおいても、カスバの南側外殻にグリッド型街区を敷き詰めるナポレオン・ヴィル計画が立案された。海岸側の城壁を全て取り壊し、海岸線に沿って倉庫、その上を走る道路、そして海辺に面したアパルトマンからなる大通りを建設した。アパルトマンは、四〜六階建てで精細な装飾が施された典型的なオスマン様式であるが、強い日差しへの対処として壁は全て白く塗られた。今日のアルジェを象徴する海岸線ファサードはこうして形成された。

二〇世紀にはシリアやモロッコで保全型都市計画の経験のあるルネ・ダンジェ、アンリ・プロストらが拡張計画を策定し、今日のアルジェの新市街が築かれていった。新市街には、いくつかの公共建築において、ドームや馬蹄型の窓、現地のタイル装飾等を用いたデザインがなされた。代表的なところでは、県庁舎（一九〇八）と郵便局（一九一〇）とがランドマーク的な存在となった。歴史的な建築要素を取り込んでいるという点でアルジェの地域性に着目したものと言え、モロッコやチュニジアのアール・デコ建築にも通じるものがあるが、数は少なかった。

このように、一九世紀的植民都市計画の時代は、フランス型の都市計画を中心に実施され、近代市街地が拡大した。しかし、アルジェ本来の都市・建築の地域性に対しては、基本的には冷淡であったといえよう。

2　ル＝コルビュジエとCIAMの活動期

戦間期にあたる一九三〇年代初頭、ル＝コルビュジエは頻繁にアルジェを訪問し、自身の計画をアピールしていた。新時代の、機械論的・生産主義的なモダニズムを標榜するル＝コルビュジエにとって、アルジェを埋め尽くしていたオスマン様式のアパルトマンとアール・デコ建築は、まさに自らが取って代わるべき対象であった。サヴォア邸の翌年にあたる一九三二年、ル＝コルビュジエが提案したオビュ（弾道）計画は、その名の通り、アルジェ湾に沿って緩やかに曲線を描く高速道路を基軸にして都市の再構築を促すというもので、高速道路の起点はカスバを跨ぐように計画された超高層ビル群であった。基本的には、それまでの彼の計画提案と同様、超高層ビルと高速道路を中心とした大胆なものであったが、高速道路はカスバ上空を乗り越えていく形となっている。これにより、カスバの直接的な破壊は避けられている。オビュ計画は実現することはなかったものの、後年にルイ＝ミケルが新市街で高層住宅アエロ・アビタ（一九五五）を実現した。

同時期、ル＝コルビュジエはアルジェリアの伝統的な集落にも強い関心を示し、内陸のガルダイヤなど、ムザブの谷にあるイバード派の集落を訪れ、多くのデッサンを残している。以後、ル＝コルビュジエは著作において度々ガルダイヤの集落について言及しているが、この時の体験が、後年の傑作であるロンシャン礼拝堂（一九五五）に繋がったとも言われている。(3)

こうした地域性への関心を主題として活動を続けたのがCIAMアルジェである。CIAMアルジェは、戦後となった一九五一年に、ル＝コルビュジエに縁のあるアルジェリアの建築家たちによって結成された。当時、農村を追われた離村農民たちが大挙して都市に流入し、多くのスラムを形成し

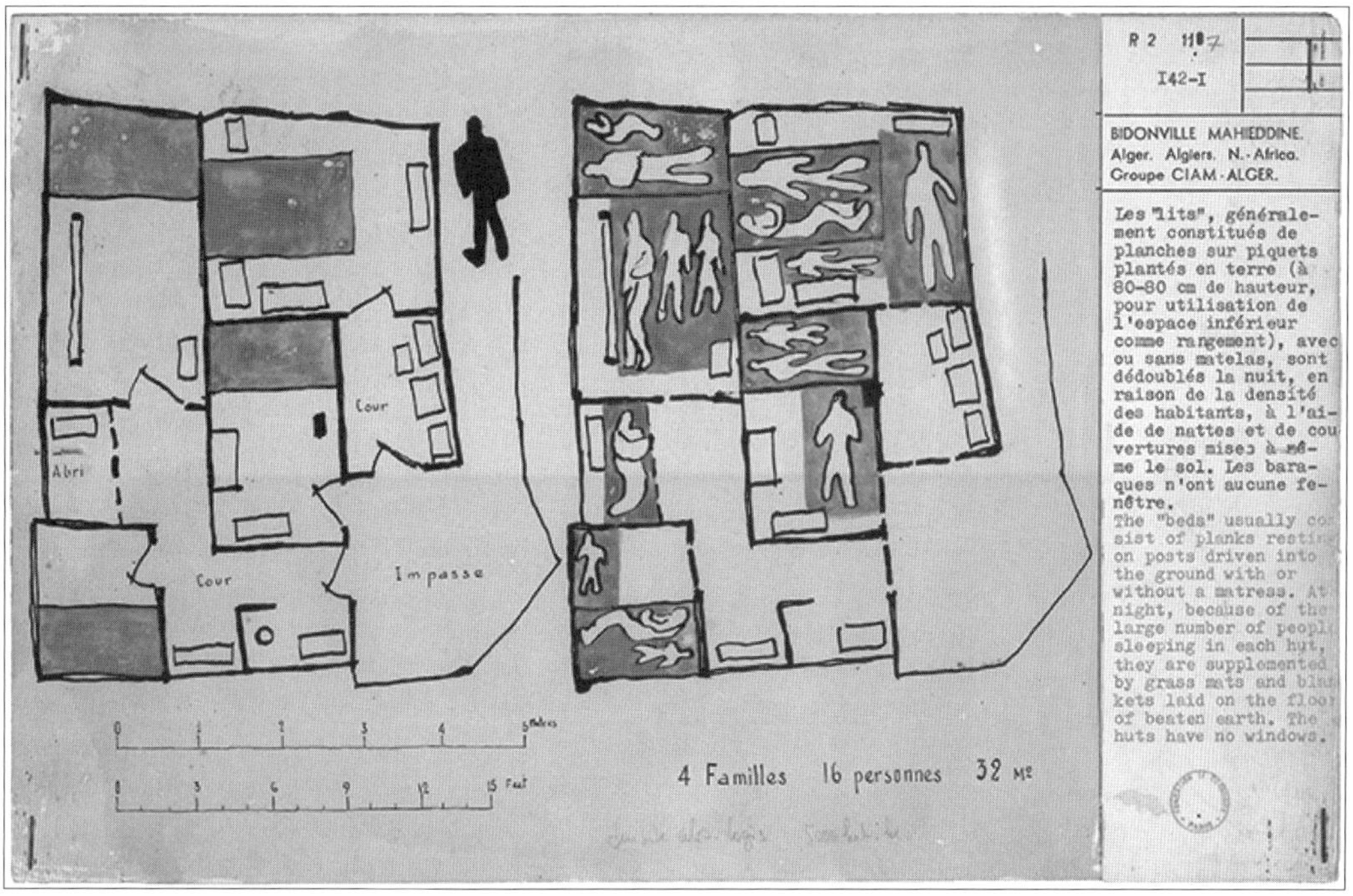

図1　CIAM第9回大会におけるCIAMアルジェの展示パネル（グラハム財団）

ていた。CIAMアルジェのメンバーは、新市街の辺境に位置するマヒエッディーンのスラムを対象に様々な調査を実施して、一九五三年にエクス＝アン＝プロヴァンスで開かれたCIAM第九回大会において発表した。詳細についてはザイナブ・セリク[2]に詳しいが、内容は人口、就労状況、賃貸状況、衛生状況等といった社会調査と、トタンバラックで作られた住宅や、過密化した居住状況、さらに主要通りとそこから分岐する細街路の状況等をフィールドワークに基づくスケッチから丹念に表現した、いわば建築家によるスラム調査であった（図1）。

このように、ル＝コルビュジエとCIAMの活動には、一九世紀の植民都市計画に見られた無関心とは一線を画す、地域的独自性への関心と活動が認められた。とりわけスラム調査は、これに続く独立期の都市計画におけるスラム事業に繋がることになる。

3　独立期の都市計画とスラム事業

「イスラーム都市論」と都市計画

本題に入る前に、ここでもう一度ル＝コルビュジエに戻っておきたい。彼の残したスケッチには、現地の女性を主題的に描いたものも多くある。そこから、ル＝コルビュジエのアルジェリアに対するオリエンタリズムを検討しておくべきであろう。オリエンタリズムとは、狭義には、欧米の芸術、とくに絵画の分野で、好んで女性を官能的に描くことを通じてオリエント（東洋）世界を表象してきた、という批評的論点である。実際、ドラクロワ以降の欧米の画家たちが、ハーレムからの連想と思しき裸体の女性たちを描いている。エドワード＝サイードの著書『オリエンタリズム』はこれを敷衍し、文学から歴史、思想、そして現実政治において、オリエントを官能美に満ちた非合理的で停滞した社会とみなす、欧米特有の認識論的枠組みであると批判したものである。そして、オリエンタリズムのいわば都市版が、枠組みとしての「イスラーム都市」論であるといってよい。

「イスラーム都市」論とは、平たく言えば、モスクやマドラサ、フンドゥクといった典型的な施設と、曲がりくねった街路や薄暗く袋小路からなる都市空間を、絵画的なイメージの下に「イスラーム都市」として表象し語ることを指している。イスラーム世界、あるいは中東・北アフリカ地域といった大きな枠組みでのイメージはとらえていても、それぞれの都市や地区がもつ固有性、あるいは歴史的形成の一回性の認識は、そこから欠落する。アブー＝ルゴドやアイケルマンといった欧米系の学者らによる問題提起を皮切りに、日本でも九〇年代に盛んに議論された[4]。都市研究がフランスを中心とする植民地経営の必要上から生まれてきたという事情が批判的に共有された上で、以後は個別事例の堅実な蓄積と、現地研究者の研究に着目することの重要性が指摘され実践されてきた[5]。

筆者は学部生の時、指導教員の手ほどきでこの議論に触れた。その中でとくに印象に残ったのは、社会学者アブー＝ルゴドによる、その名の通り、「The Islamic City（イスラーム都市）」と題された一九八七年の論文[6]であった。意外だったのは、この論文が、いわゆる都市研究を問題にするというよりは、むしろ「都市計画」を批評の対象にしているという事実であった。ルゴドは、冒頭からこう書いている。

> イスラームの復興が議論される今日において、「イスラーム都市」論がまたしても問題となってきた。アラブ世界の多くにおいて、特にサウジアラビアと湾岸地域において、過去の偉大な達成を尊重する都市計画家達は、「イスラーム的」と認められる都市建設のパターンを、現代の都市において再現する方法を求めているのである。自覚しよう

がしまいが、彼らは、イスラーム都市のエッセンスを抽出することを目指してきた西欧人オリエンタリストたちの文学的構築物によって感化されてきたのだ。（傍線筆者）

「イスラーム都市」論とは研究上、認識論上の問題であるだけでなく、むしろ実践的に都市を計画・建設していく際の問題だと、ルゴドは述べている。ここでは当時のトレンドであったサウジアラビアや湾岸地域のニュータウン計画が挙げられているが、それには先例があったことも示唆されている。そこで筆者が思い当たるのは、やはりフランスによって主導された隣国モロッコの植民都市計画である。リヨテ総督の方針に基づく旧市街保全政策によって、都市はモロッコ人が住む旧市街（メディナ）と、フランス人が住む新市街（ヴィル・ヌーベル）、そして離村農民の受け入れ地である第三の地区、郊外地（ヌーヴェル・メディナ）からなる三地区構造に基づいて拡張されていた。郊外地の設計に際しては、旧市街が徹底的に調査され解釈されて、抽出された空間構成の原理がその設計方針とされたのである。結果として郊外地は、モスク、ハーン、袋小路や中庭、さらにはサーバードといった装飾要素まで散りばめた、まさに官能的イメージを伴う「ジ・イスラーム的」な計画都市として実現されている。(7)

「排他的ではなくて相互扶助的な、近隣の育成は可能だろうか？　女性のためでなく家族のための、プライバシー意識の醸成は可能だろうか？　慣習法を矛盾なく適用しながら、隣人の権利を尊重することは可能だろうか？　これらこそがアラブ人都市計画家達に課せられた職責に他ならない」という問いかけが、ルゴドの論文の結論部である。彼女が言う「イスラーム都市」論とは、現代における都市計画の問題であったのだ。

先述のように、アール・デコ建築にはオリエンタリズムの要素が見出された。またル＝コルビュジエ以降の都市計画家たちは、アルジェそのものに目を向けてきた。しかし、それはモロッコを始めすでに北アフリカにおいて連綿と続いてきた「イスラーム都市」論、ひいてはオリエンタリズムの軛から免れていたとは言い難い。むしろそれは新植民地主義に類別される危険を孕むものであった。

独立期の都市計画の体制とスラム事業

話をアルジェに戻そう。一九五六年に隣接するチュニジア、モロッコが独立すると、アルジェリアでも独立の機運が高まった。スラム住民も日増しに増えていき、独立派のテロリストが潜伏するとも噂され、フランス系住民にとって脅威となっていた。緊迫した雰囲気の中、一九五三年にアルジェ市長となったのは、「ムスリムとキリスト教徒の共生」を政治口約に掲げるジャック＝シュヴァリエであった。新市長は、まさにCIAMアルジェの活動を通じて注目の的となっていたスラム問題に着手した。まず、マルセイユやル・アーヴルの戦災復興で実績のあったフランス人建築家フェルナン＝プイヨンを招聘し、ディアル＝ッサアーダ、ディアル・ル＝マフスール（図2）、クリマ・ドゥ・フランスの三つの低層住宅地を実現した。これらはフランスの社会住宅HLM（Habitation à Loyer Modéré）の位置づけであったが、市長はとくにムスリム、キリスト教徒の区別なく入居でき、そのデザインはムーア様式、つまりアンダルシアに多く見られる北アフリカと西欧の混合様式であると議会でアピールした。

シュヴァリエはさらに、市長直属の諮問機関として、アルジェ市都市計画局を発足させ、総裁にMRU（復興・都市計画省）のピエール＝ダロズ、局長にル＝コルビュジエの番頭出身であったジェラル＝アニングを据えた。プイヨンのHLMが新市政を象徴するモデルであったのに対し、都市計画

図2　ディアル・ル＝マフスール（絵葉書）

局は、より数とスピードを重視した機関であった。

ところで、スラム住民は、スラムが取り壊された後、そのまま即座にHLMに移住できたわけではなかった。その前に、一つの中間的な段階があったのである。それが「Cités de Recasement（再定住住宅）」への一時的居住である。再定住住宅とは、スラム住民が、正式なHLMのアパルトマンが建設されそこに入居する前の段階で居住する、いわば仮設住宅である。離村農民出身であるスラム居住者たちが、一時しのぎで居住するだけでなく、「再定住住宅」に備えられた最小限の近代設備を用いて生活することで、都市型生活の基本を身につけるための、いわば生活訓練の場とみなされていたのである。市の広報誌『アルジェ・ルビュ』に掲げられたクリマ・ド・フランスの例（図3）を見てみると、「現在」においてルジョ

Le présent...

Type de cité de recasement (la cité Legembre). C'est dans ces bâtiments inconfortables, inesthétiques et de construction coûteuse qu'ont été logés, depuis des années, des centaines de familles.

... l'avenir

Maquette de la future Cité du Climat-de-France laissant voir le large autostrade qui reliera directement Bab-el-Oued aux Hauts d'Alger.

図3　市報「現在と未来」（ルジョンブル地区からクリマ・ド・フランスへ）（Alger Revue, Mars 1954）

ンブル地区と呼ばれる「再定住地区」とその奥のスラムの写真、「将来」としてクリマ・ド・フランスの模型写真が掲載されており、スラムから「再定住住宅」を経てHLMに居住するというプロセスがわかる。

こうして、独立期の危機的な状況になって初めて、アルジェは植民都市計画の枠組みから逸脱した存在であったスラムに正面から向き合おうとしたのである。ただし同時期には、社会学者ブルデューが下層民は近代住宅に適応できずむしろスラムを好んだと指摘している(8)。植民地期の無関心から比べれば、より地域事情に即した都市計画が志向されていたように見えるものの、依然として多くの問題が存在した。

一つの解―番匠谷堯二「トタンバラック移転用の住宅」―

ここで一人の日本人の青年建築家が参画してくる。東工大清家清の研究室出身で、一九五三年からパリのATBAT（建造者アトリエ）で研修をしていた番匠谷堯二は、五四年七月に指導者の一人であったアニングの誘いを受けて都市計画局の局長補佐の一人となった。五八年五月まで同局の業務に従事した後、その経験を活かしてベイルート、ダマスカス、アレッポ等の都市計画プロジェクトを主導することになる人物である。本人による業務経歴書によれば、アルジェで「マヒエッディーンのスラムの空間整備計画及び移転事業」に参加している。また、自身が日本の雑誌『建築界』（既に廃刊）に発表した記事「アルジェリアのアパート」(9)には、離村農民によるスラムの形成を始めとする都市問題と、ル＝コルビュジエ以来の建築家たちの活動が紹介され、マヒエッディーンのスラムの写真、さらに自身の業務報告である「トタンバラック移転用の住宅」と題された一連の図面が掲載されている（図4）。「トタンバラック移転用の住宅」とは意味が取りにくいが、これこそが「再定住住宅」の番匠谷版に他ならない。

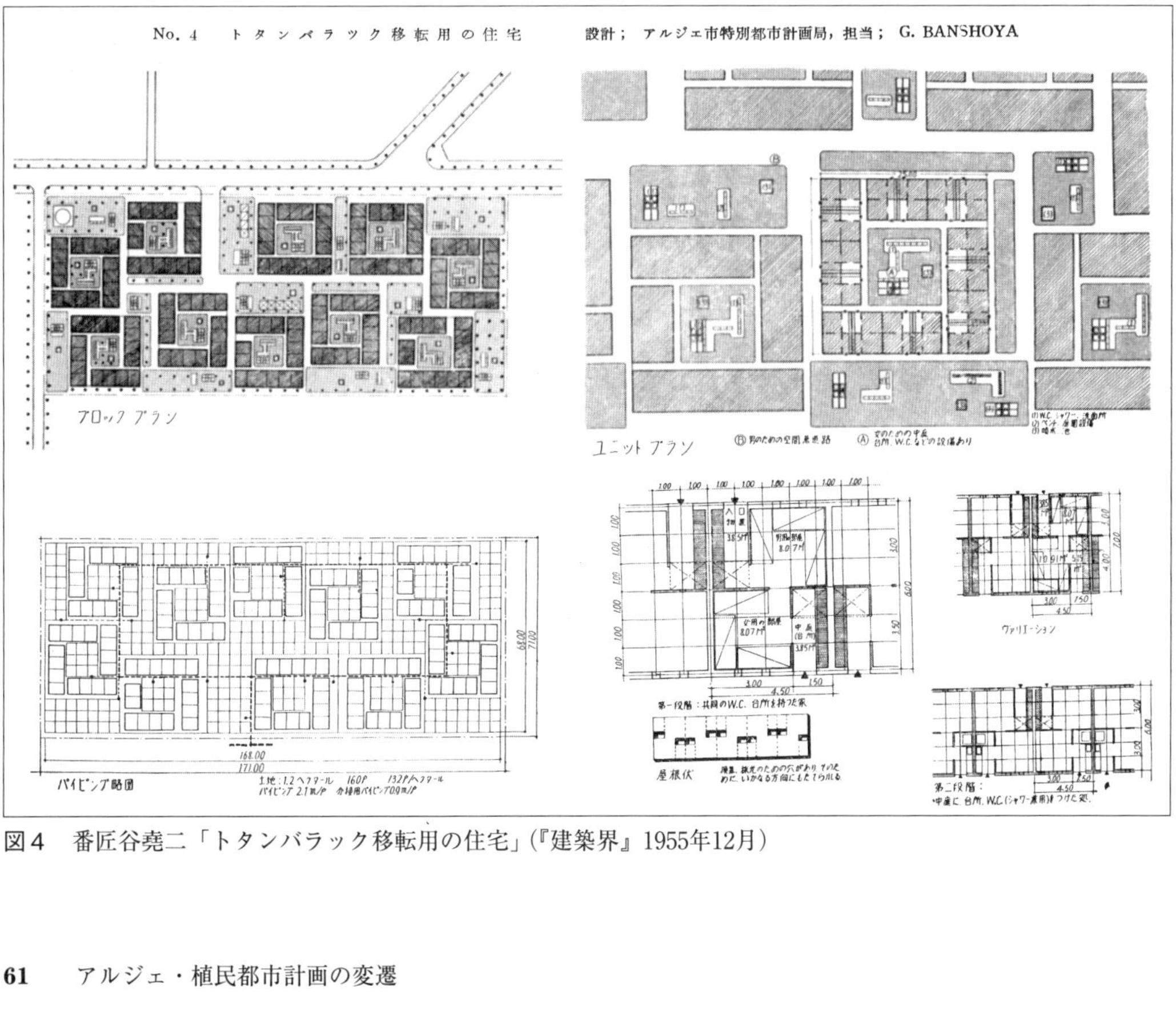

図4　番匠谷堯二「トタンバラック移転用の住宅」（『建築界』1955年12月）

まずテキストを読んでみると、当時のアルジェに乱立していた近代建築とは裏腹に、スラムのバラックが建築的に非常に洗練されていると感嘆している。とはいえ、そこは二十代半ばの日本人である。記事ではさらに、アラブ人の住宅においては、以下の三点が尊重されるべきルールだと書いているが、これがやや硬直的である。

（1）内部は外部からは覗かれてはならない。

（2）中庭は不可欠である。

（3）男は基本的には家の外におり、女性は基本的には家の中、または外であっても周辺の女性だけの場所にいる。女性は家の外では夫以外の前では自分の顔をあらわにすることはない。

まさに、カスバの住宅の特徴である、中庭を基本とした、内的空間の尊重と公私の分離、ひいては伝統的な男女の区別が標榜されているのである。それはあまりにも典型的な「イスラーム都市」のイメージだという他はない。しかし、当時の日本人の得た認識としては珍しい。

図面を見てみると、確かに、大小の中庭を組み合わせた集合住宅である。大きな中庭は一〇戸からなるユニットの中庭である。各住戸は二部屋からなり、男性用と女性用に分けられており、男性用は外側に、女性用は中庭側に配置され、それぞれに入り口がある。また、男性用の入り口はクローゼットを兼ねており、女性用のそれは住戸の中庭と位置づけられている。これが小さな中庭である。戸外には、シャワーやトイレ、ベンチや水場等が設置されている。公私、ひいては男女の分離を、計画として表現したものであろう。

それでは、この計画の特徴はどこにあるだろうか。さらに図面を検討してみると、計画には「第一段階」と「第二段階」があり、スラム住民の生活の展開にあわせて段階的に構成されていることがわかる。これは、清家の指導下で設計・実現され、キャンディリスが好意的に評価した『正方形の家』（目白、一九五三）にも共通する番匠谷自身のコンセプトとの共通点と認めることができる。スラム住民に都市生活の作法を教え込むという「再定住住宅」の趣旨とも合致するといえよう。

重要なのは、その展開の方向性である。第二段階では、第一段階においてユニットの中庭でシェアされていたトイレとキッチンが取り去られ、それぞれの住戸の中庭に設置される形となっている。共同トイレ・キッチンから個別のそれに変化するのだから、これは住戸レベルのプライバシーが向上することになるだろう。一方で、ユニットの中庭は日常生活の場から、より公的なオープンスペースと変化したといえるだろう。では、そこが直ちに男性に占用され、女性がいよいよ住戸に押し込まれていくことになるのかというと、そうとも考えにくい。ここではむしろ、ユニットの中庭は、女性も含む家族が集まって過ごす場と見るのが無理がないように思われる。

「トタンバラック移転用の住宅」は、地域性を求めたCIAMアルジェのスラム調査を引き継ぐ形で計画されたが、「イスラーム都市」のイメージの単純な模倣ともいえない。それはアラブ人が先祖代々にわたって継承してきた伝統的で厳格な都市生活の作法を強制的に学ばせる場ではなく、農村から出てきたばかりのスラム住民に、より柔軟で開放的な生活を示唆するように計画されていた。そこから見た時、ルゴドが都市計画家に対して発した問いは、三〇年前にこの日本人計画家によって、一つの解を与えられていたと言えるかもしれない。

スラム事業の結末

一九五八年五月、アルジェは映画にも描かれた激しい独立戦争の舞台となった。ムスリムとキリスト教徒の双方にとって憎悪の的となったシュヴ

図5　マヒエッディーンの再定住住宅(個人蔵)

図6　マヒエッディーン跡地(筆者撮影)

ァリエ市長は、軍によって排斥された。この時、番匠谷もまたパリへの撤退を余儀なくされ、その仕事は未実現に終ったのである。マヒエッディーンのスラム事業が着手されたのは、その直後であった。計画は、都市計画局ではなくHLM事務所の建築家らによって実行された。

筆者は二〇一六年二月にマヒエッディーンを訪れた。スラムで慈善活動を長く続けてきたフランス人の老人2人に話を聞くためである。HLMの広大な敷地を歩くと、各棟をつなぐ空中回廊と、低層部を商店街とする手法がいかにもフランスの近代住宅という印象を与える。かつてのスラムの面影は皆無である。ただ、少し外れた所に新たに建設されたモスクには大勢の人がおり、礼拝後には野菜の屋台に人々が群がっている。

老人らが見せてくれる写真のうちに、再定住地区に移転した際の写真（図5）があった。平屋建ての長屋住宅が、海に向かって降りていく斜面に沿って、段になっているのがわかる。屋根はプレハブのようであり、小さな中庭らしきスペースも見える。しかし、番匠谷の計画内容とは別物であろう。

老人らの一人に案内されて数百メートルほど東にある現場を訪れると、アルジェ湾の海が見える風景が広がっていた（図6）。当時の写真とピタリ照合する。足下には道路と敷地跡がさながら遺跡のように残存しており、住戸の床のタイルまでもが確認できる。老人らは、四年間住んだそこを、思い入れをこめて「Château Cassé（壊れた城）」と呼んでいた。

おわりに

「全ての都市は植民都市である」とは、端的には、従前の歴史的／地域的な空間が存在し、そこに外的で人工的な秩序に基づく計画都市が建設されること一般を指すであろう。それは当然、アルジェの場合のようないわゆる宗主国―植民地関係の中にはとどまらない。筆者が住んでいるつくば研究学園都市もまた、古い農村地帯に近隣住区論に基づき計画されたという点で、その定義に該当しよう。

本稿では、アルジェを事例にそのいくつかの様相を紹介した。政治史的にいえば、①一九世紀の植民都市計画は、いわば迷いのない植民地主義である。②ル＝コルビュジエとCIAMの活動は、その伝で言えば新植民地主義ということになる。そして、番匠谷を含む③独立期の都市計画もまた新植民地主義に与したことになるだろう。しかし重要なことは、視点をよりミクロな都市空間の評価、つまり住民が良く生きる上で一定の時間をかけて整えてきた都市空間―本稿ではそれを地域的な空間と呼んできた―が、個別具体的にどのように変容してきたかに置くことであろう。そこには当然ながら、カスバのような自然都市であれ一九世紀的な植民計画都市であれ、所与の物理的空間に対して住民がどのように関係してきたかという論点を加えることが不可欠である。実際、ルゴドは中庭を物理的な意味で否定するのではなく、生活感覚にもとずき、女性だけでなく家族のための空間として再構築していくべきだと論じているのである。

最後に、番匠谷堯二の「トタンバラック移転用の住宅」について触れるなら、コンセプトとしては興味深い位置づけを得られるように思われるが、実現されなかったのは残念である。その後、中東各地で展開された番匠谷計画を分析する上での参考としたい。

（1） Matsubara, Kosuke. "Gyoji Banshoya (1930-1998): a Japanese planner devoted to historic cities in the Middle East and North Africa." *Planning Perspective* Volume 31, Issue 3 (2016): 391-423.

（2） Jean-Louis Cohen, Nablia Oulebsir, et Youcsf Kanoun(ed.) *Alger, paysage urbain et architectures, 1800-2000*, Besançon : Les éditions de l'impremeur, 2003.

（3） Stanislaus von Moos , Le Corbusier: Elements of a Synthesis, MIT Press, 1979.

（4） Yukawa(ed.), *Urbanism in Islam*（*ICUIT*）, 1989.
（5） 羽田正・三浦徹編著『イスラム都市研究　課題と展望』東京大学出版会、一九九一年。
（6） Janet L. Abu-Lughod. "The Islamic City—Historic Myth, Islamic Essence, and Contemporary Relevance", *International Journal of Middle East Studies*, 19(1987): 155-176.
（7） 松原康介『モロッコの歴史都市　フェスの保全と近代化』学芸出版社、二〇一八年。
（8） ピエール＝ブルデュー（原山哲訳）『資本主義のハビトゥス――アルジェリアの矛盾』藤原書店、一九九三年。
（9） 番匠谷堯二「アルジェリヤのアパート」『建築界』四―一二、一九五五年一二月、二一～七頁。

（まつばらこうすけ・筑波大学システム情報系社会工学域）

〔付記〕本研究は、科研費若手A「多様性と共生の知恵を育む中東・北アフリカ地域の都市計画史」（24686067）に基づき実施されました。

小特集　植民地と都市そして地域

近世アイルランド(アルスタ)の植民都市

―「市場」と「文明」―

勝田俊輔

はじめに

アイルランドの植民地化の歴史は古く、十二世紀に遡る。ここで言う「植民地」は、政治的・経済的・文化的従属ではなく、外部者（主にブリテン島出身者）による土地の収奪および入植のことである。ただしアイルランドの植民地化は全島で一挙に実現したのではなく、断続的かつ断片的に進行した。というのも、アイルランドには制度化された統一権力がなく、各地の自立的地方権力は、全島に支配を及ぼそうとするイングランド王権に対して個別に対応したのである。一部はイングランド王を主君として認めて自己の地位を確実化する道を選んだが、追い詰められて武力による抵抗を選択する者も多かった。ほとんどが地方的現象にとどまった彼らの反乱は、いずれも最終的には鎮圧され、反乱者の領地はそれぞれ没収されて入植の対象となった。

こうした地方権力としては、先住のゲール系アイルランド人氏族だけでなく、中世に入植した後にゲール化していったアングロ＝ノルマン領主もいた。これに宗教とエスニシティの問題が加わることで、植民地化のプロセスはいっそう複雑化した。一六世紀以降、ゲール系アイルランド人や旧アングロ＝ノルマン人はカトリック信仰を維持していた一方で、イングランドの宗教改革によって新たな土地所有者と入植者は基本的にプロテスタントとなった。さらに一七世紀にイングランドとスコットランドの同君連合が成立したことで、「プロテスタント」には、イングランド出身のアングリカンに加えて、スコットランドのプレズビテリアンも含まれることとなった。つまり一七世紀以降、アイルランド島は主要なエスニシティ集団を四つ抱えることとなったのであり（他にフランス系、ドイツ系も少数ながら入植した）、これが近代アイルランドの持った複雑な社会構成の前提条件となった。

本稿が対象とするのは、一六〇九～二五年にアイルランド北部で行われた植民活動、通称アルスタ植民である。このアルスタ植民は、幾度にも亘ったアイルランドの植民地化の波のうちでも屈指の規模を持ったものであり、全島の三二州のうち六州、面積では約一万五〇〇〇平方キロメートル（全体の一〇％弱）に及んだ。ここは一七世紀初めのアイルランドで最もゲール的な要素が残存していた地域だったが、今日ではうち四州相当が連合王国に帰属していることに見られるように、最も非ゲール的な性格の地域となっている。こうした大きな変化の起源となったのがアルスタ植民である。

長期的な視座を取らずに同時代の文脈に置いてみても、アルスタ植民は様々な角度から検討することが可能である。例えば、この植民活動はイングランドとスコットランドの同君連合が成立した直後に始まり、国王はこれを「合同国家ブリテン」による事業として推進しようとした。一六四〇年代の政治的動乱（革命）がスコットランドおよびアイルランド（とくにアルスタ）での反乱に端を発したことからして、一七世紀ブリテン諸島史におけるアルスタ植民の意味は大きい。また一七世紀には北米大陸でも植民活動が行われており、二つの地域の植民地化の比較および関連は、アイルランドを大西洋史に位置づける試みにおいて無視し得ない視点となろう。[1]

本報告は、アルスタ植民における都市の問題を取りあげる。アルスタ植民は、（アイルランドの基準で言うと）広大な土地の所有権の移動にとどまらず、これまで都市が未発達だった地域への都市の導入も実現することとなったのである。都市の導入は、ゲール式の経済システムを変更し、また同時にゲールの「野蛮」を「文明化」する措置として構想されていた。以下、基本的に二次文献にもとづいてアルスタの植民都市を検討するが、アルスタ植民に関する研究に共通する難題として、ゲール側の史料が存在しないという重大な制約があることを付言しておく。[2]

1 アルスタ植民の発端と当初計画

アルスタ植民の直接のきっかけは、一六〇七年にゲール系有力氏族の数家門が大陸に逃亡したことにある。彼らは一六世紀末に王権に対して大規模な反乱を起こして失敗していたが、寛大な条件で赦されていた。しかし反乱鎮圧後に、アイルランド総督（イングランド王の権限を代理行使する）の行政府はアルスタの改革に乗り出して、司法・行政制度のイングランド化を開始した。当初はゲール系の支配層の地位は保全されていたが、再度の反乱を目論んでいるとの嫌疑を避けるため、有力氏族の一部がアルスタを去った。彼らは反逆者と裁定され、土地は没収された。翌年、残っていたゲール系の一家門が反乱を起こしたが、やはり鎮圧され、同じように土地が没収された。

もちろん、ことを起こさなかったゲール系氏族もいた。だが、二度の反乱に直面した王権の側は、アルスタに対して司法や行政制度の変更にとどまらぬ社会の根本的な改編を計画するに至っており、ゲール系氏族の土地は当面のところ全て没収された。この結果、後のアーマー（Armagh）、kキャヴァン（Cavan）、ダニゴール（Donegal）、ファーマナ（Fermanagh）、ロンドンデリ（Londonderry）、ティローン（Tyrone）州の大半が王権の手中に渡ることとなったのである。[3]

この土地は分割され、以下の集団へ種々の条件つきで下賜された（図1）[4]——①イングランド人の「国王従士（servitor）」（主に元軍人）、②イングランド人／スコットランド人の入植事業請負人（undertaker）、③ダブリン大学（Trinity College）、④ロンドンの商業利害／ギルド、⑤ゲール系旧氏族（native）である。面積比率（当初予定）を見ると、①が一四%、②が三四%、③が二%、④が一〇%、⑤が一八%であり、この他に⑥新設される自治都市への給付地として四%が見積もられていた。なおアングリカンの国教会は所領を維持した（一八%）。また⑤に見るように、反乱に同調しなかったゲール系氏族は土地を再下賜され、イングランド法の下での土地所有者となった。その数は二八〇人に達し、一〇〇〇エーカー以上を得た者も二六人いた。[5]

入植者数を見ると、一六一一年の段階ではイングランド／スコットランド人の成人男性入植者は六州で一〇〇〇人前後だったが、一六三〇年には約六五〇〇人に急増していた。[6] ただし、これらの数値自体に明らかなように、アイルランドは、アジアはもとより西ヨーロッパの中核地域（ロタリンギア）と比べ、人口が希薄な地だったことは確認しておくべきである。むしろヨーロッパの辺境の地であると考える方が実態に近い。

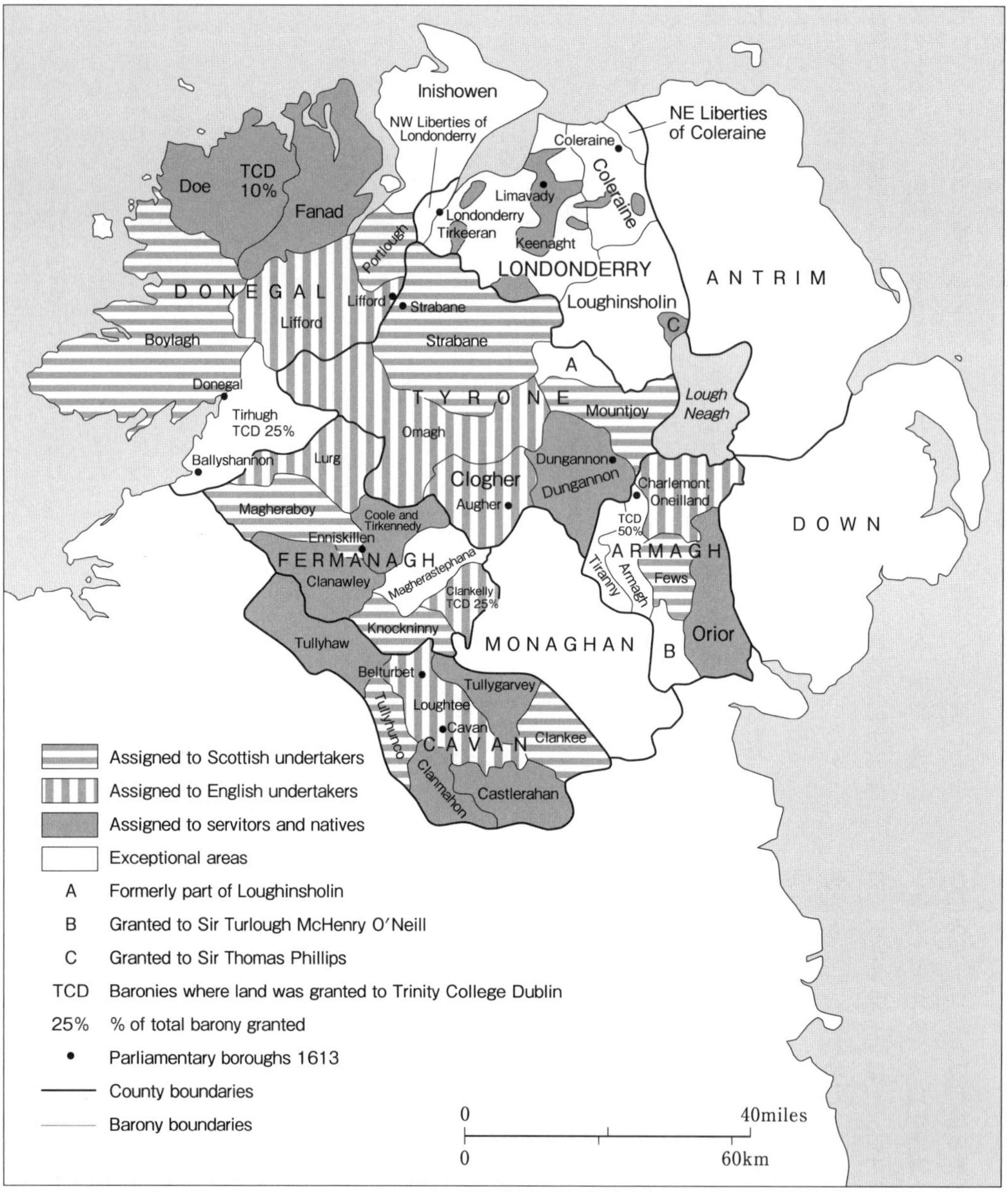

図1　アルスタ植民における土地の分配(1609－13年)

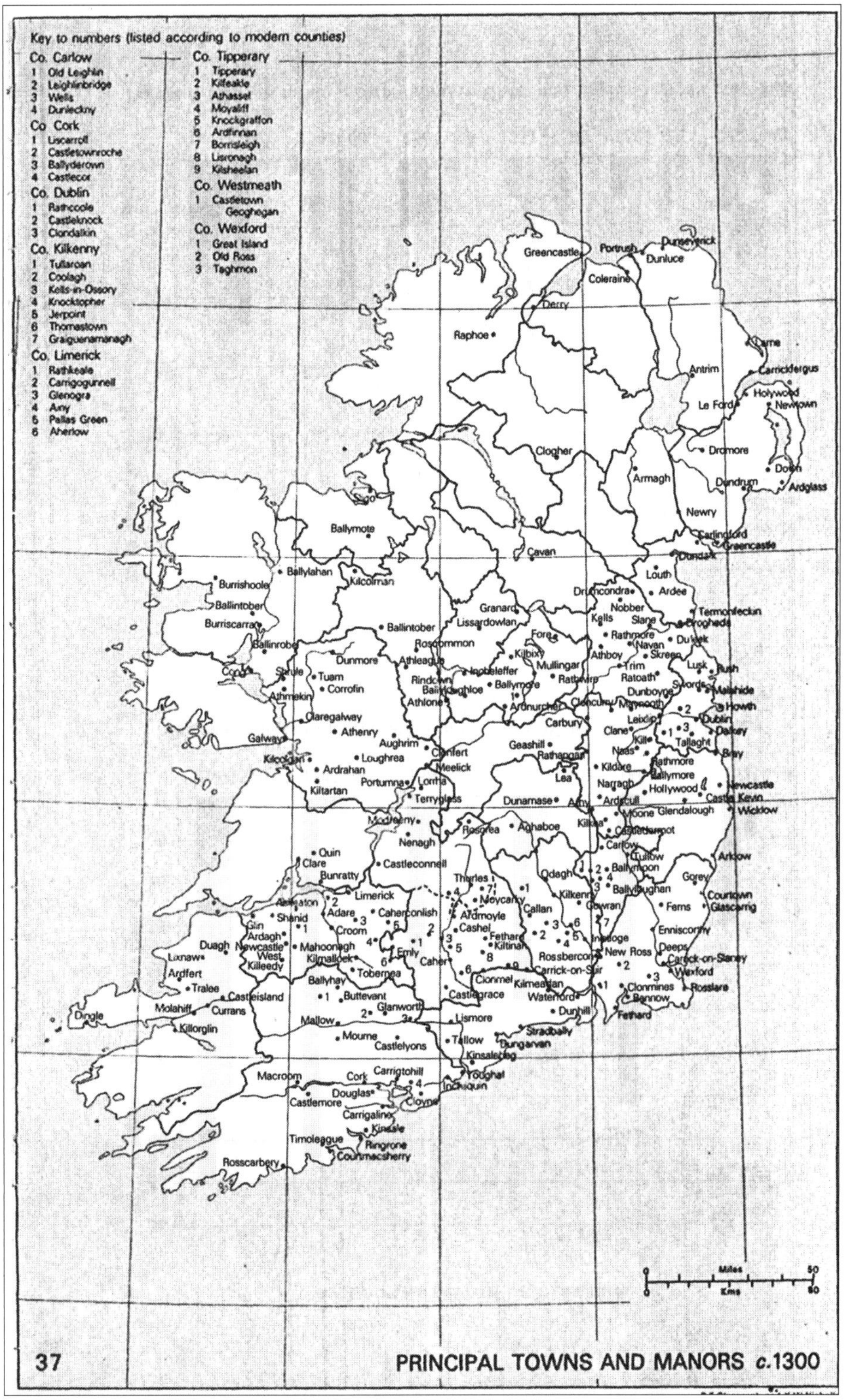

図２　1300年前後のアイルランドにおける都市(および荘園)

2　アルスタ植民における都市―計画とイデオロギー―

本稿では「都市」を、住民の大多数が非農業民であり、食糧生産ではなく商工業を主な経済的機能とする集住地と定義する。したがって、人口数百人規模であってもここでは都市（もしくは町）と呼ぶことがある。都市に対比されるべき集住地のカテゴリは村（農村）であり、都市は食糧については基本的に生産ではなく交換・消費の場である。[7]

図2にあるように（一七世紀初頭もほぼ同じ状況）[8]、植民前のアルスタはアイルランドにおいて最も都市が未発達な地域であった。[9] これは後述のように、ゲール社会の経済システムにおいては交換の役割が小さかったことを反映していた。アルスタ植民はこうした地域に、都市の経済および文化を持ち込もうとしたわけだが、その際の「都市」としては、同時代のイングランドの都市がイメージされていた。とくに自治都市（corporate town）および市場町（market town）の二種類である。

これら二つのうち、アルスタ植民事業の拠点として構想されたのが自治都市であった。当初の計画では、六州全体で二五の自治都市を設置することとされていた。[10] 設置予定地として選ばれたのは城塞や宗教施設が多かった。これら自治都市は、イングランド型である以上、市民の自治行政組織を持つだけでなく、国会議員を選出する権利も持った。それぞれの自治都市のタウン・プランについては、政府組織としてアルスタ植民を統括した植民委員会が残した計画大綱と設計図から窺うことができる。それによると、自治都市には教会、市場、裁判所、監獄が（一部は兵舎も）建設され、ブリテンから一定数の商工業者が勧誘される予定となっていた。[11] 図3は、成功例の一つとなったコルレイン（Coleraine）の設計図である。[12] 市場が置かれる予定の中央の交差路は「ダイアモンド」とも呼称され、これは現在でもアルスタの複数の場所で市場跡を示す語として用いられている。[13]

自治都市に期待された「拠点」としての役割は、以下の四つに分類できる。すなわちA軍事拠点、B政治拠点、C商業拠点、D「文明化」拠点である。軍事拠点としての役割は、中近世アイルランドの政情不安を反映していた。アイルランドに都市を持ち込んだヴァイキングの勢力が衰退して以降、アイルランドの都市は、旧アングロ＝ノルマンのうちゲール化しな

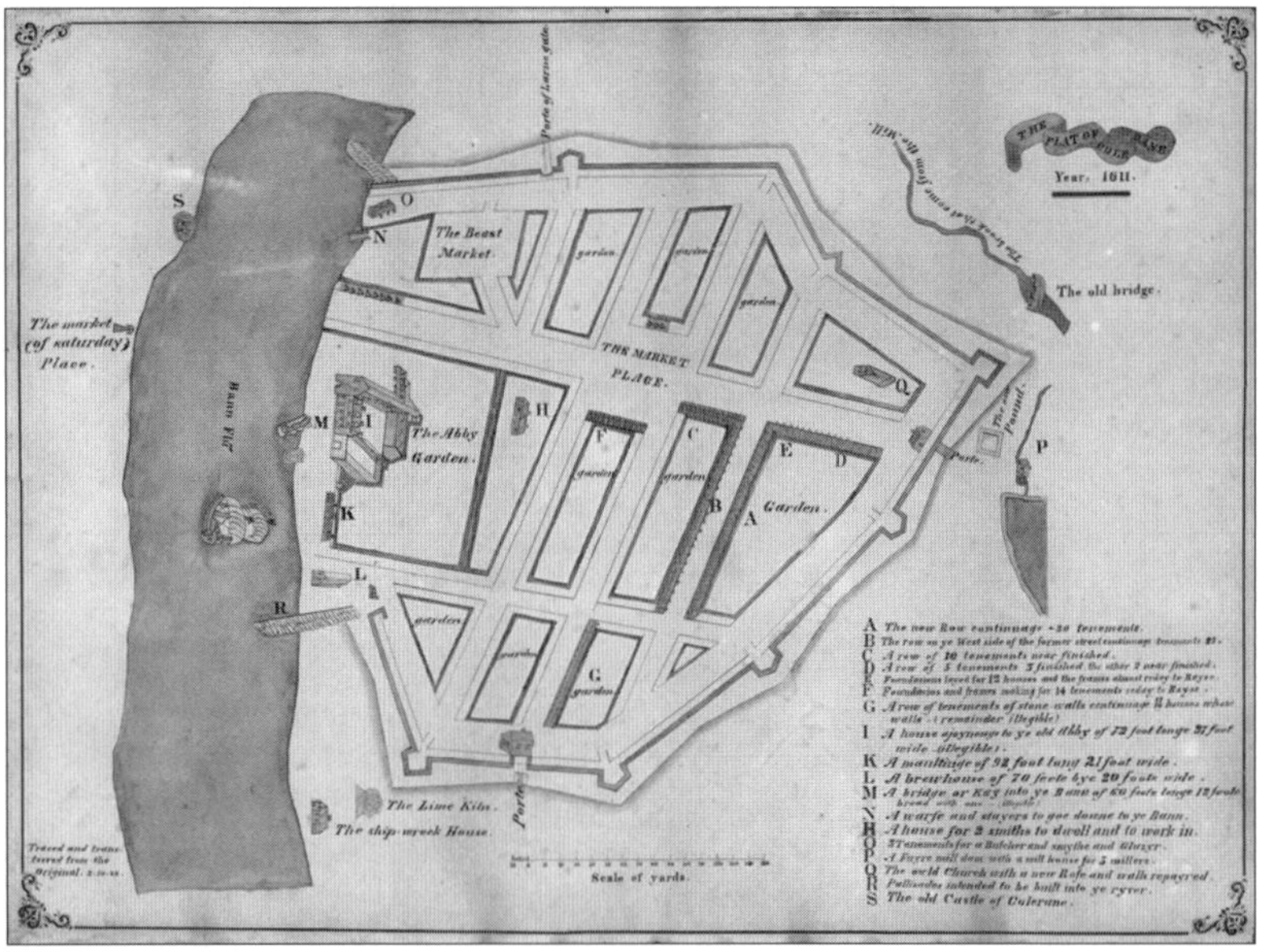

図３　コルレインの設計図（1611年）

かったグループの支配下にあり、王権に対する反乱に与することは稀であった。[14]アルスタに新たに都市を築くことは、政情不安の際に王権が頼みとできる場所をこの地域にも置くことになると期待されたのである。

　政治拠点とされたのは、端的に言えばアイルランド議会の議席配分の問題であった。都市が旧アングロ＝ノルマンの支配下にあったということは、都市選挙区の多くがカトリック議員を選出したことを意味する。とは言え、旧アングロ＝ノルマンはゲール系への対抗勢力として貴重であり、彼らの勢力を削ぐのは賢明ではなかった。そこで、それまで議席を持たなかったアルスタにプロテスタント入植者の自治都市を多数設置することで、議会でのプロテスタント勢力を伸張する目算が立てられていたのである。[15]実際、一六一三年の議会では、初めてアイルランド島全域から議員が選出され、プロテスタントが過半数を占めることとなった。

　商業拠点および「文明化」の拠点としての役割は、自治都市だけでなく市場町にも期待されていた。先に「市場」の輪郭を確認しておこう。市場は週市 market および定期市 fair に大別され、どちらも特許状（patent）によって開催が認可された（自治都市は両方を開催する権利を持った）。ただし定期市の開催は年に一、二度のみであり、また集住地でない場所（野原など）でも開催可能だった一方で、週市は market house などのインフラが必要であり、したがって都市に付随した。ここでは自治都市および市場町における週市を検討の対象とする。

　アルスタ植民においては、一つの所領に一つは市場町を作ることが規定されており、[16]実際に一六〇〇～三九年に六州で一〇三の週市が認可されていた。[17]ただし、週市の設置はアルスタのみで見られたわけではない。この四〇年間、アルスタ全九州で合計一五一件の認可があった一方で、同時期のレンスタでは認可数が一二二、最貧地域のコナハトでも一二〇件に達していた。[18]むしろ、一七世紀初頭が、経済の全般的な活性化と政治の安定を受けて、アイルランドで週市設置熱の高まった時期であり、アルスタ植民における週市の設置はその流れに乗ったものだったと考えるべきであろう。

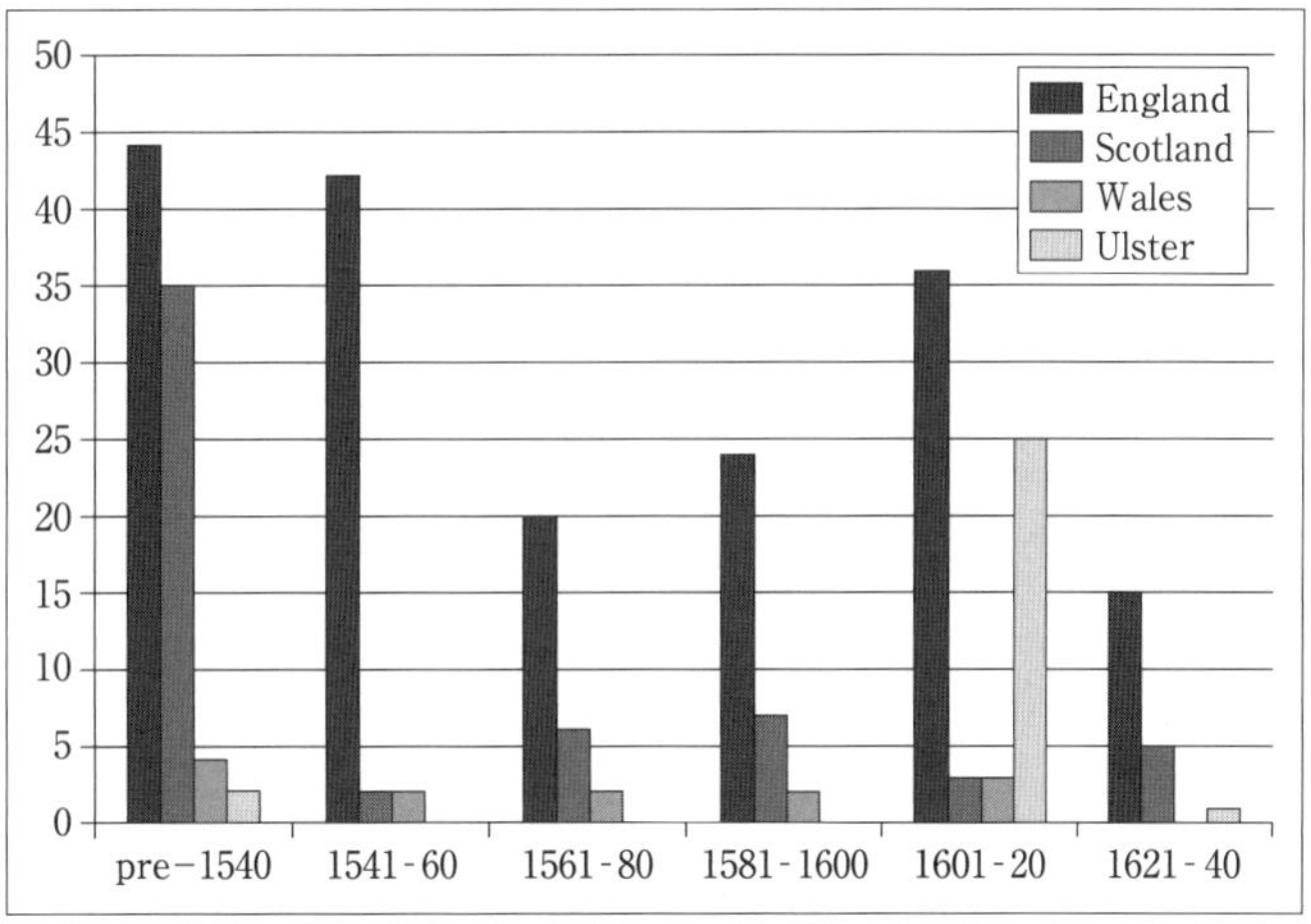

図4　ブリテン諸島諸地域における自治都市設置数

　ただし、アルスタ植民には特殊な事情があった。というのも、アルスタに残っていたゲールの経済システムは酪農を柱としており、また富の尺度は土地や貨幣ではなく所有する牛の頭数であった。牛は飼育によって数を増やすこともあり得たが、他の氏族から略奪することも多く、このことは家畜の防御も経済活動の一環だったことを意味した。都市が未発達だった社会では農村が防御の拠点となり、ゲールの農村は bawn と呼ばれる石垣

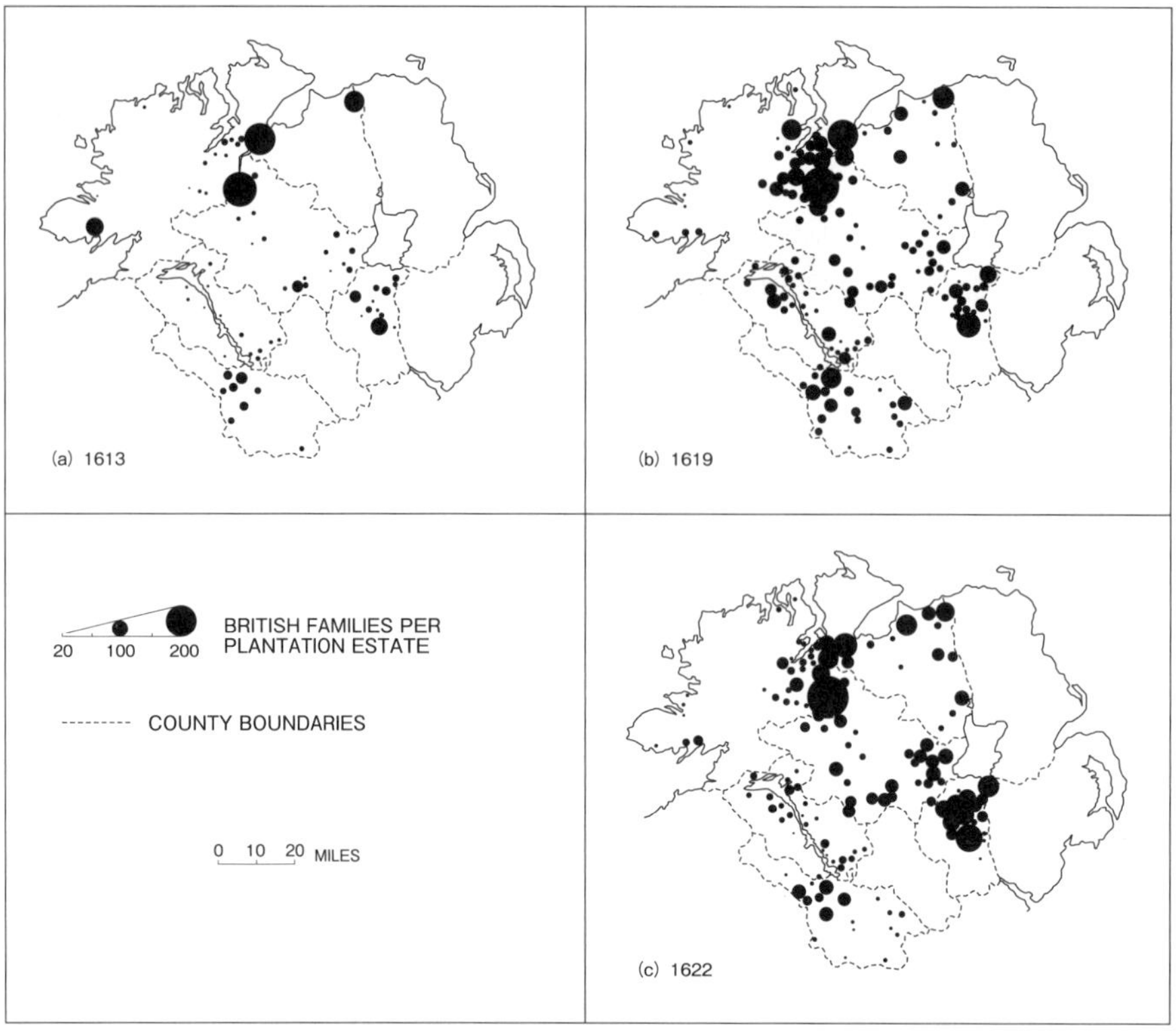

図5　イングランド／スコットランドからの入植者の分布（黒丸のサイズは家族数に対応）

に囲まれる形態を取っていた。また氏族長は所有する牛の全てを自分で飼育することはできなかったので、多くを臣下に貸与し、見返りとして貸与料を何らかの現物で徴収し、それを必要に応じて臣下に下賜（再分配）していた。[19] このような略奪・分配型の経済では、貨幣や交換、そして交換の場としての市場は未発達であった。[20]

こうした経済システムの下にあった地域に市場を導入するにあたっては、私有財産制が前提となったが、これは財産の略奪が容易な酪農にかわって穀作を導入することと表裏一対をなした。また交換は分業を促進し、そのことによって富の増大をもたらすとも期待された。[21]

これら二つの原理—私有財産制と富の増大—は、都市に期待された最後の役割であるゲール社会の「野蛮」の矯正、すなわち「文明化」の問題に

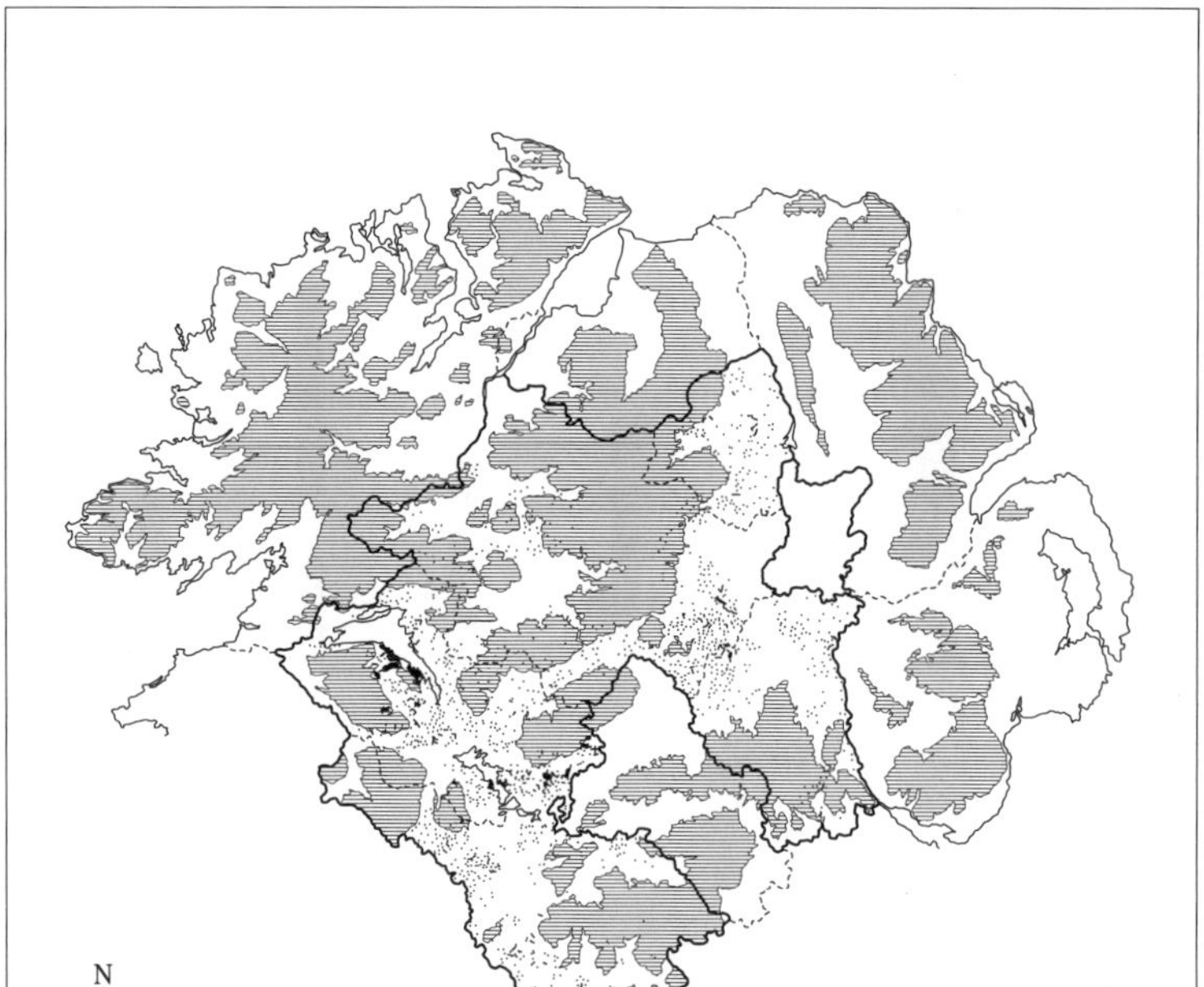

図6　アルスタの地勢（標高）

通ずる。ただし都市による「文明化」の効用は、経済面だけではなかった。すでにアルスタより一世代前に反乱を経験し、大規模な植民が実施されていたマンスタに関して、植民事業にあたったスペンサ（Edmund Spencer）は以下のように論じていた。

どんな国においてであれ、文明化を素早く進めるのに最も適しているのは市場町を多数おくことである。と言うのも、人々は、必要なものを求めて市場町を訪れる際に、洗練された作法を目にして、それを身につけるからである。[22]

作法の洗練に加えて、さらにもう一つの「文明化」のイデオロギーも存在していた。これは市場町ではなく自治都市にかかわる。一六世紀から一七世紀のイングランドでは都市自治体の設置が盛んであり、その背後には、自由人が自発的に結合した場合、そこには私利を超えた公共善が創出されるとの思考があった。[23] 図4にあるように、一七世紀前半のアルスタは、一六〜一七世紀ブリテン諸島における自治都市設置の流れにあって、短期的ながら際だっていたと言えよう。なおこうした自由人による自発的結合の場を創り出すことは、「野蛮な」ゲールの支配層の下にあった従属民の解放をもたらすとも期待されていた。[24]

3　アルスタの植民都市—実態—

こうした植民都市計画は、もちろんその全てが実現したわけではない。自治都市の成功例であるロンドンデリでは、一六六〇年の段階で成人男性が一〇〇〇人強居住していたとされ、他にある程度の規模の都市が成立した例としてコルレインおよびストラベイン（Strabane）が挙げられるが、これらを除き、アルスタ植民における自治都市は大きな成長を見せなかった。[25] 失敗例の一つはキリベグズ（Killybegs）であり、一六六〇年に成人男性は三一人しかいなかった。そもそも集住地として成立しなかった例すらあり、全体としてみると、一六四一年までに何らかの形で自治「都市」として発足し得たのは予定の二五のうち一六にとどまった。[26]

市場町について見ると、先述のように一六〇〇〜三九年に六州で一〇三の週市が認可されたが、一九世紀への存続率は、五州（ロンドンデリを除く）でどれも三〇%に達しなかった。[27] またそもそも一〇三という数は、所領それぞれが一つの市場町を持つべきとの規定からすると多くない。実際には所領の三分の二は集住地を持たなかったのであり、アルスタ植民で入植した者の大半は集住せずに所領内各所に散住していた。[28]

とはいえ、自治都市や市場町に定住することを選んだ者もいる。ここで確認すべきは、定住の地理的な偏向である。[29] 図5にあるように、イングランド／スコットランドからの入植者は特定の地域に集住する傾向があった。図1と対比すると分かるように、この集住のパターンは、土地所有者がイングランド人／スコットランド人であるかどうかの点からはうまく説明できない。むしろ、図6にあるように、[30] 集住地は低地地域に多い。

ゲール系の人間の集住パターンが不明なため、あくまでも部分的な推測にとどまるが、以上から想定されるのは、低地地域では都市・町が成立しており、これが穀作と表裏一対となって経済的に機能していた可能性である。一般に穀作は低地で営まれる。また穀物は輸送に向かないので（家畜は動かせる）、地主は地代を現物で受け取るのを嫌い、市場で換金の後に金納させることを望んだ。[31] このため、低地・穀作・市場はセットとして発展することが通例であった。アルスタ植民においては、自然環境の困難があったため、市場経済の浸透は全域には及ばなかったものの、好条件に恵まれた地域では、（植民を意図した側からすれば）ある程度の成果を収めたと言えよう。

(1) 例えば，Audrey Horning, *Ireland in the Virginian Sea: Colonialism in the British Atlantic* (Chapel Hill: University of North Carolina Press, 2013).

(2) Raymond Gillespie,'Success and failure in the Ulster plantation',in Éamonn Ó Ciardha and Micheál Ó Siochrú (eds.), *The plantation of Ulster: Ideology and practice* (Manchester: Manchester U. P., 2012), p. 107.

(3) Aidan Clarke with R. Dudley Edwards, 'Pacification, plantation, and the Catholic question 1603–23', in T. W. Moody, F. X. Martin and F. J. Byrne (eds.), *A new history of Ireland III: Early modern Ireland* 1534–1691 (Oxford: Oxford U. P., 1976), pp. 193–197

(4) Jonathan Bardon, *The plantation of Ulster: The British colonisation of the north of Ireland in the seventeenth century* (Dublin: Gill & Macmillan, 2011), p. xvi.

(5) Philip S. Robinson, *The plantation of Ulster: British settlement in an Irish landscape 1600–1670* (Belfast: Ulster Historical Foundation, 1994), pp. 69–86, 195–211.

(6) Robinson, *The plantation of Ulster*, p. 223.

(7) Peter Clark and Paul Slack, *English towns in transition 1500–1700* (Oxford: Oxford U. P., 1976), p. 19.

(8) T. W. Moody, F. X. Martin and F. J. Byrne (eds.), *A new history of Ireland IX: Maps, genealogies, lists* (Oxford: Oxford U. P., 1984), map 37.

(9) Raymond Gillespie, 'Small towns in early modern Ireland', in Peter Clark (ed.), *Small towns in early modern Europe* (Cambridge: Cambridge U. P., 1995), p. 160.

(10) R. J. Hunter, 'Towns in the Ulster plantation', *Studia Hibernica*, no. 11, 1971, pp. 40–41.

(11) R. J. Hunter, 'Ulster plantation towns', in D. W. Harkness and Mary O' Dowd (eds.), *The town in Ireland: Historical Studies XIII* (Belfast: Appletree Press, 1981), pp. 55–58; Robinson, *The plantation of Ulster*, pp. 169–170.

(12) Http://niarchive.org/trails/plantation-rewriting-the-story/.

(13) Robinson, *The plantation of Ulster*, pp. 169–170.

(14) Raymond Gillespie, 'The origins and development of an Ulster urban network, 1600–41', *Irish Historical Studies*, vol. 24, no. 93, 1984, pp. 15–16; Anthony Sheehan, 'Irish towns in a period of change, 1558–1625', in Ciaran Brady and Raymond Gillespie (eds.), *Natives and newcomers: Essays on the making of Irish colonial society 1534–1641* (Dublin: Irish Academic Press, 1986), pp. 107–108.

(15) Robinson, *The plantation of Ulster*, p. 153.

(16) Gillespie, 'Small towns in early modern Ireland', p. 160.

(17) Gillespie, 'The origins and development of an Ulster urban network', p. 29. なお，現実には無認可の market も少なからず存在したはずだが，これらについては史料上の追跡が困難である。

(18) Gillespie, 'Small towns in early modern Ireland', p. 151.

(19) Jane H. Ohlmeyer, '"Civilizinge of those Rude Partes": Colonization within Britain and Ireland, 1580s–1640s', in Nicholas Canny (ed.), *The Oxford history of the British Empire I: The origins of empire: British overseas enterprise to the close of the seventeenth century* (Oxford: Oxford U. P., 1998), pp. 127–130.

(20) Robinson, *The plantation of Ulster*, pp. 28, 37.

(21) Gillespie, 'Small towns in early modern Ireland', p. 149.

(22) Cited in Gillespie,'The origins and development of an Ulster urban network', p. 16.

(23) Phil Withington,'Plantation and civil society', in Ó Ciardha and Ó Siochrú (eds.), *The plantation of Ulster*, p. 70.

(24) *Ibid.* pp. 59–73.

(25) Hunter, ' Ulster plantation towns', pp. 59–60; Robinson,*The plantation of Ulster*, pp. 225–227.

(26) Hunter, 'Towns in the Ulster plantation', p. 54.

(27) Gillespie, 'The origins and development of an Ulster urban network', p. 29.

(28) Robinson, *The plantation of Ulster*, p. 158.

(29) *Ibid.*, p. 93.

(30) *Ibid.*, p. 11.

(31) Raymond Gillespie, *Colonial Ulster: The settlement of East Ulster, 1600-1641* (Cork: Cork U. P., 1985), pp. 192-193.

（かつたしゅんすけ・東京大学大学院人文社会系研究科）

小特集　植民地と都市そして地域

近世フランスの植民都市とカリブ海域
―アンティル諸島とミシシッピ・デルタをつなぐ「都市と領域」―

坂野正則

はじめに

近世ヨーロッパの植民地では、白人・先住民・黒人・混血を含めた住民は、支配者と被支配者の二項対立的で単純な枠組みに還元できない多様な生活を営んでいた。また植民都市についても、植民地の統治拠点や市場としての物資の集散地という視点から考察されることが多い。しかし、都市でのヒト・モノ・情報の接触は、政治・経済・文化の各分野で、既存の「領域」を越える契機となり、しばしば宗主国との単線的な関係性のみで把握することができない[1]。

本稿が分析対象とする近世フランスの「アメリカ」植民地の場合、財務総監・海事国務卿ジャン＝バティスト・コルベールの重商主義政策との関連が強調され、オランダへの対抗戦略としてオランダの海運力がフランス植民地から排除され、特権会社による貿易独占を目指した「排他的」貿易体制が確立されたとされる。ところで、多様な文化的背景をもつ人々の交易圏や生活圏が、フランス「帝国」内部に囲い込まれ完結していたかは議論の余地がある。カリブ海域は、それ自身一体性をもつ地理空間であり、ヨーロッパ人進出以前からの「長期持続」(ブローデル)を考慮するならば、人々の移動の方針・戦略・可能領域は必ずしも国境や国家的枠組みに制約されないのではないかという仮説が成り立つ。

本稿の目的は、カリブ海域におけるフランス植民都市の形成過程を、広域的な空間と固有の地理環境の中に位置づけるために予備的考察を行うことにある。そのために、都市図を史料として分析すると同時に、その空間的な意味を社会的文脈から読み解きたい。なお本稿の「カリブ海域」とは、大小アンティル諸島のみではなく、一般的にカリブ海とメキシコ湾と称される海域を含めて用いることとする。なぜなら、この海洋空間は、南赤道海流がカリブ海とメキシコ湾を通過して北大西洋へ抜ける地域に位置しており、その住民は、この海流に乗って営まれる交易、ハリケーンの被害経験、居住環境に即した建築を歴史的に共有してきたからである[2]。本稿では紙幅の関係上、小アンティル諸島・グアドルプ島の都市と北米大陸ルイジアナ植民地のニューオリンズ(フランス統治期は、ヌヴェル・オルレアン)を取り上げる。これらを選択した理由は三つある。第一に、島嶼部とデルタ地帯という異なった環境に成立した都市であるため、地理空間と都市形成との関係を比較して考察することができる。第二に、ヨーロッパ人の進出以前からこの二つの地域は遠隔地交易を通じて結びついており、近世期には共に公的体制外の商業活動の担い手となった。第三の理由は、研究史上の欠落を埋める視点を見出すためである。すなわち、アンティル諸島に関する歴史研究の関心は、一七世紀後半以降のプランテーション経営や、そこで働く黒人奴隷およびその奴隷取引に集中してきたため、都市史的視点が希薄であった。反対に、ニューオリンズは、ルイジアナ植民地に属する植民都市であるため、その研究の重心はミシシッピ川流域との関係や、プランテーションの経営史に集中してきており、カリブ海との関連で検討された研究は相対的に少ない。(3)二一世紀に入ると、こうした研究史の間隙を埋める研究が登場してきており、本稿もそうした研究に大幅に依拠して考察していく。(4)ただしアンティル諸島とメキシコ湾岸とを一つの広域空間として捉えて、その内部における社会＝空間構造を分析することは、これから開拓を進めるべき研究領域に属する。

最後に、本稿の構成をまとめておく。まず、グアドルプ島のバス＝テルとポワンタ・ピトルを取り上げ、島の植民都市としての形成過程と都市社会の変容を検討する。次にニューオリンズへ視点を移し、デルタ地帯の植民都市として、その空間的特徴や立地、港湾と商業を分析する。

1　島の植民都市──グアドルプ島の事例から──

島の植民地化とバス＝テルの建設

グアドルプ島は、その南に位置するマルティニック島と並んで、一六三五年以降、特権会社であるアメリカ島嶼会社による入植が進められた。一六四〇年代以降、会社からグアドルプ島総督に任命された会社株主の法服貴族シャルル・ウエルが島の領主権を買い取り、彼がバス＝テルの都市整備を牽引した。この都市は、島の西側部分の南西部、火山の麓に位置し、その周囲では複数の渓谷を流れる河川が海へ注ぎ込んでいる。フランス人入植以前にも、先住民が居住していた痕跡は確認できる。一六六七年の絵図は、南側の小規模要塞と北側の集落とを核とする空間が成立していることを示しているが、この段階での市街は、島の最低限の防備、船舶の錨泊地、給水地を確保するにとどまっていた。(5)

この特権会社の株主の中にはカトリック篤信家が含まれ、彼らは信仰の伝播と植民者の信仰生活の維持にも配慮した。このことは都市景観にも反映する。ドミニコ会が四ヶ所の小教区教会を、カルメル会は要塞にあった教会をそれぞれ管理した。また、イエズス会は教護院の運営のみを担った。カトリック教会の組織としては、司教座は置かれておらず、小教区教会のみから構成されていた。ところで、一六四〇年代の小教区簿冊には入植貴族と現地女性との結婚記録や子供の洗礼記録も記載されており、一定程度の混血の存在が推察される。(6)

一六五四年、現在のブラジル・レシフェ周辺に存在したオランダ領ペルナンブーコが、ポルトガルに奪還された後、植民地を喪失したオランダ人の一部が仏領アンティル諸島へも到来した。マルティニック島の行政当局は、イエズス会士の献言により、カトリック植民地の原則に忠実な立場を選択して、このオランダ人の受入れを拒絶した。反対に、グアドルプ島総督のウエルは、彼らを受け入れ、彼らから製糖技術やプランテーション経営の手法を導入することができた。その結果、この島がカリブ海砂糖プランテーションの先駆けとなった。一六六三年に国王直轄地へ編入された後も、一六七〇年代の人口の約七％がプロテスタントであった事実は、グアドルプ島がカトリック植民地の性格を持つ一方で、オランダ人を含めた他宗派の人々に閉ざされていたわけではないことを示す。(7)

この時期の経済発展は、バス＝テルの都市景観にも表れる。一六八〇年代に市街地の整備が進み、統治機関、宗教施設、製糖所といったゾーニングが発展する。また都市の周辺部にはプランテーションが広がり、砂糖生産の拠点都市となった。(8)さらに一八世紀バス＝テル都市史の画期となったのは、七年戦争の一環として一七五九年にイギリス海軍が実行したバス＝テルの包囲戦である。この際、周辺の砂糖プランテーションと共に町は焼失し、イギリスに占領された。一七六三年のパリ条約で仏領へ復帰した後、都市の再建が始められた。その際、沿岸の北東側に停泊地が拡張・整備される一方、植民地総督府や地方長官府を中心とする南側の行政地区とカルメル会修道院を中心とする商業地区とが明確に分離された（図1参照）[9]。また、イギリス軍に占領された経験から、サン＝シャルル要塞の拡張工事と、海事国務卿の下での駐屯連隊の増強が行われた。こうした「軍事都市」としての相貌は、都市内部の防備空間を形成しただけでなく、アメリカ独立戦争への援軍派兵にも貢献した[10]。

ポワンタ・ピトルの建設と島内における都市の対称性

ポワンタ・ピトルは島の中央部に位置し、入江の奥に一八世紀半ばから建設された海港都市である[11]。島の東半分（グランド＝テル）は、七年戦争以前から開墾が進み、バス＝テルのある西半分に比べ戦争による傷跡も少なかったため、イギリス占領期から島のサトウキビ生産を牽引した。また、この地域は入江の穏やかな錨泊地に面していたため、砂糖交易や新たな貿易に適した立地でもあった。周辺環境は、マングローブ林を中心とする沼沢地と複数の小高い岩丘で構成されていた[12]。したがって、排水・干拓と微地形の活用が都市建設の基本戦略となった（図2参照）。フランス革命前夜にあたる一七八七年の地図を参照すると、各種の統治機関、救護院、教会は、岩丘の上に建てられ町の高台に位置しているのに対し、街区は干拓された低地部分に造成されたことが分かる。またポワンタ・ピトルにも司教座はなく小教区教会が一つだけ置かれていたが、その教会堂は高台からこの低地街区に移転している。さらに、岩丘は都市内外を区別する機能を果たしてもいた。それ以外にも、中型船舶と外国船舶の錨泊地が分離されていることは[13]、規模の異なる船舶の往来を示唆し、国際貿易の拠点となったことを意味する。一七七〇～八〇年代の絵図を分析すると、この都市の発展が著しかったことが伺えるが、一七七六年の公的な覚書もバス＝テルの商業取引の量が減少し、ポワンタ・ピトルと同水準になったことを伝えている。

一八世紀中葉以降、仏領サン＝ドマング植民地でコーヒーと砂糖の生産が急速に成長したことで、マルティニック島の経済的位置が副次的なものへと変化した。また、一七六三年のパリ条約で、グアドルプ島はイギリスに併合される可能性を免れ、仏領西インドの保護貿易はフランス本国に確実な利益を保証した。その一方、一七五〇年代からこの島では宗主国の貿易体制を超えた沿岸貿易が盛んとなり、この島の経済に多様な枠組みを提供した。その代表例が、七年戦争の中立国オランダのシント・ユースタティウス島の自由港との密貿易である。さらに、フランス革命期に発生した革命政府とアメリカ合衆国との「擬似戦争」においては、ポワンタ・ピトルはアメリカ側の船舶を攻撃する私掠活動の拠点ともなった[14]。

ポワンタ・ピトルの植民地社会では、プランテーション経営者、官僚、貿易商人をはじめとする白人植民者の人口は、伝染病などにより脆弱な発展しかせず、大規模な戦争の舞台ともなったため、労働人口を補塡するために、黒人奴隷の男性と白人女性との混血や解放奴隷、「事実上の自由人」と呼ばれる人々が社会構成員として必須の位置を占めるようになった。また、都市郊外のプランテーションでの黒人奴隷とは別に、都市内部で家内奴隷として働く女性の姿も目立つようになった。一七八六年の公的覚書が「バス＝テルではすべてが囲われ、守られているが、ポワンタ・ピトルではすべてが開かれていると言える」と述べているが、要塞付植民都市バス＝テルと密貿易・私掠といった経済活動や混血・解放奴隷の行き交う開放的植民都市ポワンタ・ピトルとの対比を的確に表現している。

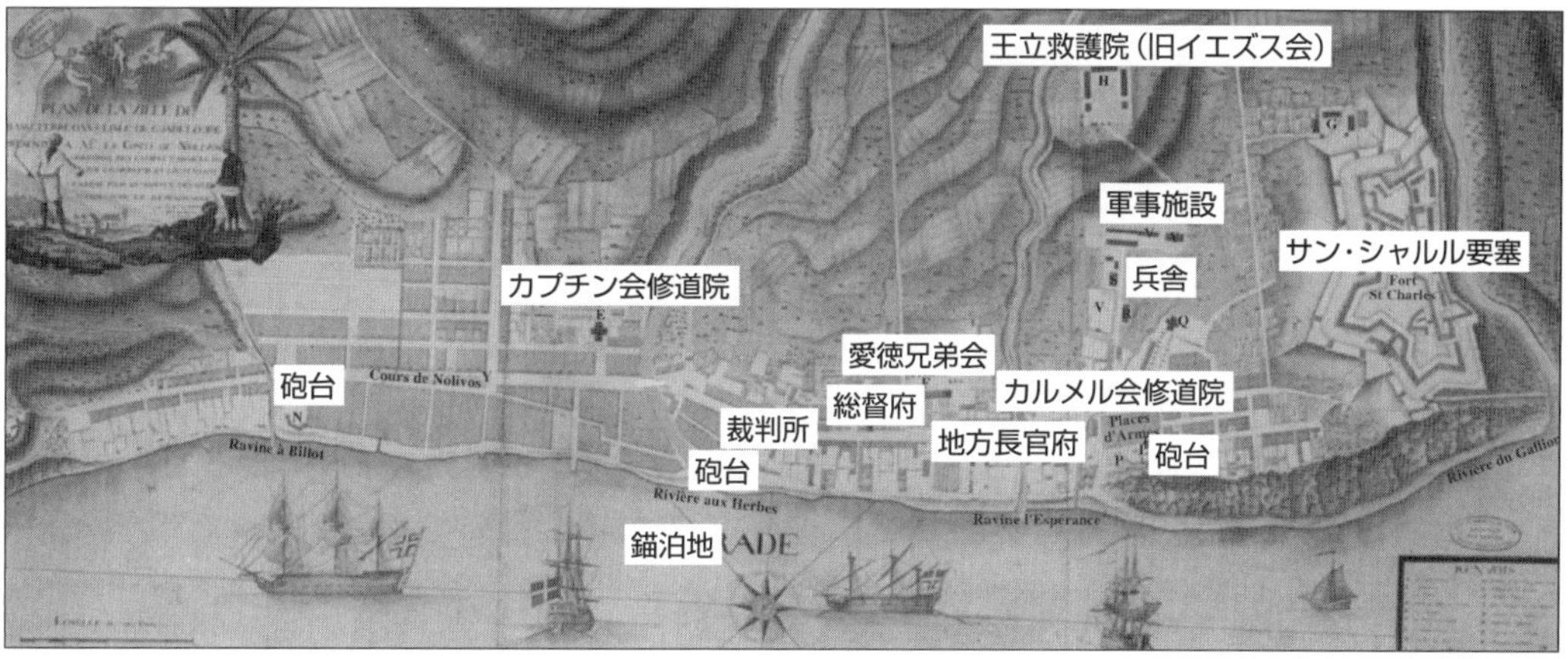

図1　1768年のバス＝テル都市図（水彩画）

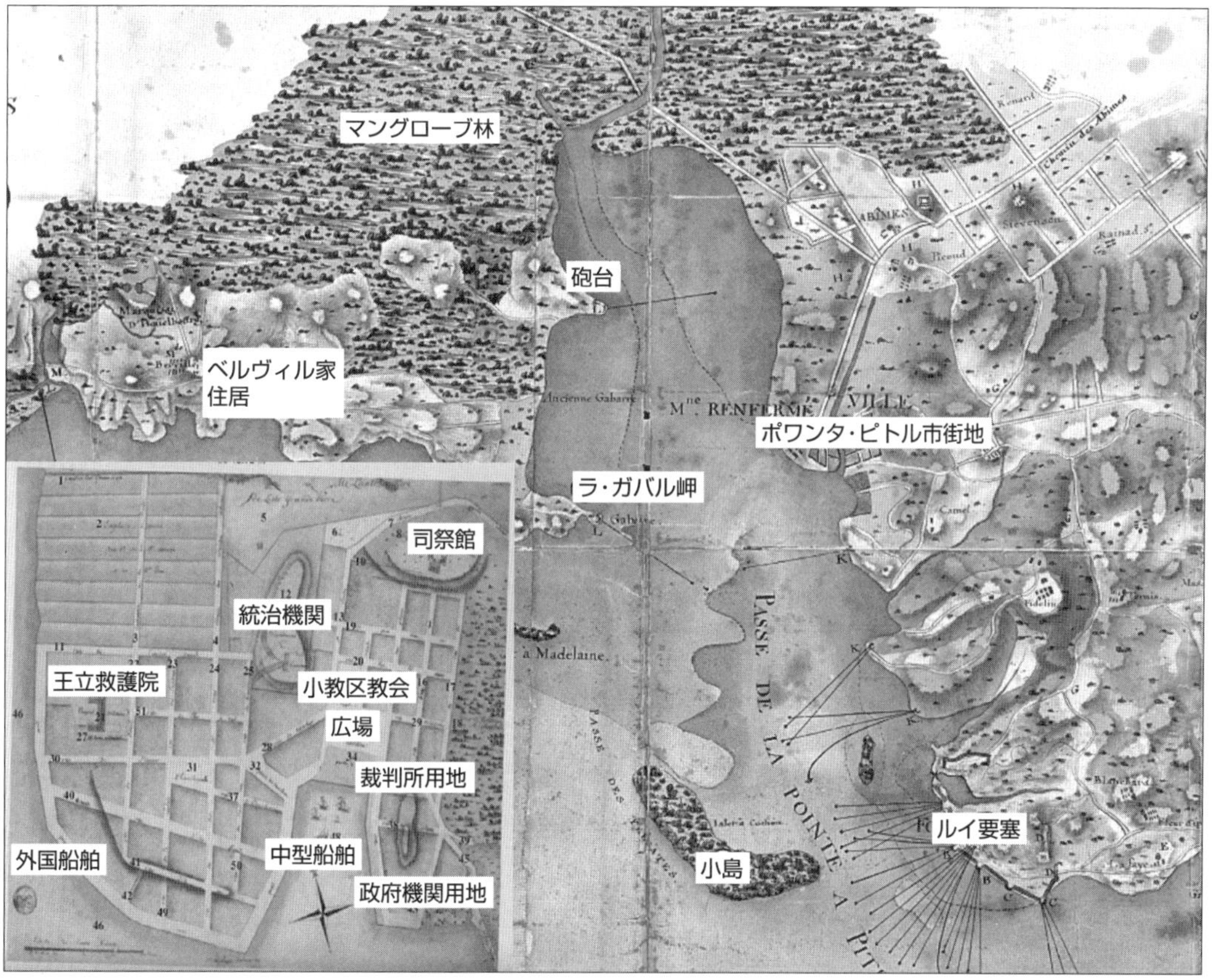

図2　1773年のポワンタ・ピトル港と停錨地（左下は1787年の市街図）

2　デルタ地帯の植民都市―ニューオリンズの事例から―

ルイジアナ植民地と都市建設

拡大「カリブ」海域の北側を占めるのが北米大陸のミシシッピ・デルタ地帯であり、ニューオリンズはその拠点都市として一八世紀前半に建設された。この地域へのフランス人の進出は、一七世紀以降「ヌヴェル・フランス」における毛皮獣（ビーバー）の探索をその動機として始まり、五大湖からミシシッピ川を下降する探検事業が促された。その間に、フランス人は敵対するイロクォワ族への対抗上、別の現地部族と接触したり同盟関係を結んだりしながら、一六九九年にルイジアナ植民地の建設に至る。この流域のデルタ地帯を活用して、コメ、トウモロコシ、豆類が栽培され、商品作物としては、タバコとインディゴが生産された。

財務総監ジョン・ローは、アジア・アメリカ・アフリカ地域の特権商事会社への株主の募集と国内での不換紙幣の流通を進めて、国家財政の立て直しを図ろうとした。この壮大な金融政策の一部を構成していたのがミシシッピ開発計画であり、都市建設もこの文脈で理解される(15)。

ニューオリンズ建設以前のフランス人の主要な定住集落の拠点は、メキシコ湾に面したビロクシであった。ところが、高潮やハリケーンをはじめとする災害の頻発により、ミシシッピ川のより上流部で恒久的な都市を建設することが模索された。

ニューオリンズは、一七一七年から二二年にかけて、モントリオール出身のジャン＝バティスト・ル・モワンヌ・ド・ビアンヴィルによって建設が進められた。彼は、インド会社で土木技師として活動していたアドリアン・ド・ポジェに地割を任せ、一辺三二〇フィートの正方形区画を一二等分した土地を一筆として、会社の株主へ土地が提供された。この正方形区画がグリッド状に整備され、都市が構成された（現在のフレンチ・クォーター）(16)。

この都市は三つの空間的特徴をもつ（図3参照）(17)。まず第一に、ミシシッピ河口から約一六〇キロ上流に位置しており、喫水の高いヨーロッパの大型船舶が遡上してくるのは困難である。それゆえ、中型船を対象とした簡素な停泊地や造船所が設けられるだけで大規模な港湾施設は存在しない。この地理条件はヨーロッパの軍艦が外洋から侵入してくることも遮断するため、一八世紀後半のバス＝テルで確認したような要塞の建設・拡張は必要なかった。第二に、統治空間としては、ミシシッピ河岸に面した中央部のブロックに広場が配され、この区画を総督府、地方長官府、小教区教会、監獄、カプチン会修道院が取り囲む。なお、この時代のニューオリンズにも司教座は置かれず、カプチン会に管理が委託された一つの小教区教会が、この都市全体を管轄する(18)。さらにこの教会が都市内部のみならず、この地点からミシシッピ川を約二八〇キロ遡上したナチェズ以南の広大な「領域」を管轄した。この小教区所属の信徒には、都市住民以外に後背地プランテーションの黒人奴隷までもが含まれた点が、特異であった。第三は、建築意匠についてである。フランス統治時代の建造物はほとんど現存していない。そこで、一七五五年にティエリが作成した都市図に描かれた建造物を検討してみると、家屋は切妻屋根で比較的小規模な建物であるのに対し、地方長官府・兵舎・造船所といった公共建築の規模は相対的に大きい。後にこの都市における典型的な建築意匠となる垂木のついたベランダ型のコロニアル様式は全く見当たらない。確かに、唯一現存するウルスラ会修道院(19)（一七五三年完成）も、同時代の本国やカナダ植民地の建築と親和性をもつ。

都市内部の空間構成はグリッド型植民都市の類型に属するが、都市の用

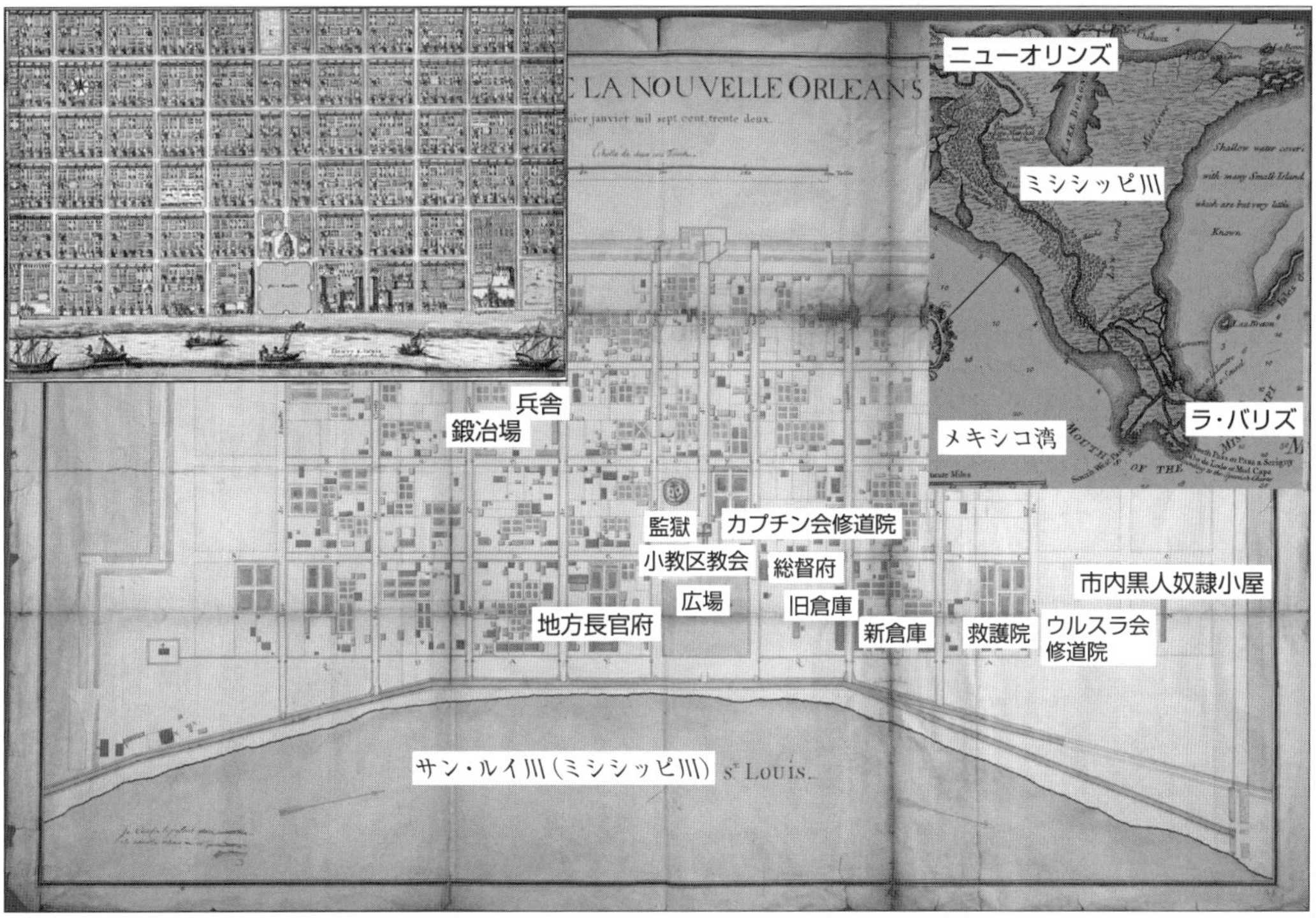

図３　フランス統治下のニューオリンズ（中央は1730年代，左上は1750年代，右上は1720年代）

地選択については、現地の先住民による貢献が大きい。というのも、メキシコ湾沿岸で自然災害から身を守り、デルタ地帯の複雑な水系を経済活動へ組み込むには、彼らの知見に基づく助言が必要だったからである。実際、ビアンヴィルは現地部族が伝統的に商業ルートとして用いてきた南北の水路と東西の陸路の交差する地点を推薦され、都市建設の場として採用した。言い換えると、ニューオリンズを中継地とするミシシッピ流域とカリブ海をつなぐ遠隔地交易は、植民地建設以前から存在する先住民の交易ルートの一部を継承したことになる。[20]

拡大「カリブ」交易圏と港湾複合体

近世フランス植民地史研究の古典的理解では、ニューオリンズは、ローの開発計画が挫折した後、サン＝ドマング植民地をはじめとする仏領アンティル諸島の目覚ましい経済発展と比較すると成長できず、一七六三年のパリ条約でスペイン領に編入される結末を迎えたと解釈されてきた。[21]実際、フランス商船による輸出入の公式記録を参照すると、ルイジアナ植民地とアンティル諸島との経済格差は顕著である。その一方、近年進められてきた考古学的調査と死後動産目録の調査結果は、一七二〇年代以降におけるニューオリンズ市民の富裕な生活の実態を雄弁に伝えている。考古学者シャノン・リ・ダウディによれば、一七三〇年代からニューオリンズの商人は、大西洋世界、および「ヌヴェル・フランス」内部から、より広域的なカリブ海世界へと、彼らの交易活動の舞台を転換させたという。すなわち、ニューオリンズを拠点として、陸路やカヌーを用いたミシシッピ流域地帯とヨーロッパ型船舶を用いたスペイン領のベラクルスやハバナ、仏領サン＝ドマング植民地のカップ＝フランセ、マルティニック島のサン＝ピエールをはじめとするカリブ海島嶼との商業ルートが有機的に連関し、その広域的・国際的交易網が活用された[22]。そこでの主要な取引品目は、絹織物、金細工、陶磁器、ボルドー産ワインなどであった。

ところで、ルイジアナの植民地評議会が残した沿岸交易に従事する船舶数に関する公文書は、いわば合法的な貿易に従事した船の数を示しており、サン＝ドマング植民地への寄港数が多い。しかし、非合法な密貿易についてはこうした公的史料ではその姿を把握することはできない。この史料ではグアドルプ島への寄港数は極端に少ないが、本稿が依拠してきたペロタン＝デュモンの研究は同時期のグアドルプ島と北米大陸との密貿易の活況を明らかにしている。同時に、スペイン領植民地であったカルタヘナやポルトベロも公的史料の中での寄港数は少ないが、ニューオリンズとの密貿易が活発であったことが知られる。密貿易の主要産品は、プランテーションで生産されたタバコである。それゆえニューオリンズ商人の富の源泉の少なくない部分が、この密貿易の恩恵によるものであるのは確かであり、彼らの商業活動は、必ずしも植民地が帰属する「帝国」の領域内で完結しない。

ニューオリンズはミシシッピ川の河口内港であるが、浅瀬と砂州が多いため、周辺地域との交通はもっぱら陸路とカヌーなど小型船舶を用いていた。それでは、小型船舶と大型船舶とを用いた様態の異なる交易活動は、どのようにして結合したのか。この困難な地理上の課題を克服するため、入植者はミシシッピ河口デルタに、ラ・バリズと呼ばれる要塞を建設した。大型船舶の積荷は、ここで黒人奴隷によって小型船舶に積み替えられ、ニューオリンズへ運ばれた。すなわち、ラ・バリズ要塞（一七二七年以降は「港」という記載が史料に登場する）は、ニューオリンズの外港として機能し、長距離を隔てながらも港湾複合体の性格を有していた。同時に、この外港はニューオリンズに法的な「抜け穴」を提供し、密貿易も含む「非公式」な交易の舞台として用いられた。ニューオリンズに寄港できる船舶はフランス船籍に限られ、貿易品もフランス製に制限されていたからである。逆に、ニューオリンズの商人も海外市場へ商品を販売することが禁じられていた。ビアンヴィルは、一七二六年の覚書で、フランス・スペインの「排他的」貿易制度の網を逃れた交易がラ・バリズで可能なことを証言している[23]。さらに、この要塞に駐屯する軍人は、デルタ地帯の周辺に広がる植民地当局が把握しきれない細かな入江、水路、沼沢地を活用して、個人的な密貿易も営んでおり、前述の総督の証言は、こうした活動を黙認していた可能性を示している。一七六三年のパリ条約以降もニューオリンズ周辺の湖畔や沼沢地での密貿易は継続した。

この密貿易では、船乗りの黒人や、白人と黒人との混血の人々も人材の苗床となった。たとえば、密貿易船「尊大」号が一七四五年に乗組員としていた船乗りの中には、フランス人はボルドー出身者が一名のみで、他は一七名のスペイン人と一五名の「黒人と混血」から構成されていた。こうした船員構成は、この船の寄港地を反映している。この船は、前年にニューオリンズ方面から現在のパナマに位置するポルトベロへ向かい、その後マルティニック島からルイジアナへ帰還し、その翌年にはベラクルスへ寄港している。必ずしもフランス「帝国」の枠組みに固執することなく、商業利益を求めて密貿易が盛んな港町へ立ち寄っていることが分かる。したがって、この分野において、国民的帰属とエスニシティの壁は高くない。

おわりに

本稿では、大西洋世界の近世フランス植民地の中でアンティル諸島とルイジアナ植民地とを一つの「領域」として捉え、その内部での都市の形成過程を考察した。第一に、対象とした植民都市は、島嶼とデルタ地帯といった地理的差異はあるが、フランス本国の都市理念そのものを移植するというよりもむしろ、ローカルな地理環境や災害、建設年代の政治的・経済的・社会的要請に対応する形で空間を改変していった。第二に、七年戦争以前のフランスによる大西洋世界での植民地経済は、重商主義国家による「排他的」管理と本国＝植民地の単線的交易関係に視点が集中しがちであるが、本稿で扱った密貿易や私掠活動は、より長期的な時間軸で、国民的枠組みを超えた地域の中で実践された。こうした問題認識は、フランス経済に「豊かな」実りをもたらしたとされるマルティニック島やサン＝ドマング植民地のみならずグアドルプ島にも考察の範囲を広げなければならない必然性を理解させる。同時に、「ロー・システム」による一攫千金の夢のあと、斜陽の一途と考えられたフランス統治時代のニューオリンズの都市史にも新たな光を当てることが必要であろう。ただし、他のヨーロッパ諸国のカリブ海植民地との本質的な親和性と差異性にも考察の視野を広げなければならない。第三に、ヨーロッパ世界内部では見られない異文化接触が都市文化の中で発生した。とりわけ、この地域で複数の文化圏（ヨーロッパ・アフリカ・アメリカ）を架橋する存在である混血の人々の貢献は大きいと考えられる。混血の人々の日常生活、都市社会内部での活動、あるいは「司教座無き都市」における改宗・交流を含む異宗教・異宗派間の関係については十分に分析できなかったため、また稿を改めて論じたい。

（1）Goerg/Huez de Lemps, *La ville coloniale (XVe–XXe siècle)*, Paris: Editions du Seuil, 2003.

（2）Christophe Charlery, 《Fort-de-France et Pointe-à-Pitre: deux villes américaines?》, *In Situ*, no. 3, 2003. URL: http://journals.openedition.org/insitu/1571; DOI: 10.4000/insitu.1571.（二〇一八年四月三〇日閲覧）

（3）ルイジアナ植民地について、Cécile Vidal, *Les implantations françaises au pays des Illinois au XVIIIe siècle*, Paris: EHESS, 1995.

（4）Shannon Lee Dawdy, *Building the Devil's Empire: French Colonial New Orleans*, Chicago/London: The University of Chicago Press, 2008.

（5）《Veüe du fort, bourg et rade de la Basseterre à la Guadeloupe》, Bibliothèque nationale de France (BNF), Gallica: http://gallica.bnf.fr/ark:/12148/btv1b53136019x.

（6）Gérard Lafleur, 《L'église dans la société du XVIIe siècle aux Antilles françaises du Vent》, in: Laënec Hurbon (dir.), *Le phénomène religieux dans la Caraïbe: Guadeloupe, Martinique, Guyane, Haiti*, Paris: Editions KARTHALA, 2000, pp. 23-40.

（7）Eric Roulet, *La Compagnie des îles de l'Amérique 1635-1651: Une entreprise coloniale au XVIIe siècle*, Rennes: Presses universitaires de Rennes, 2017.

（8）《Vüe du bourg de la Guadeloupe》, BNF, Gallica: http://gallica.bnf.fr/ark:/12148/btv1b6904004r.

（9）《Plan de la ville de Basse-Terre dans l'isle de Guadeloupe présenté à M. Le Comte de Nolivos par le Chevalier de Novion》, Service historique de l'Armée de terre, 7B/120.

（10）Boris Lesueur, 《Les troupes coloniales aux Antilles sous l'Ancien Régime》, *Histoire, économie et société*, 28-4, (2009), pp. 3-19; Id., 《Les Antilles dans la préparation de la guerre de revanche》, in: Veyssière/Joutard/Poton (dir.), *Vers un nouveau monde atlantique: Les traités de Paris, 1763-1783*, Rennes: Presses universitaires de Rennes, 2016.

（11）Anne Pérotin-Dumon, 《Commerce et travail dans les villes coloniales des Lumières: Basse-Terre et Pointe-à-Pitre, Guadeloupe》, *Revue française d'histoire d'outre-mer*, 75-278 (1988), pp. 31-78.

（12）《Plan de la rade, du port, et des environs de la pointe à Pitre》, Centre des archives d'Outre-Mer (CAOM), DFCG 297 A.

（13）《Plan de la ville Point-à-Pitre en l'isle Grande-Terre》, CAOM, Col.

F3/288(65).

(14) Anne Pérotin-Dumon, *La ville aux îles, la ville dans l'île. Basse-Terre et Pointe-à-Pitre*, Guadeloupe, 1650–1820, Paris: Editions Karthala, 2000.

(15) Bernard Gainot, *L'Empire colonial français de Richelieu à Napoléon*, Paris: Armand Colin, 2015.

(16) Malcolm Heard, *French Quarter Manual: An architectural guide to New Orleans' Vieux Carré*, New Orleans: the Tulane School of Architecture, 1997.

(17)《Plan de la Nouvelle Orléans telle qu'elle estoit le premier janvier mil sept cent trente deux》, CAOM, 4DFC 90A;《Plan de la ville de la Nouvelle Orleans capitale de la Province de la Louisiane. Dessine mis au net par le sieur Thierry Geographe Ancien dessinateur au Bureau des Fortifications et Batiments du Roy, 1758》, Courtesy of Historic New Orleans Collection, William Research Center, Acc. No. 1939.8;《Plan of New Orleans, the capital of Louisiana, with the disposition of its quarters and canals as they have been traced by Mr. de la Tour in the year 1720》, BNF, Gallica: http://gallica.bnf.fr/ark:/12148/btv1b8596080p.

(18) ニューオリンズへの司教座設置が決定するのは一七九三年である。

(19) この修道院を設計したイニャス・フランソワ・ブルダンは、ルイジアナ植民地のプランター住居の設計では、垂木屋根とベランダ型のコロニアル建築を試みている。設計手法の差異は、女子修道院の禁域制度と関連があるかもしれない。

(20) メキシコ湾沿岸地域の先住民による遠隔地交易の実態は、取引商品の出土品を研究する考古学研究で明らかになりつつある。

(21) Meyer/ Tarrade/ Rey-Goldzeiguer, *Histoire de la France coloniale I La conquête*, Paris: Armand Colin, 1991.

(22) メキシコ湾とカリブ海とを結ぶ合法的な貿易と密貿易について、本稿では以下の文献に依拠した。Shannon Lee Dawdy,《La Nouvelle-Orléans au XVIIIe siècle》, *Annales. Histoire, Sciences Sociales*, 62-3(2007), pp. 663–685.

(23)「我々〔フランス人〕と商業を行うためにニューオリンズまで遡上してこなければならないのなら、カンペチェ、ベラクルス、ハバナの港からやってきたスペイン人たちといかなる交易も実現することができない。〔中略〕やろうと思えば四日間で、彼らはラ・バリズで交易を行い、我々との間の秘密裏になされた商売をたやすく彼らの政府〔スペイン〕に隠すことができるのだ」(海事国務卿ジャン＝フレデリク・フェリポ・ド・モルパ宛の覚書、一七二六年)。*Ibid.*, p. 674.

(さかのまさのり・上智大学文学部)

〔付記〕本稿は、科学研究費補助金　平成二九年度　若手研究（B）「近世フランスにおける修道院の空間構成と社会的役割に関する基礎的研究」(課題番号一五K一六八六四) による研究成果の一部である。

居留地と遊廓社会
——横浜・大阪・東京を素材に——

佐賀　朝

はじめに

本稿の課題は、筆者のこれまでの居留地付き（外国人向け）遊廓に関する研究蓄積をふまえて、開設から最初の移転直後の時期における横浜遊廓に関する基本的事実を示し検討を加えた上で、東京・新嶋原遊廓や大阪・松嶋遊廓との比較を通じて、その特質を明らかにすることである。

筆者のこれまでの研究をふまえると、居留地付き遊廓研究をめぐる基本的論点として以下の点が指摘できる。第一に、居留地付き遊廓を相互に比較する際の注目点として、①開発のあり方と町制、②社会＝空間構造、③立地都市における遊廓統制と遊廓社会のありようの三つがあげられる（佐賀二〇一四b）。第二に、幕末維新期の居留地付き遊廓の歴史的位置を考えると、①居留地付き遊廓の成立は、それ自体が東京・大阪における公認遊所一か所原則の破綻を決定づけるとともに、横浜も含めた新遊廓の開設には既存の遊所が様々な形で関与・介入し、新たな「資本」の参入も伴いつつ、遊廓社会をこれまで以上に深く、また広範に列島社会に普及させる契機となったこと（佐賀二〇一〇・二〇一三・二〇一四a）、②居留地付き遊廓が「外交」政策としての意味を持ったことで、検黴制度の導入など、近代公娼制の制度的要素をなす仕組みがもたらされたこと（大川二〇〇〇）などが重要である。また③居留地付き遊廓は、近世〜近代遊廓社会史の長期的文脈においては、開発・都市形成と遊廓の関係を示す素材としても注目すべき論点を含んでおり、広く遊廓と都市開発の関係という視点からの接近が不可欠であることも挙げておきたい。

以下、本稿では『横浜市史稿　風俗編』（以下、『市史稿』と略す）[1]や阿部保志氏の先駆的研究[2]をふまえつつ、特に以下の点に留意して横浜遊廓を論じる。第一に、初期の居留地付き遊廓である横浜遊廓の開発事業としての特徴と、後発事例である東京・大阪との対比である。また第二に、居留地付き遊廓設置を当然視する幕府（それを引き継いだ維新政権も）の論理の形成要因とその意味を考察することである。

1　横浜・港崎《みよざき》遊廓の開発とその歴史的性格

(1)横浜遊廓と都市開発

まず幕末〜明治半ばにおける横浜遊廓の概要（変遷）について、『市史稿』をもとに整理すると表1のようになる。それも参照して横浜遊廓の特徴を述べるとすれば、以下の点が指摘できる。第一に、開港〜明治半ばに移転を繰り返し目まぐるしく変転したこと、特に二回の焼失、三回の仮宅期間を経験しながらも、しぶとく営業を存続、拡大したことが注目される。第二に、すでに『市史稿』が先駆的に指摘したように、遊廓の移転先に注目すると、開港以来の横浜における都市建設の最前線に常に遊廓が存在したことである。第三に、こうした変転を経て、昭和四年（一九二九）には、

表1　横浜遊廓の変遷

①港崎遊廓の仮宅	安政6年(1859)6～11月(5か月)
②港崎遊廓	安政6年(1859)11月～慶応2年(1866)10月焼失(7年)
③太田町仮宅	慶応2年(1866)10月～慶応3年(1867)5月(6か月)
④吉原遊廓	慶応3年(1867)5月～明治4年(1871)11月焼失(4年6か月)
⑤高島遊廓	明治5年(1872)月日不詳～15年4月(移転期限)(10年)
⑥長者町仮宅	明治15年(1882)月日不詳～21年7月(6年)
⑦永真遊廓(真金町・永楽町)	明治21年7月移転完了～第二次世界大戦後

真金《まがね》町・永楽町の合計で貸座敷七八軒、娼妓一五〇一人を擁する全国第四位の地位を占め、しかも貸座敷一軒当たりの娼妓一九・二人という全国トップ水準の大規模妓楼が櫛比する遊廓となった[3]ことである。横浜は、「売春社会」日本（曽根一九八九）の最有力都市の一つになったのである。

(2)港崎遊廓の開発経過とその特質

神奈川宿と横浜　次に、『市史稿』や阿部氏の研究にもとづき、横浜遊廓の開発の経緯について押さえよう。箱館における対米交渉を通じて居留地に外国人向け遊廓を設置する方針を固めた幕府は、安政の五か国通商条約に規定された神奈川開港（安政六年〈一八五九〉六月がその期限）にあたり、すでに街村化が進んでいた神奈川宿ではなく、横浜村の新田地域の新規開発とそこへの外国人誘導を画策し、その手段として横浜への遊女町建設を推進した。安政六年六月の開港と同月、外国奉行は、英米蘭の公使が神奈川宿青木町に仮止宿したのに伴い、同宿での外国人と食売女との接触が不統制に拡大することを危惧し、横浜への外国人誘導という課題を念頭に同宿での性売買禁止を提案したが、これが承認され、同宿での性売買営業を一切禁止する措置が取られた（阿部一九九七）。しかし、阿部氏も述べたように、横浜遊廓の開設にあたり、神奈川宿は多数の旧食売女を「遊女」として提供することになる。

開発請負方式　幕府（外国奉行）は、横浜への遊女町開設にあたり、開発請負者を募集する形態を選択し、四組・五名の出願者（①神奈川宿旅籠屋　鈴木屋善二郎、②品川宿旅籠屋（家持）岩槻屋佐吉・同五兵衛、③下総国香取郡下小川村名主愛次郎、④江戸日本橋本石町三丁目金三郎）の競合となり、示談により①～③が五〇〇〇坪、④が一万坪という区分で遊廓地の開発工事とその経費を分担することになった（『市史稿』）。しかし、安政六年三月時点の二種類の取決書[4]によると、①～③が「業体」の者（性売買営業者）である一方、④はそうでないことを考慮して、①～③七五〇〇坪・④七五〇〇坪と請負・負担区分を改めた。また、①の善二郎は、七五〇〇坪の三分の一を担当するはずだったが、開発普請の請負からは撤退し、②の佐吉・五兵衛に地所埋め立てを任せることとするが、こののちも遊女を提供しその給金も「持分歩合」に基づき分担するほか、廓入用の負担も宿として責任を負うと述べている。善二郎は神奈川宿旅籠屋四一軒の物代として請負を願い出たと述べており、実際、彼は港崎遊廓に出店し、後述する慶応三年の請書（史料1）にも「起立人　善二郎」とある。

　しかし、期限直前の五月になって、③④の二名は埋め立て工事の難航・延引や開発資金確保策の行き詰まりなどのため脱落し、彼らの担当すべき開発地は①②に引き渡された。こうして遊廓地の開発は①②の三人が引き受ける形となり、実際には②の佐吉が開発工事を担ったのである。

開発請負人の性格と町制　こうして、遊廓の開発は、岩槻屋佐吉が中心となって請け負う形になったが、遊廓開設後、最大の妓楼である岩亀《がんき》楼の楼主ともなった彼は、廓名主役に任命された。

　実は、東京築地でも、後年にあたる明治元年（一八六八）八月、居留地付属の遊女町の開設地を鉄砲洲役所が決定し、上地のうえ開発希望者を募ったが、一〇～一一月に多数の出願があり、横浜と同様、目まぐるしい出願、示談、再編の経過をたどった（佐賀二〇一〇）。そこには会計官の御用達商人や新吉原遊廓の有力業者も名を連ねたが、一二月初め、新吉原角町の家持遊女屋弥兵衛が、通一丁目の家持中屋宗四郎とともに、「遊廓引請人」に決定した。両名は、鉄砲洲役所に居留地開発用途金五万両を上納することを条件に、遊廓地の「永代貸渡」を許された。

こうした東京築地の事例と横浜とを対比して読み取れる点は以下の通りである。第一に、居留地付き遊廓の営業機会に群がる遊女屋・非遊女屋の「資本」の存在である。横浜の場合も、先の①〜③は遊女屋だったが、④は非遊女屋だった。第二に、それを当て込んだ幕府や維新政権側の開発請負方式採用という共通の特徴も見逃せない。東京築地では、横浜の段階にはなかった五万両の上納という条件さえ付加されていた（実際にはこの五万両上納が滞り、新嶋原遊廓引請人は蹉跌を来す）（佐賀二〇一三）。第三に、横浜では、開発請負人が遊女屋の筆頭経営者であると同時に、廓の名主役にも就任した点が注目される。横浜では、遊廓統制と町制が即自的に一体化していたのである。実は、東京築地の引請人二名は、一代限りの苗字は認められたが、彼らに町制機構を担わせようという案は東京府上層部の反対で実現しなかった（佐賀二〇一〇）。そこには幕末期の開港場横浜と明治初年の東京築地との都市行政上の位置づけの違いが表れている。また、横浜遊廓の佐吉に見られるような即自的一体性はむしろ、一七世紀の江戸・吉原遊廓のような近世公認遊廓成立期に見られたものと類似していると言えよう（塚田一九九〇参照）。

(3)遊廓開発の歴史的役割

岩槻屋佐吉による請負開発は、その後も含めた横浜遊廓の歴史の中で、いかなる位置を占めたのか。その点を考えるため、明治三〇年代に行われた佐吉の遺族による「自費埋め立て地」に関する請願を取りあげよう。

横浜開港資料館が所蔵する横浜遊廓関係文書には明治三五年八月二六日づけで作成された「〔横濱旧港崎町自費埋立地替地下附請願書類〕」（〔 〕内は筆者）が含まれる。[5] この史料は、明治三五（一九〇二）〜三六年に、佐藤藤兵衛（岩槻屋佐吉の養子）が内務省に請願をした際の関係書類で、請願書要旨、請願書本文、請願追申書、請願再追申書の四点からなる。

その内容を請願要旨から見よう。請願の対象となる「目的地」は「横浜市旧港崎町自費埋立地」で、坪数は一万九六四七坪に及ぶ。[6] 請願の要点（「請願ノ理由」）は以下の通りであった。

①横浜開港に際し他の誰も手を挙げなかった港崎町の開拓を、父・佐藤佐吉が請け負い、安政六年〜慶応三年に「数万両」（「歴然証憑ノ現存セル部分ノミニシテモ参萬六千参百九拾九両」）を投じて完成させたが、慶応三年三月「突然、御用地ノ厳命ヲ蒙リ政府（奉行所）ニ引上ケラレ」、しかるべき代地を与えると達せられ請書も提出した。

②しかし、維新後、明治政府は何らの対応もしなかったため、明治一八年以来、数回にわたり、代地の出願をしてきた。

③対象地のうち七〇〇〇坪には遊廓が存在したため、御用地化を命じられた際、一坪当たり金二分の割合で拝借人に合計三五〇〇円（七〇〇〇坪×〇・五両）を下付された。これは佐吉による自費埋め立て地の代償とは別物だったが、遊廓の営業者仲間に下付されたこの金と、本来、佐吉個人に下付されるべき補償とが混同されてしまった。

④しかし、前者は後者の「其十分一ニモ充タザル少額」であり、仮に三五〇〇円を七〇〇〇坪への補償と考えても残り一万二〇〇〇余坪への補償が未払いであり、これは「条理上有ルマシキ事」である。

⑤しかも、本件と同様の事情にあった大田屋源左衛門の埋め立て地については、明治一四年に「承継人」である「山本平三郎」に「替地下戻

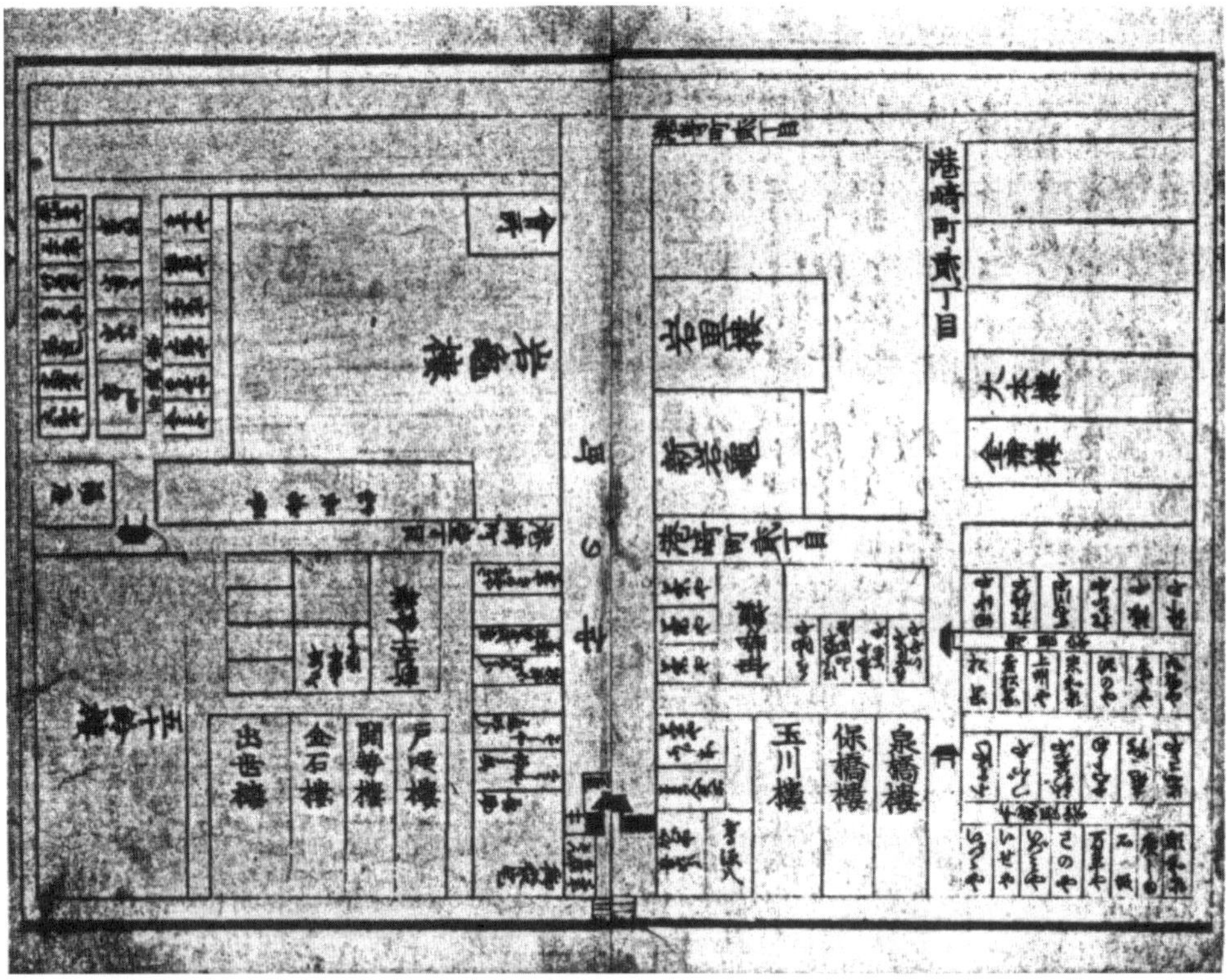

図１　「横浜・港崎遊廓」（1860年，『横浜市史稿　風俗編』より）

ヲ許容セラレタル実例」もある。

以上のような佐藤家の主張の当否や請願の結果（おそらく不採用）は未検討だが、当面、以下の諸点が留意されよう。

第一に、横浜における開港場建設にあたり、佐吉は三万六四〇〇両もの開発費用を自己負担でまかなったこと、しかも、その開発範囲は狭義の遊廓営業地にとどまらず、その二倍近い土地の埋め立てを伴っていたことである。第二に、幕府は、旅籠屋による開発成果である遊廓地を、拡大する居留地の市街地需要に意識的に充当し利用したことである。同時代の史料上の表現に注目すれば、佐吉が開発した遊廓地は拝借地（官有地）として扱われているため、幕府（明治政府）側からすれば、佐吉が開発した「自費埋め立て地」は、彼に港崎の遊女屋営業の統括権を与えたのと引き替えに取得した官有財産ということになろう。第三に、佐吉自身は、港崎から移転した（横浜）吉原遊廓では筆頭営業者としての地位を維持したようだが、次の高島遊廓への移転後は遊廓内での地位を低下させたと見られ、開港当初に有した遊廓を統括する権限と地位もすでに失っていた。こうした佐藤家の凋落が、「自費埋め立て地」の代地請願運動に乗り出した理由であろう。

筆者は、かつて東京築地・新嶋原遊廓の居留地開発に従属した性格を指摘した（佐賀二〇一三）が、横浜の場合も同様の問題が見出せる。吉田ゆり子氏は、居留地付き遊廓がつくられる歴史的背景をめぐり、外国人洋《よう》妾《しょう》問題に注目し、幕府が考え運用した、外国人男性と性的に接触する女性を遊女人別のある者に限定するという接触管理方式（「倭夷之差別」）の存在を指摘した。その上で横須賀の海軍製鉄所付属の外国人遊参所が明治初年に営業不振にあえいだ理由を、内外人の通婚自由令に求めた（吉田ゆり子二〇一六）。しかし、すでに筆者が大阪・松嶋遊廓や東京・新嶋原遊

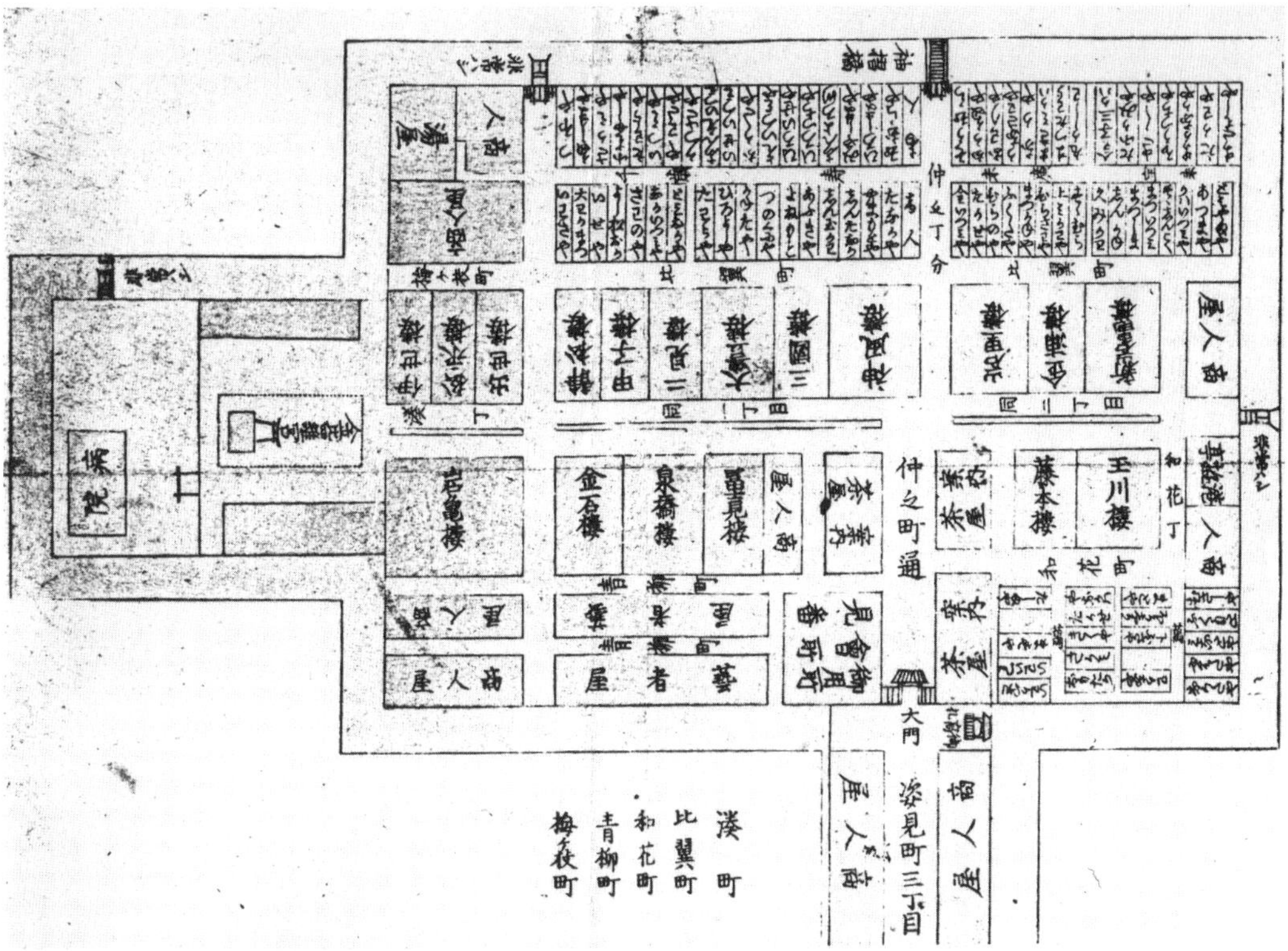

図２　「横浜・吉原遊廓絵図」(1869年，『横浜市史稿　風俗編』より)

廓の検討によって明らかにしたように、内外人の通婚自由が幕末に認められたのちも、東京や大阪では居留地付き遊廓がつくられ続け、過大な需要予測によって横須賀と同様、明治二年頃には営業不振に陥り、新嶋原遊廓に至ってはこれを要因として廃止に至ったのである。したがって、明治初年になお居留地付き遊廓がつくられる理由は、内外人の接触管理の問題だけでは説明不可能だと思われる。ここには居留地開発という要請が大きく関わっていたと考えるべきであろう。しかも本章の検討をふまえれば、東京・大阪で居留地開発の一環として遊廓設置が行われる前提には、横浜における遊廓を開発手段とした開港場全体の開発の「成功」という「神話」が存在したのではないかと考えられるのである。

2　横浜遊廓の社会＝空間構造と経営

(1)遊廓の空間構造

①港崎遊廓　ここでは、港崎・吉原段階の横浜遊廓の社会＝空間構造について検討しよう。まず、港崎遊廓の万延元年（一八六〇）の絵図を見たい（図１）。

同遊廓は、小さな新吉原遊廓を思わせる空間構成を採った。大門から入ったメインストリートは「仲の町」と称され、大門そばの手前両側は茶屋町、奥側左手には名主であり筆頭遊女屋である岩槻屋佐吉が実質的に所有・経営した岩亀楼が見え、遊廓の会所は同楼の敷地の一画にある。また、手前側の右手裏に「千歳長家」「寿長家」、奥側の左手裏に「万長家」（「一力長家」）の合計三棟の局《つぼね》遊女屋が配置されている。局遊女屋の存在も、新吉原のコピーとしての性格を窺わせる要素である。

他方で、港崎町一・二丁目が仲の町をはさんで展開する形は、両側町五ないし六町で構成された新吉原とは町のあり方が異なることを示唆している。この点は東京築地の新嶋原における「町」がブロックの形態をとり、近世的な町制が不在だったと見られることが想起される（佐賀二〇一三）。

さらに、万延元年の時点では、いまだ建家が建て詰まっておらず（特に大門から見て奥側）、建設途上だったことも窺える。

以上、港崎遊廓は、仲の町沿いの茶屋町や局遊女屋など、ミニ新吉原遊廓ともいうべき空間構成を採っていたこと、ただし、当初の段階では、規模の小ささもあり、町制も含めて未成熟であったことが読み取れよう。

②吉原遊廓　次に、明治二年の「吉原遊廓」段階の絵図を見よう（図2）。まず名称が横浜吉原遊廓であること自体が、新吉原のコピーであることを強く示している。その上で、大門入口から伸びるメインストリートやその両側に「案内茶屋」を配置し、奥側及び手前側の裏手に局遊女屋を配置する基本構成は港崎遊廓と同様、新吉原のコピーとしての性格を窺わせる。また見番や芸者屋、多数の商人など、港崎と比べて営業内容も多様化し、空き地もなく建て詰まり、充実したらしい点も重要である。局遊女屋も五棟に増え（後述）、その面的な割合を高めたことが注目される。

また、町はブロックではなく両側町になっており、六町に増加した点も注目される。後述する慶応三年の史料1には遊女屋物代が五名連署しており、町を単位とする遊女屋仲間の形成を窺わせる。

以上のように、横浜吉原遊廓は、基本構成を維持しつつも、全体の拡大に伴い遊廓として成熟を遂げ、町のあり方も変化したと評価できる。

（2）遊廓の社会的構成

①土地所有関係と名主・起立人　ここでは、慶応二年（一八六六）一〇月に港崎遊廓が「豚屋火事」で焼失し、吉田新田内の新たな場所への移転が決定していた同三年四月に、移転先の「吉原遊廓」での地代負担や町運営、営業取締りなどについて（神奈川）奉行に命じられ、提出した請書（『市史稿』四一三〜四一四頁）からこの段階での遊廓の土地所有関係や運営形態について検討しよう。（　）は原文通り、〔　〕は筆者による。

史料1

差上申御請証文ノ事

一、元港崎ノ儀御用地ニ相成候ニ付、右代地トシテ吉田町地内ニ於テ御埋立ニ相成候間、名主幷ニ町役人始メ遊女屋其他共、是迄港崎人別ノ者共、元地坪ニ応ジ〔拝借〕可奉願、尤モ御用余多ノ折柄、多分ノ御入用ヲ以テ御埋立ニ相成、殊ニ高請ノ地潰エ地ニ相成候ニ付テハ已来年々元地主被仰聞、御手当被下置候儀ニ付、鋪金トシテ壱坪ニ付金壱両二分ヅツ上納可致、尤モ追テ上地相願候節ハ、御下ゲ戻シ可相成、且右鋪金ノ義ハ差向家作入用等ニ差支、一時上納難出来者、来ル辰年六月迄限リ、月懸又ハ両三度ニ割合相納候積リ、拝借相願候者ハ、別段書面可差出、尤モ納方出来候者ハ可成大出精、一時皆上納可仕候事

一、私共町方ノ儀、去ル年出入ニ於テ熟談内済ノ節、渡世筋其外歩合ノ儀為取替候議定面ノ趣ニハ、今般地所御引替相成候テモ、渡世筋ニ於テハ相改リ候ニハ無之間、都テ是迄デ通、弥以堅ク相守リ候様可仕事

一、今般御埋立ニ相成候代地ノ義ハ、吉田町ノ南詰下ヲ衣紋坂ト相唱、廓内一円、以来横濱吉原町ト相唱、是迄ノ町役人ニテ進退可仕事

〔中略―地代銀などに関する三か条あり〕

一、渡世筋ノ儀ハ、遊女屋、揚屋、茶屋、芸者屋、其外尋常ノ渡世仕候者ニ至ル迄、是迄渡世致来候分、今般渡世筋願、向後願済無之候テハ相成難被仰候事

一、衣紋坂下ノ橋名ノ儀ハ姿見橋、活路橋ノ儀ハ袖摺橋ト相唱へ可申旨被仰渡候事

右被仰渡ノ趣キ一同承知奉畏候、依テ御受証文差上申処如件

港崎町町並遊女屋惣代

慶応三卯年四月廿日

徳次郎

（以下四名連名ヲ略ス）

〔中略〕

起立人　善二郎

名主見習　佐藤啓之助

御奉行所様

以上から読み取れる点について整理しよう。

第一に、遊廓地はいずれも基本的に官有地を営業者が拝借（一条目）し、地代を奉行所（神奈川奉行）に納入する関係が想定される。名主である佐吉は、営業者や局遊女屋（の家作人）から地代を徴収（四条目）し、病院入用・町入用などの諸入用を差し引いていたと考えられる。第二に、移転先の吉原町については、旧来の農地を「多分の御入用を以て（幕府が）御埋立に相成」るものとされ、佐吉等の請負ではなく幕府による直接開発であったが、それに伴う経費負担のため、営業者には一坪当たり金一両二分ずつの「鋪金」の上納が指示されたことがわかる（一条目）。第三に、営業中の地代については大門外の橋より内側が一か月一坪当たり銀五匁、大門内は同四匁と規定されていた（中略部分）。大門内の方が低額であるのは町入用負担や別途、冥加金が課されたためということも想定されよう。

以上より、当初の港崎遊廓における開発請負方式から、吉原遊廓の段階では直接開発に変更がなされたことが確認できる。同史料には、移転先でも引き続き、これまでの町役人が町制を担うこと（三条目）が盛り込まれたものの、港崎遊廓段階の岩槻屋の開発請負人としての特権的地位は相対化されたと考えられよう。この点は次項で述べる点からも裏付けられる。

②営業者構成・仲間と町制　①で引用した史料1の署名部分には、冒頭のa港崎町町並遊女屋惣代徳次郎ほか四名に続き、b局遊女屋惣代弥吉ほか八名、c局遊女屋家作人新左衛ほか三名、d案内茶屋惣代亀吉ほか一名、e芸者屋惣代峰吉ほか一名、f商人惣代仙之助ほか六名が名を連ねており、さらにg町役人伊八郎ほか一名、h玄関守「手代リ《ママ》」覚太郎・玄関守源助とあり、i起立人善二郎、j名主見習佐藤啓之助が続いている。注目されるのは以下の点である。

第一に、遊女屋惣代や局遊女屋惣代、同家作人、案内茶屋（新吉原でいう引手茶屋にあたるもの）、芸者屋惣代、商人惣代など、町制から独立した形で各種の営業者仲間が形成され、この面でも名主佐吉の支配は相対化されつつあったことが窺える点である。実は、東京の新嶋原でも、明治元年一二月の発足から一年ほど経過した時点で、引請人とは別の遊女屋惣代の署名が史料上確認でき、しかも地代や敷金をめぐり引請人と遊女屋の対立が見られた。この点に関わっては、史料1の二条目にも「去ル年出入ニ於テ熟談内済」とあるのが（内容は未詳だが）注目される。

第二に、町役人の記載に注目すると、名主は佐吉隠居のためか見習佐藤啓之助（佐吉の息子〈実子か〉、先述の藤兵衛は養子）だったが、「起立人」として神奈川宿の善二郎の関与が確認できる。善二郎は、先述のように開発請負からは退いたが遊女の供給や入用負担では貢献し、その後も廓運営に関与していたものと考えられる。あるいは、佐吉の隠居という名主不在をサポートするための連署である可能性もあろう。また、「町役人」二名は港崎町一・二丁目の各町に置かれたものとも見られる。

以上から、（1）で述べたように、初発の段階では、近世的な町制を欠いていた廓内において、むしろ数年が経過するなか営業の充実と町の成熟がもたらされ、それに伴い、開発請負人であり町名主役でもあった岩槻屋佐吉（佐藤家）の廓内における地位は相対化されつつあったと言えよう。

そこで次に、港崎～吉原段階における遊女屋数の推移を検討しよう。『市史稿』に掲載の万延元年（一八六〇）→元治二年（一八六五）→明治二年（一八六九）の港崎・吉原の細見史料に見える妓楼と遊女数を一覧に整理したデータ（表は割愛）からは以下の点が読み取れる。

第一に、遊女屋・局見世の軒数や遊女総数の推移を見ると、遊女屋軒数は一五→一六→一八と、株立ての制約のためか微増にとどまるが、遊女屋抱えの遊女人数は三三一→四〇六→四二四と順調に増加している。さらに、局遊女屋は長屋自体が元治二年以降、三棟から五棟に増え、局見世軒数も四四→八〇→八四とほぼ倍増し、遊女数は二三九→六〇三→八六三と激増した。そのため遊女総数に占める局見世遊女の割合も四二％→六〇％→六七％と増加し、明治二年時点で全体の三分の二を占めたのである。

第二に、遊女屋の存続や新規参入状況を見ると、当初の一五軒は元治二年までに九軒に減少し、特に五十鈴楼・新五十鈴楼（神奈川宿善二郎の経営する妓楼）が撤退した点が重要である。また元治二年には六軒が新規参入し（神風楼など大規模な妓楼も含む）、その全ては明治二年にも存続していることが注目される。特に、元治二年と明治二年の間には、港崎の焼失をはさむにもかかわらず、全ての業者が存続している。

第三に、岩亀楼（岩槻屋＝佐藤佐吉が実際の経営者）の位置を見ると、遊廓筆頭としての地位を維持しつつも、経営規模の面では、大規模妓楼の新規参入などもあり、その地位は相対的に低下したと考えられる。史料1から窺えた名主佐吉の地位の相対化は、遊廓全体の拡大、特に局見世の膨張をベースにした廓内営業の推移とも連動していたのである。

以上から、横浜遊廓は、外国人の利用を不可欠な要素として含み（後述）ながらも、幕末～維新期における性売買の「大衆化」動向（横山二〇一五、佐賀二〇一四ａ）を極端な形で反映しており、遊廓社会の大衆化と普及拡大を促進した居留地付き遊廓の役割を体現する典型例であったと言えよう。

③経営状況　最後に、明治初年の段階における横浜遊廓の経営状況についても瞥見しておこう。東京運上所「明治元辰年　遊廓取建一件」[7]という文書には、横浜吉原遊廓の営業収支の概算データ（表は割愛）が含まれている。明治元年一一月～翌二年三月に新嶋原遊廓の開設を進めつつあった鉄砲洲役所（東京運上所）が神奈川県から取り寄せた横浜吉原遊廓の諸規則、歩合規定類とともに記された遊女揚代書き上げと病院諸入費見積もりである。

ここから読み取れるのは以下の点である。第一に、外国商館への仕切のほか通常の営業も含めた揚代の総収入は一か月六五五両、年額に換算して七八六〇両ほどに上ることがわかる。第二に、病院諸入用も一か月四五九両、年額に換算して五五〇八両に上り、別途負担が必要な町入用も考慮すると収支は、かなり厳しい状況だったことが窺える。この点に関わっては、遊女総人数一二六〇人という数字の膨大さも注目されるが、黴毒病院への入院者の見積もりが同史料では約一〇〇人にも上っており、要治療患者が全体の一割近くもいたことが目を引く（この点、大川二〇〇〇も参照）。

第三に、同じく一二六〇人のうち、外国商館への月仕切・半月仕切の遊女（洋妾）が三五二人（二八％）もおり、「一夜限り被雇」一八〇人を合わせると五三二人（四二％）にも及んだ。揚代収入の面でも外国商館関係だけで三九五両（揚代総収入六五五両の六〇％）に上ると見積もられた点が注目される(8)。

以上のように、外国商館関係を中心として年額八〇〇〇両ほどの揚代収入が見積もられていた。この額は、同時期の新吉原や深川仮宅、新嶋原と比べて大きくはなく、この時点では戊辰戦争に伴う経営不振のためか、順調とは言いがたい状況だったことが窺える。とはいえ、年間一万両近い収入を見込み、その過半を外国人の性売買「需要」によってまかなっていた点は、後発の居留地で遊廓が開設されていく上で重要な前提となっただろうことは確認できるだろう。

おわりに—横浜遊廓の位置—

以上、本稿で明らかにした明治初年までの横浜遊廓の経過と特徴をふまえて、大阪・松嶋遊廓や東京・新嶋原遊廓との比較から当面、以下の点が指摘できる。第一に、三者はいずれも、社会＝空間の両面で、新吉原遊廓の特徴をコピーしたと見られる共通の諸要素を含んでいたことである。

第二に、既存の遊所との関係においても、公認・準公認・黙認を問わず多様な業者が営業に参入したが、遊廓を主導したのは公認遊廓（東京・大阪）や準公認の宿の食売旅籠屋（横浜）だったことが分かる。

第三に、居留地開発の一環として遊廓開発を出願者に請け負わせる点が共通に見出されるが、その形態とその後の推移は異なっていたことである。具体的には、新規開発地を転々とした横浜に対して、開発用途金の上納を条件とした開発方式を採用したものの居留地の不振により廃絶に至った東京、居留地の不振にもかかわらず大阪府の遊廓統制の受け皿になり、存続した大阪といったように、特にその後の推移には大きな違いがある。

第四に、廓内のヘゲモニーという点では、大阪を別とすれば、当初、開発請負人の優位でスタートしたものの、いずれも遊廓地営業の展開・成熟を経て開発請負人の特権的地位は相対化されたことが指摘できる。また開発請負人の町制関与のあり方も横浜と東京では微妙に異なった。

以上の暫定的整理をふまえて最後に、居留地付き遊廓の歴史的位置（役割）についてまとめておきたい。

居留地付き遊廓は、居留地開発の一環として、「賑わい」を形成し、都市形成の手段としての役割を果たす存在—その意味において、まさしく「街のインキュベーター」（加藤二〇〇五）であったと言えよう。しかし、本稿でも明らかにしたように、遊廓が都市開発の手段であった点の一般的指摘では不十分であることも同時に明らかである。具体的には、開発の歴史的性格と遊廓の社会＝空間構造、性売買の特質の分析が不可欠であり、横浜の事例に即して言えば、新たな開港場都市の形成という課題との関係、近世後期以来の新吉原システムの「普及」と遊廓社会の「大衆化」などとの関係が具体的に論じられなければならない。

すなわち、居留地付き遊廓は、性売買がもともと深く構造化された日本近世社会（「売春社会」）が、外国人（男性）との非対称な接触・邂逅を通じて、さらに深く・広く性売買を列島社会に浸透させていくための契機・媒介となったという事実や、そうした意味での幕末〜維新期に固有の歴史的段階性の下にこれを位置づけることが不可欠であろう。

また、居留地付き遊廓の設置要因の一つとなった外国人男性と日本人女性の性的接触の管理というファクターは、幕末〜維新期の過程を経る中で相対的に弱まり、開発の側面が、実体的な「需要」を超えて肥大化した点にも注目したい。明治初年以降、遊廓の「普及」は、いよいよ開発の論理と一体化し、権力と開発と性売買の三者関係は強固になっていく。それは、北海道の開拓地遊廓を経て、二〇世紀終わりには日本帝国の植民地へも展開していくのである。

(1) 横浜市役所『横浜市史稿　風俗編』（一九三二年）。以下、同書からの引用は本文に注記する。

(2) 阿部保志「幕末の遊廓―開港場の成立に関連して」（『地域史研究はこだて』二五号、一九九七年）。

(3) 上村行彰『日本遊里史』（一九二九年）巻末付録「日本全国遊廓一覧」。

(4) 神奈川県県民部県史編集室『神奈川県史　資料編10 近世（7）海防・開国』（一九七八年）五七三～五七五頁に掲載の「三九三　安政六年三月　遊女街建設のため新旧営業者用埋立費用につき議定書」および「三九四　安政六年三月　神奈川開港場新遊女街設計につき新旧営業者埋立費用・遊女取等議定書」。

(5) 横浜遊廓関係文書二四。同文書は、戦前以来、『横浜市史稿』などの編さん過程で横浜市が収集したもののほか、いくつかの関係文書を統合したものであるが、その多くは佐藤家に残った文書類（岩亀楼文書とも表記される）である。現在、同文書に分類、整理されている三二点の史料それぞれの来歴は必ずしも明らかではない。なお、二四は「轡堂文庫」の旧蔵書ラベルが貼付されているが、同文庫の由来なども未詳である。

(6) この一万九六四七坪について、『市史稿』四〇七～四〇八頁引用の「港崎廓総坪数（岩亀楼文書記載）」によると、①拝借地全体は二万四五二〇坪であり、そのうち②遊廓地は一万五〇一五坪（うちa家作地七六四四・七五坪、b道路敷二九一〇坪、c庭地四四六〇・二五坪）、③それ以外の埋立地が四六三二坪（「土手通り往還足溜、往還等」）であり、②③の合計が、一万九六四七坪（これは万延元年に埋立竣工したが、慶応三年三月に御用地となった）とされており、本文で述べた請願書の坪数と一致する。

(7) 東京運上所「明治元辰年　遊廓取建一件」（東京都公文書館所蔵　東京府文書 605. A4. 21）所収の「神奈川県より取り寄せ分 横濱吉原町　病院幷遊女芸者揚代歩合其外規則書」。

(8) なお、横浜遊廓を利用した外国人遊客としては商館以外に英仏駐留軍（一八六三～七五年駐留、最大時は仏三〇〇人、英一二〇〇人を数えた〈横浜開港資料館『図説　横浜の歴史』一九八九年〉）も考慮、想定すべきだと思われるが、現時点では登楼の事実を直接は確認できていない。

引用文献等

阿部保志「幕末の遊廓――開港場の成立に関連して」（『地域史研究はこだて』二五号、一九九七年）
大川由美「近代検黴制度の導入と英国「伝染病予防法」――英国海軍医官G.B. ニュートンを中心に」（『日本歴史』六二三号、二〇〇〇年）
加藤政洋『花街―異空間の都市史―』（朝日新聞社、二〇〇五年）
曽根ひろみ『娼婦と近世社会』（吉川弘文館、一九八九年）
塚田孝「吉原――遊女をめぐる人びと」（高橋康夫・吉田伸之編『日本都市史入門Ⅲ』東京大学出版会、一九九〇年、のち増補のうえ同『身分制社会と市民社会』柏書房、一九九二年に収録）
横山百合子「幕末維新期の社会と性売買の変容」（明治維新史学会『講座　明治維新9　明治維新とジェンダー』有志舎、二〇一五年）
吉田伸之「品川歩行新宿と食売旅籠屋」（佐賀朝・吉田伸之編『シリーズ遊廓社会1　三都と地方都市』吉川弘文館、二〇一三年）
吉田ゆり子『近世の家と女性』（東京大学出版会、二〇一六年）
佐賀朝「松嶋遊廓の社会構造」（『近代大阪の都市社会構造』日本経済評論社、二〇〇七年、初出は二〇〇〇年）
佐賀朝「明治初年の遊廓社会」（吉田伸之・伊藤毅編『伝統都市4　分節構造』東京大学出版会、二〇一〇年）
佐賀朝「居留地付き遊廓の社会構造―東京築地・新嶋原遊廓を素材に―」（『部落問題研究』二〇三号、二〇一三年）
佐賀朝「序文―近世から近代へ―」（佐賀朝・吉田伸之編『シリーズ遊廓社会2　近世から近代へ』吉川弘文館、二〇一四年a）
佐賀朝「居留地付き遊廓―東京と大阪―」（同前、二〇一四年b）

（さがあした・大阪市立大学大学院文学研究科）

〔付記〕本稿は、JSPS科研費15H03241「近世～近代日本における遊女・娼妓と遊廓社会の総合的研究」（基盤研究B、研究代表者　佐賀朝）による研究成果の一部である。

書評

高田京比子著『中世ヴェネツィアの家族と権力』

京都大学学術出版会　二〇一七年二月刊
A５判　三二二頁　四一〇〇円（本体）

和栗珠里

過去三〇年ほどの間に、わが国におけるイタリア史研究は飛躍的に発展した。多くの研究者が輩出し、互いに切磋琢磨しながら各々のテーマを追究してきたが、なかでも層が厚いのは中世史である。それは、イタリア史において中世が最も変化と多様性に富む時代であったという理由によるものであろう。その当然の帰結として、研究の対象は中世後期の都市となる傾向が著しい。周知のごとく、中世後期のイタリアは各地に生まれたコムーネ（自治都市）によって特徴づけられるからである。その内的な権力構造や社会変化、経済活動、周辺地域や他コムーネとの交流や紛争、有力コムーネの領域国家化など、イタリア中世史研究には恰好の題材が無限とも言えるほど豊富にあり、多岐にわたる視点から活発な議論が行われてきたのである。

著者の高田京比子氏（現在、神戸大学大学院人文学研究科教授）は、そうした潮流を代表する研究者の一人であり、中世ヴェネツィアの社会について、家（家族、親族）と国家の関係を軸に研究を重ねてこられた。とりわけ、人々の生活や意識と国の制度的発展の関わりについて、女性が果たした役割も視野に含めたアプローチを特色とする。高田氏には他にも、ヴェネツィアと植民地や後背地との関係を扱った研究などもあるが、博士課程論文をベースとする本書は、氏が家族史という自らの原点に回帰しつつ、論文提出以後、直近の二〇一〇年代までの研究史の整理を踏まえ、自身の新たな研究も大幅に付け加えてまとめ上げたものである。

本書がおもに扱うのは十三～十四世紀である。この時代、イタリア半島では教皇派と皇帝派の対立が激化し、イデオロギーよりもむしろ純粋に権力をめぐる闘争として展開していくなかで、北・中部では弱小コムーネの淘汰やコムーネ体制からシニョリーア制（個人や特定の家系による全権の掌握）への移行が起こっていた。また、共和政体を維持した都市においては寡頭支配化が起こり、いずれの場合にも、少数者への権力集中と社会の安定化が見られた。すなわち、統治機構や公的諸制度の整備が進み、国家的な統制がより機能しやすい社会に向かっていったのである。

ヴェネツィアにおいても、十三～十四世紀は、その後数百年にわたって継続されていく体制の形成期であった。十三世紀初頭の第四回十字軍によって東地中海に厖大な利権と領土を獲得したヴェネツィアは、レヴァント貿易の覇者となり、「海の国家」をつくり上げるとともに、内的には貴族共和政による統治システムを整えていった。すなわち、ドージェ（元首）を選出するための複雑な手順が定められ、大評議会（Maggior Consiglio）が最高決議機関として発展し、大評議会の議員資格を世襲の特権とすることによって貴族階級が支配階級として確立するなど、さまざまな改革が行われ、各種の政府機関が設立されていったのである。

このように「国家的」な体制が形成されていく時代背景と社会変化のなかで、都市に生きる人々と権力がどのように関わっていたかを家族の視点から読み解こうというのが、本書のスタンスである。ヴェネツィア史研究では、ともすれば、領土の拡大や経済的繁栄、長期に及ぶ政治的安定などが注目されがちだが、高田氏は、都市民の生活のレヴェルから社会の変遷を捉えようとし、「その背後には、法や制度といった人間社会の構築物をそれに関わる幅広い住民の日々の実践の中から理解しようとする欲求」が存在すると述べる。こうした社会史的アプローチは、氏が研究を始めた一九八〇年代の歴史学の趨勢に従ったものとも言えるが、中世ヴェネツィア史研究では、現在においてもなお、十分に展開されているとは言い難い。しかし、ヴェネツィアには、都市条例、遺言書、評議会史料、年代記など、豊富な史料群が残されており、刊行されているものも少なくない。それらを手がかりに、「中世ヴェネツィアに生きた人々（中略）の家族生活に関わる実践や意識がいかに都市の公的活動を構築していくか、また逆に都市制度が人々の意識をいかに変容させていくか、という問題を考えること」が本書の課題として掲げられている。

　では、その具体的な内容を見ていくことにしよう。

　序論では、中世都市研究、中世イタリア史研究、家族史研究のなかにヴェネツィアを位置づける意義と本書の視点や手法が示される。重要なのは、ヴェネツィアを論じる際に強調されがちな特殊性―ラグーナ（潟）のなかに築かれた共同体であること、ビザンツからの影響、コンソリ制やポデスタ制を経験せずドージェを元首とする独特の体制を維持したこと、海外貿易を経済基盤とする都市貴族層、等々―よりもむしろ、他のイタリア都市コムーネとの類似性に目を向け、コムーネから「国家的体制」への移行という一般的な文脈のなかで十三〜十四世紀のヴェネツィアを捉えようとする姿勢が打ち出されていることである。

　続く本文は、第Ⅰ部と第Ⅱ部に大きく分かれ、それぞれ四つの章から成る。第Ⅰ部「13世紀ヴェネツィアの家族生活」（第1章〜第4章）は十三世紀を中心に、親族の絆の実態、財産と家族の関係、女性の財産権、都市民の財産と政府組織の関係などが扱われる。第Ⅱ部「権力の変化と家・親族」（第5章〜第8章）では、タイムスパンを十四世紀まで広げ、当時の北・中部イタリアの一般的な社会変化やそれらについての新しい研究動向に照らし合わせて、「国家」の発展と家族との関係という観点からヴェネツィア史を再考しようとする。

　第1章「中世イタリア都市の家族史とヴェネツィア」では、まず、一九七〇年代以降盛んとなった中世イタリア都市の家族史研究の動向を整理し、一九八〇年代の支配層研究―支配層における家のあり方や親族の紐帯についてなど―、クラピッシュに代表される女性史研究―男系を中心とする親族構造と女性の役割についてなど―、相続や嫁資への関心などを概観して、本書がその流れに掉さすものであることを示す。続いて、ヴェネツィアの支配層となる貴族階級を構成する家（家系、家門）とその経済活動を概観する。中世ヴェネツィアの支配層は基本的に商人であったが、そのことは、彼らの資産が必ずしも動産ばかりであったことを意味しない。高田氏は、ヴェネツィアの支配層による不動産所有が軽視されてきたことを強く批判するが、それは、次章以下で展開される相続・嫁資・遺贈についての分析の大前提を成すものとなっている。

　第2章「家族生活の枠組み――都市条例とその社会的背景」は、都市条例、とくに十二世紀末から十三世紀半ばにかけて編纂された「ティエポロの法」に見出される相続と嫁資の規定を通して家族生活の枠組みを探る。ヴェネツィアの都市条例には、ローマ、ランゴバルド、ビザンツの法慣習の影響が混在するが、他都市と比べて女性の権利や自立性が制限される度合いが低かったとされる。実際、「ティエポロの法」や、それに先立つ複数の法令において、娘が父親や母親の財産を相続する権利が認められていた。また、十三世紀までは、妻は夫の死後に嫁資の全額返還を請求することができ、女性は自らが所有する財産について、夫の同意がなくても自由に契約書を作成できることが保障されていた。

　第3章「家族生活の実態――ヴィアロ家の人々」は、ヴェネツィア国立文書館に保管されている文書群から、ヴィアロ家という中堅的な家のケース・スタディを行う。この文書群には、契約書や遺言書だけでなく、嫁資や遺産の受領、土地売買、家族内の係争に関する文書などが豊富に含まれており、まとまった情報が得られる。ヴィアロ家は海外で積極的に商業活動を行う傍ら、市内やラグーナの島や本土に土地を所有して地代収入も得ていた。十三世紀の同家の嫁資をめぐる訴訟記録や母親の遺産相続に絡んだ父子間の訴訟記録からは、当時のヴェネツィアで、女性が家族生活において発言権や一定の自立性を持っていたこと、嫁資や母の遺産といった女性の財産が家族にとって重要であったこと、家長権が比較的制限されていたことなどが理解できる。

第4章「家族生活の展開――サン・マルコ財務官と都市民の相続戦略」は、都市民の財産とコムーネの関係をサン・マルコ財務官の役割を通じて探ろうとする。同職は、もともとはサン・マルコ教会の管財人として生まれた役職であったが、十三世紀には、都市民の遺言執行人に指定されることが多くなり、遺産分配や遺産の管理を担うようになっていった。その結果、託された遺産を公債や商業貸付に投資したり、不動産収入を経済的困窮者への慈善に利用したりするなど、都市民の財産を社会に還元し、都市財政にも深く関わる役割を果たすようになった。従来の研究では、制度史や経済史の視点からサン・マルコ財務官の発展や活動が解明されてきたが、高田氏は遺言書の分析によって、同職に遺産を託す都市民の側の論理に目を向ける。なかでも、不動産や動産の運用を託して永続的な喜捨を行い、遺言者の魂の救済に役立てようとする行動の増加は、同職の重要性を高めた。また、不動産の長期的な管理を委ねることで、一定期間喜捨に利用したのち親族に譲渡するという「一石二鳥」を狙ったり、同職を介在させることで親族内部の相続争いを未然に防ごうとしたりするといった、都市民の相続戦略も遺言書から読み取ることができ、都市民の家族生活の論理がコムーネの制度的発展に与えた影響がうかがい知れる。

第Ⅱ部の導入となる第5章「13～14世紀のイタリア諸都市の変化とヴェネツィア」は、十三～十四世紀の北・中部イタリア都市一般についての研究動向を概観し、過去数十年の間に起こった歴史的解釈の変化を踏まえて、「新しい見取り図」のなかに「ヴェネツィア史と家族史の視点を位置づける作業」となっている。「新しい見取り図」とは、コムーネ制からシニョリーア制への移行を、民主的な自治から圧政への変化と見なしていたかつての否定的解釈を修正し、十四世紀にかけての社会変化を、より安定して秩序づけられた統治構造の創成へ向かう動きと見る解釈のことである。一九七〇年代頃から展開されてきたこのような歴史観は、現在では主流となり、制度や支配層に関して豊かな研究成果がもたらされてきた。この新しい流れのなかで、ヴェネツィアの「安定」を他都市の「不安定な」状況と対置させてきた伝統的な見方も修正を迫られている。また、家族史を新たにこの流れのなかに位置づけ、家族史と制度史を接合することも必要である。残る三つの章は、このような要請に対する高田氏なりの答えとなっている。

第6章「親族と制度の相互作用――評議会・反乱・統治技法」は、大評議会を核として整えられていくヴェネツィア政治制度の発展と家族・親族との関わりを扱う。本書のなかで最も多くのページが割かれ、「中世ヴェネツィアの家族と権力」をテーマとする本書の核心を成す章となっている。ここではまず、ヴェネツィアの支配層としての貴族を定義づけた「セッラータ」についての研究史が整理される。「セッラータ」は「閉鎖」を意味し、一二九七年から一三二三年にかけ一連の法令によって大評議会議員資格の世襲化が定められていったプロセスを指す。すなわち、政治への参加と家系が結びつけられた出来事であり、ゆえにヴェネツィア史の画期と見なされ、多くの研究蓄積がある。しかし、それらは得てしてヴェネツィアの特殊性を語ることにつながり、同時代の他都市に起こりつつあった変化との接合が行われてこなかった点を高田氏は批判する。とくに本章第3節で展開される「恩恵」(条例や慣習から逸脱した例外措置)の分析からは、困窮した家長(家族を十分に養うことができない、娘に十分な嫁資を用意できないなど)が有給職に就職できるよう国に助けを求めていたことがわかる。このように「嘆願する者」と「恩恵を与える者」という上下関係が十四世紀のヴェネツィアで強まり、水平的なコムーネ社会から垂直的な政治構造への移行が見られるという指摘は、本書全体の文脈において深い意味を持つと言えるだろう。

第7章「家意識と貴族アイデンティティ――都市年代記付属の家リスト」は、このように制度化に向かうヴェネツィア社会において、支配層がどのような親族意識、家意識を持っていたかを考察する。十四世紀の年代記写本の付属資料として作成された貴族家系のリストの分析から、ヴェネツィアでとくに「高貴」とされた家が現実政治においても重要な地位を担う最上層の家系であること、その多くがヴェネツィアの都市創建期に遡る古い歴史を持つとされること、政治的資質や軍事的能力に関わる性質を持つとされること、などが読み取れる。ここには、セッラータ以後の貴族たちが支配階級に属することを意識し、なかでも古く由緒ある家系が自らと他の家系の差別化を図ったことが表れている。家リストは、個々の貴族の「家の記憶を、集団としての貴族の記憶と一致させる働き」をしたのである。

本書の最終章「家族生活と都市権力――家産のゆくえ」では、嫁資・相続という家族史的な問題に立ち返り、十四世紀に嫁資や相続を巡って見られた変化から社会の変化を跡づけようとする。嫁資に関してこの時代に起こった重要な変化は、その額の高騰である。嫁資額の上昇現象は、一般的に、婚姻を通じて社会的影響力や経済力の増強を図る結婚戦略によって説明されることが多いが、本書では別の視点が提示される。嫁資と女性の立場に関しては、嫁資額の上昇に母から娘への遺贈の増加が大きく関わっていたことからヴェネツィア女性が持つ経済的影響力を主張するホイナツキと、嫁資の三分の一が「嫁入り道具（corredo）」として夫の手元に残ることを定めた一四〇二年の法令を「夫側の家系による女性の富の浸食」と見なすシャボーの相対する説がある。高田氏は、女性の財産権を重視するホイナツキに近い立場をとりながらも、シャボーの説にも一定の妥当性を認め、いずれの場合にも女性の財産が資本として機能した可能性を指摘する。そして、嫁資返還用の担保とされた財産を処分した際に嫁資分の売却益をサン・マルコ財務官に預けることを義務づけた法令などにより、都市民の財産が公の財政に組み込まれ、国家によって利用されていったプロセスを説明する。

以上のように本書は、十三～十四世紀のヴェネツィアで、嫁資、遺贈、相続といった家族の問題が国の制度化と相互に作用しあっていたことを多様な側面から明らかにした。「家」は、いかなる社会においても普遍的に重要なものであるが、国政に加わる資格が特定の家門に固定化されていったヴェネツィア共和国ほど、「家」と国家権力が分かちがたく結びついていたところは稀なのではないだろうか。セッラータ後のヴェネツィアで貴族の家意識が国家のアイデンティティに結びつけられていったとする本書第7章の指摘は、まさに正鵠を得たものである。また、本書では明確に触れられていないが、準貴族とも言える市民階級、とりわけ官僚層を形成した「生粋の市民」（cittadini originali）の場合にも、同様の構図を描くことが可能だろう。だが、貴族であれ市民であれ、その身分があくまでも男系による世襲とされたことから、ヴェネツィアにおける「家」と国家の関係を語ろうとすれば、視線は自ずと男性に注がれる。それに反して、本書では、国の制度化のプロセスに、間接的にではあれ、女性の存在が大きく関わっていたこと、また、男性の家長権が絶対的に強力なものではなかったことや財産権をはじめとする女性の権利が尊重されていたことを示している。

女性や財産といったキーワードを中心に、家族史的視点から十三～十四世紀のヴェネツィア社会を捉えなおそうとする本書の試みは、おおむね成功している。そして、その最大の功績は、ヴェネツィアをイタリアにおける特殊事例とするのではなく、むしろ、コムーネから「国家的体制」への移行という同時代のイタリアの全般的な傾向に合致すると見なす点にあるだろう。家族史と制度史、ヴェネツィア史とイタリア史を接合しようとする高田氏の努力には、尊敬の念を抱かずにはいられない。また、そのために氏が行った研究史の整理は驚くほど広範に及び、それ自体だけでも貴重な価値を持つと言えよう。

ただ、あくまでも都市という枠組みのなかで人々の生活と権力の関係を考察するという前提に立つとはいえ、ヴェネツィアの家族・親族構造を都市の内部におさまる静的なものとして扱っている点にはいささか疑問を感じる。とくに東地中海に向かって飛躍的な発展を遂げた十三～十四世紀のヴェネツィアでは、海外領土やビザンツ帝国内の在地勢力との通婚も盛んに行われていたはずであるが、本書では婚姻や相続に関して都市外の要素がほとんど考慮されていない。また、

「ヴェネツィア」が専ら都市を指して使われ、本来ヴェネツィア共和国全体に及ぶはずの国家権力が都市権力とほぼ同一視されていることにも、当惑を禁じ得ない。もっとも、都市ヴェネツィアとヴェネツィア共和国とを厳密に峻別することは容易ではなく、評者も含めたヴェネツィア史研究者のすべてが同様の曖昧さに陥りがちであることも事実である。今後は、「コムーネから国家（ドミニウム）へ」の変化とそこに生きる人々との関係を共和国全体のより広い枠組みのなかで究明していくことが望まれるが、それには複数の研究者の協力が必要かもしれない。本書がそのようなヴェネツィア史研究の発展の礎石となることも期待したい。

（わぐりじゅり・桃山学院大学国際教養学部）

書評

新宮学著
『明清都市商業史の研究』

汲古書院　二〇一七年三月刊
A５判　四四八頁　一一〇〇〇円（本体）

田口宏二朗

本書は、第一線の明代史研究者である新宮氏が、一九八〇年いらい発表してきた都市史・都市商業・商業課税関連の諸論考、および学界動向レビューを一書としてまとめたものである。以下、本書の構成にそって内容の紹介を行ったのち、評者による論考の位置づけと展望を示すこととしたい。

序章では各章の構成とその概要が記される。全体をつらぬく問題意識として、「戦後歴史学としての中国明清史研究における、都市史・流通史分野の蓄積の薄さ」という点が冒頭（および各章の導入部分）で明確に示されるところとなる。そのうえで、本書の第一部「首都と人口・物流」では、氏の前著『北京遷都の研究』（汲古書院、二〇〇四年）を承け、明代北京に関する三篇（おおむね一九九〇年代以降に発表されたもの）が配されている。

第１章「近世中国における首都北京の成立」では、政治・軍事的中核都市たる北京の歴史的意義について、マクロかつ長期的なスパンの議論が展開される。前著ではやや抑制的にしか語られなかった部分だが、本書ではおおむね以下のような北京史論が示されている。（一）モンゴル期・ポストモンゴル期（銀の時代）に当たる一三～一八世紀の時期が「東アジアの近世」として措定される（ここで明確に参照対象とされるのは、杉山正明・岸本美緒・妹尾達彦・閻崇年各氏の議論である）。（二）中国王朝が長期的に持続したことと表裏して、首都は移動を繰り返した。これは、黄河流域をベースとした東西移動から、より広域な民族融合を背景とした南北移動へ、というパターンを示す。（三）明初期の北京遷都、そして大運河を媒介とする物資輸送は、「多元複合の連邦国家」たるモンゴル帝国を引きついだ明朝が、「南北分裂の実質的統一」を果たすために求められた。経済の中心と政治の中心が分離する「北京システム」は、一五世紀初頭に永楽帝が選択したものであり、「国家と社会の乖離」という「中国近世社会の枠組みの完成」を意味していた。（四）この枠組みが、満洲人による「多民族国家」たる清朝を中国社会が「大きな混乱もなく受け入れる」のを可能とした。

第２章「明代首都北京の都市人口について」の主題は、首都の人口規模に対する量的分析である。『明実録』所載の一六二〇年代における保甲《ほこう》（隣組）統計によれば、当時の北京都市空間（内城・外城、および関廂＝城門外の住宅・店舗密集地）は、保甲編成を統括する五城兵馬司《ごじょうへいばし》ごとの数値を合計すると約一五万戸であった。民国期の社会調査にもとづく毎戸五名という構成員数をこの数値に乗ずれば、七五万人という数値が求められる。政府関連人員の総計一〇万人、少なめに見積もった人員あたり平均家族数を二名とすれば、政府関連で計三〇万の人口規模となり、五城兵馬司の保甲統計との合算で一〇〇万人超となる。この規模は、唐・宋期における首都人口を上まわるものではなかった。

第３章「通州・北京間の物流と在地社会」では、氏のいう「北京システム」をささえる大運河上の最終段階、通州《つうしゅう》―北京間をむすぶ通恵河《つうけいが》（全長約三〇キロ）の改修問題を手がかりとして、権力中枢都市近辺における「在地」社会のありかたを追う。明初期いらい、通州から北京にかけての水路が機能せず、通州に政府の穀倉が数多く設置されていた。北京への陸路を通じた搬入業務は、車戸《しゃこ》・船戸《せんこ》等の輸送業者、戸部などの管掌機構で使役される役人《えきじん》（官辦《かんべん》・斗子《とし》・曬夫《さいふ》）、歇《けつ》家《か》や経紀《けいき》といった官許のブローカーや、明初以来の功臣（爵位を与えられた世襲的身分）・外戚（歴代皇帝の姻戚）・宦官といった人々にとって、一定の利権をもたらすものだった。一五二〇～三〇年代、ここに元代いらい機能不全となった閘門式運河（通恵河）を復興するプロジェクトが進められたが、従前の利権分配構造を大きく改変することとなり、政治的な軋轢を惹起した。同時に、通州出身の官僚も、当地の利害を代表した主張をおこなっている点に、氏は注意を喚起する。

つづく第二部「鋪戸《ほこ》の役《えき》と同業組織」・第三部「牙行《がこう》と商税」の計七章では、北京・南京を中心とする諸都市の商業組織・商業課税の問題が扱われる。おおむね一九八〇年代から九〇年代にかけ（つまり氏が二〇～三〇歳代のときに）発表されたものであり、明代商業史・都市史研究者としての氏の名を高からしめた論考である。

第4章「明代北京における鋪戸の役とその銀納化」では、地方志・『宛署雑記《えんしょざつき》』といったローカル史料、および中央編纂の編年史料『明実録』などから、首都での商業課税の実態に光をあてる。商業課税制度の始期などをめぐる旧来の知見に修正を加えつつ、氏が明らかにするのは、以下の点である。北京の諸官庁で費消される物資を、城内で営業する商・工業者（両者は截然と区別しがたい）より調達するという「鋪戸の役」は、雑役《ざつえき》、つまり土地税たる税糧や里甲正役《りこうせいえき》（世襲的戸籍編成のカテゴリたる民戸《みんこ》・軍戸《ぐんこ》に対する、行政司法業務の割り当て）以外の、雑多な公租公課として開始された。商・工業者には業種ごとに、資本規模別の計九ランクの差等に応じた買辦《ばいべん》（物資調達）義務が課され、これらの雑役は牌甲・保甲といった隣保組織を通じて各営業者に割りつけられる。調達には対価が支払われたものの、納品までのトラブルや輸送コストの問題から、一五世紀後半以降、やがて業者たちは貨幣（銀）による負担供出の方を選好するようになる。鋪行《ほこう》銀のはじまりである。以後、各業種・業者の消長に応じて、割り当て原則の改変が幾度となく繰りかえされた。その過程で残された史料により、明代商業史にかかわる重要な情報がここでは引き出される。一六世紀末以降、鋪行銀の割り当ては業種別ではなく牌甲・保甲という属地的な組織を経由するようになっていたこと、鋪行銀の徴収実績からみて、北京内城南部・外城に分布するブロック（坊）に商・工業部門の多くが集積していたこと、一六世紀末、北京の商・工業者一万餘戸の九割近くは、資本規模で下位三分の一を占める零細事業者であったこと（これは「階層分化」の進行した結果だとされる）、以上である。そして以上の鋪戸の役・鋪行銀制度の制度的推移につき、氏は「貨幣経済・商品経済の発展」にともない成長しつつあった都市商・工業者に対する、明朝の「把握と収奪の強化」という動態を見てとる。

第5章「明末京師の商役優免問題について」は、前章にひきつづいて北京での商業課税の問題を扱う。鋪戸の役を銀建てでの支払いに切り替えた「鋪行銀」とは、北京に位置する地方機関（宛平県・大興県）レベルでの税制改革の結果できたものであり、戸部（財務官庁）・工部（工務官庁）など北京の中央機関に対する鋪戸の役（商役）の方は、依然として問題となっていた。とりわけ、大商人たちが、首都防衛軍たる錦衣衛《きんいえい》の軍官・下士官、あるいは工部や鴻臚寺《こうろじ》（外交使節の接待実務をおこなう機関）ポストを金品で購い、官員身分規定にもとづく商役免除を獲得したことにより、中央官庁発注の物品調達のための負担配分の不均衡が、一六世紀以降、政治問題化するようになる。その背景に、錦衣衛の幹部層が特権集団として商役免除の可否決定権をにぎろうとしたことに加え、かれらと私的回路を有する宦官たちも、皇帝の意思決定に際して隠然たる力を行使したことがあったという（当時、アドホックな商業課税に対し全国的な反対運動が展開されたにもかかわらず、宦官による一種の情報操作が展開されていた）。氏による都市商業課税研究は、かくして北京という場に焦点をしぼることにより、明代の政治史・軍事制度史上の問題とも大きく重なりあうようになる。本章の初出は氏のデビュー論文でもあり、以後の氏の研究の発展を萌芽的に示しているともいえる（本書第3章および附篇2とも有機的に連関するゆえんである）。

第6章「明代南京における鋪戸の役とその改革」では、舞台は北京より南京に転ずる。ここでも、北京同様の公租公課割り当てとその弊害が看取できるが、本章での考察の重点は、むしろ賦課の際のユニット編成単位となる「行《こう》」とはなにか、という問題にすえられている。わが国でも分厚い蓄積をもつ商業組織研究では、宋代以降における自律的かつ特権的同業団体としての行、という性格づけが突出していた。これら行を西欧的ギルドの類比対象とする論調に対し、本章で明らかにされる行頭《こうとう》―貼戸《ちょうこ》とは、一義的に、政府の物資調達・公租公課賦課のために編成されたものであり（調達物資と「行」名とが対応しないばあいすらある）、あくまで「他律的」な組織だったという。氏は都市商・工業者の「自律的結合」が存在した可能性はみとめるものの（二〇〇頁）、史料上における「鋪行」を、いわゆるギルドとして同定することに対しては否定的である。

第7章「明末清初期一地方都市における同業組織と公権力」では、北京・南京という行政上特別な位置を占めた都市を離れ、明清期の長江下流デルタにおける商・工業の中心都市のひとつであった、蘇州府常熟県に焦点があてられる。また前章までとはことなり、編纂史料や官僚の上申書ではなく碑刻、つまり同業組織の出資による碑文テクストが主たる素材となっている。北京・南京での鋪戸の役同様、ここ常熟でも、商・工業者を対象とした「当官」なる物資調達（およびこれに藉口した金品の収奪）がおこなわれていた。この結果、行頭《こうとう》らによる請願、中央派遣の巡按御史や総督・巡撫（後二者は清代中期以降、省レベル地方官として定制化される）といった高位の官僚による指示をうけ、知県による「当官」の禁止告示、そして告示碑刻の建立という流れとなる。典当（金融業）や木材・雑貨商など業種別の公租公課が割り当てられていると同時に、当官禁止を訴える同業者たちの結束と意思表示のありかた、かれらの多くが徽州《きしゅう》など外地出身であったこと、時には行頭たちも収奪する側に立っていたことなど、碑文から豊かな論点が引き出される。こうした異議申し立てが組織化されていく背景として、氏は、①明代中期以降の「貨幣経済進展・商品生産展開」にともなう、外来商人の都市定着と同郷団体の形成、②そしてかれらの「結束力」と「イニシアティヴ」にもとづく、同業的な利益擁護への動き、という見通しを示している（なお、本章での碑刻と、前章までの編纂史料・文集との史料的性格の相違に、氏がいくぶん注意を欠いているのが気になるところである）。

以上、行政都市における税役供出システム、「鋪戸の役」の賦課および附随する諸問題への分析を通じ、都市商・工業者の生態が浮き彫りにされた。つづく第8章「明代前期北京の官店塌房《とうぼう》と商税」、第9章「明代後半期江南諸都市の商税改革と門攤《もんたん》銀」、第10章「明代の牙行《がこう》について」にて、こんどは「商税」という課税カテゴリ（非定着商人を主対象とした流通課税）、および課税の基軸となる倉庫業者・仲買問屋業者による徴税請負のありかたが論じられる。まず北京などの行政中枢都市では、明代初期より、官店塌房《とうぼう》・皇店《こうてん》といった官営の店舗・倉庫（および宿泊）施設が造営され、元末・明初期の戦乱でダメージをうけた流通経済の復興・商業税収入の確保がめざされた。北京に商品を搬入する客商《きゃくしょう》（外地商人）たちは、北京城門での徴税ステーション（宣課司《せんかし》等）にて商品検査を受け、おのおのの商人名・商品・税額がリスト（赤曆文簿《せきれきぶんぼ》）に記入されたうえで、商品価格のうち総計一〇％程度の商税を宝鈔《ほうしょう》（紙幣）で支払うことになる。

一定規模以上の商品を扱う客商のばあい、官店塌房を利用することで、交易機会の獲得や商税納付の割賦・納付手続きの簡略化、あるいは官員たちによる誅求軽減といったメリットを享受することができた。ところが外戚・功臣や高級官僚たちに対し、官店塌房が皇帝より「賜与」される事例が一五世紀ごろよりひろがり、ここでも特権層が抱えこむ「無頼・無籍の徒」による収奪が問題化した。

他方、全国に分布する地方都市（府・州・県などの行政都市、および鎮・市といったマーケットタウン）では、税課司《ぜいかし》（府）・税課局（州・県・鎮・市）という商税徴収のための部局が置かれた。当初、全国に数百から一〇〇〇にのぼる税課司・局が存在したが、一六世紀段階ではその七割以上が廃止される。以上の趨勢は、明初期いらい商税が宝鈔建てで徴収されていた（流通税徴収と貨幣政策がワンセットで営まれていた）のに対し、一六世紀より銀による徴収が開始される際、宝鈔‐銀の換算レートが固定的であったことと関係があった。市場性を失い紙切れ同然となった宝鈔建ての商税額からすれば、銀建ての商税収入もきわめて低額なものとなり、費用便益的に非効率な税課司・局は削減の対象となる。こうして宝鈔から銀へという支払い貨幣の転換にともない、商税の徴収も、官府による「験貨批収」（マーケットでの直接徴収）から、牙行や在地郷紳層による請負徴収へとシフトする。牙行らには「牙帖《がちょう》」というライセンスが府・州・県レベルで発行されたが、じっさいのところ、商人同士の交易を仲介斡旋する（そしてみずからも荷受・取引行為に従事する）牙行による商税の徴収請負は、もはやかれらに対する営業税賦課とほとんど区別できないものとなっていく。

第四部では、附篇1～3として、学界動向論文・書評・書籍紹介（何炳棣『科挙と中国社会』や曹子西『北京通史』など）が収録されている。二〇余年前の『史学雑誌』「回顧と展望」の内容に隔世の感を覚える一方で、顧誠の「二大系統論」（民戸・軍戸という住民分類にもとづく、行財政・司法および軍事システム）の紹介は今なお有用である。そして于志嘉《うしか》やロビンソンにより、すでに明代史研究上の重要課題として近年、問題提起がおこなわれるところでもある。要は、非世襲的科挙官僚を通じた広域支配という政権像、その攪乱要因・腐敗の源泉としての武官・宦官というイメージが、府州県という行政系統につらなる「民戸」・漢語話者、華中南出身の文人たちの手になる史料のみに重点を置いた不十分な歴史把握なのではないか、ということである。

以上、最低限の範囲で、本書の梗概を評者なりにまとめてみた。唐代・宋代に比して氏のいうとおり蓄積の薄い明代都市史・商業史研究だが、氏の孤軍奮闘を通じ、多くの欠落は塡められつつあるといえよう。

本書全体の構成として、①「首都論」、つまり皇帝（あるいはハーン）を称する者が一定の都市に玉座を設置し、ここを中心に行財政や軍事的体制を編成することの地政学上の意味、②中枢点としてではなく、生活者が住む「面」的な空間としての首都における、財と権力の分配、③都市商工業者に対する課税のありかた、これを通じてみた都市住民組織形態、という三点の問題群が考察の俎上にのぼせられている。一貫したモノグラフというよりは、むしろ既出の論考を編んだ論集という本書の性格からか、①～③全体を通じたなんらかのストーリーを見通すことは容易ではない。これは、本書のデメリットというわけではなかろう。②③の禁欲的な個別実証作業がもつ価値は、おそらく長らく薄れることはないと思われる。ただ同時に、氏が「明清都市」というタイトルで切り取ろうとしたものを、あらためてトータルかつ汎通的なかたちで論じなおしてみることも、あながち無駄ではなかろうし、これがおそらく評者に与えられた課題だと（勝手に）考え、残された紙幅で以下、何点かにわたって雑駁な論評をこころみるものである。なお、各章末尾の「補記」では、氏の研究が出て以降の二〇～三〇年間における研究状況がそれぞれ簡略にまとめられているので（またこの部分を読むことにより、氏が斯界におけるフロントランナーであったこともあらためて実感できる）、ここで論及されている点については、原則上省略したい。

第一に、なんといっても本書のハイライトは、明代の北京・南京における都市商・工業者への課税システムの詳細を追うことにより、かれらの生態を復元した部分だろう。行の非自律性（商業税賦課のための上からの「お仕着せ」）、牙行を主要なハブとする流通ネットワークの把握、といった論点は、おおむね宮沢知之・足立啓二氏を中心とする中国史研究会の議論と重ねあわせ、もしくは接合できるものである。[1] 特に流通課税のばあい、宋代（特に市易《しえき》法廃止以降）の牙行中心から元代における客商への低率「過税」（通過税）賦課、というシステム変更を経て、明中期以降、ふたたび牙行中心の商税体制へ、という大きな流れが想定できる。ただしここで注意すべきは、宋代・元代の中央財政収入の過半が、商税・塩専売という二大流通税でまかなわれていたのに対し、明代には税糧（土地税）収入の比重が著しく増大していた点である。そして、流通からの公租公課は、（塩専売部門を除けば）大部分、府州県といった地方レベルでの収入となっていたと思われる。(2) つまり、氏が明らかにした一連の商業税改革は、明清期におけるインフォーマルな地方財政部門の膨張、あるいは「正額外財政の成長」という現象(3)の一環としてとらえることができる。これは、都市商業と、一種の国制論とのリンクを探るうえで重要な論点たりうる(4)。

第二に、であるとすれば、本書第二・三部で氏が強調する「行」の性格づけについても、単なる他律―自律性を超えた議論が可能だろう。「拡大する流通経済」からの収奪を強化する「国家」とは、通常われわれが考えるような（意思決定や政策実効化の面で）一元性・画一性と一貫性をそなえた実体ではない。むしろ看取されるのは、流通秩序の維持（「有無相通ずる」ことで民生の安定をはかる）と流通過程からの徴収（関市之征）というクリーシェをもって、各級主体がそれぞれのレントシーキングを制御・正当化しようとする様態である。ここでは「郷例」や碑刻建立といったかたちでその時々の均衡点が記録されるものの、上も下も特定の「権益」を、個別ケースを超えて継続的に保護もしくは主張するためのロジックを（少なくとも清末までは）もたない(5)。したがって、特定の商業組織が特定の政体による権力行使と対峙するかたちで「自律性」を具有するか否か、という座標軸ですべてを切ろうとすることは、あるいはもはや無理筋なのかもしれない（そもそも広範な比較史のアジェンダとしての「自由都市論」自体が、解体の危機に瀕している(6)）。むしろ、行や同郷団体、あるいは株仲間、ギルドなどの各概念間における共約可能性を自明の前提とはせず（これが氏の作業の重要な到達点のひとつである）、なおかつそれぞれが果たした経済・政治的機能（価格決定・参入障壁・契約違反のサンクション・祝祭を通じた都市アイデンティティ構築等々）の異同を、ひとつひとつ吟味する方法論が有効ではなかろうか(7)。

第三に、氏が冒頭に配した首都論を、上記第一・二点として述べた財政論・国制論や団体論（法制論）といかに絡めるか、という問題がある。たとえば氏は、宋代以降における「経済中心の南移」、政治的中心と経済中心の地理的乖離という動態を、「社会と政治の分離」として把握するが、やはり違和感がぬぐえないだろう。中国史における地政学・経済地理上の現象を、西洋社会史・政治経済的な枠組み（「社会」の析出と発見）とリンクするためには、詰めるべきいくつかの論点があるように思われる（政権所在地からの地理的距離と、政体自体のブランド性や政体により打ち出される政策の実効化いかんとの、相関性などなど(8)）。むしろ「北京システム」そのものが爾後の政論にひとつの「型」を提供した点が重要なのであり、それ自体は、「中国国家」「中国社会」の連続性・一貫性いずれをも一義的に担保するものではない。ある意味、「中国史を（中央ユーラシアなどに関する新知見を詰め込みつつも）一国史のように扱う」叙述法の限界が露呈しているということなのだろう。そしてこの隘路を突破できるひとつの可能性が、氏の取り組む都市史研究に秘められていることも、これまた間違いない。

以上、きわめて無責任な印象論ばかり並べたててきた。本書が、斯界にとって必読の文献となることは明らかである。ただ、初出論文が三〇年以上も前のものであるゆえ、原稿の電子テクストの互換性に限界があったのは了解できるが、（特に第一・第三部の注部分に）誤植が少なからず含まれるのが惜しまれる。

（1）宮澤知之『宋代中国の国家と経済』（東京：創文社、一九九八年）、足立啓二『明清中国の経済構造』（東京：汲古書院、二〇一二年）。

（2）田口宏二朗「畿輔での鉱・税」（岩井茂樹編『中国近世社会の秩序形成』京都：京都大学人文科学研究所、二〇〇四年）。

（3）岩井茂樹『中国近世財政史の研究』（京都：京都大学学術出版会、二〇〇四年）。

（4）Mark Ormrod et al. eds., *Crises, Revolutions and Self-Sustained Growth* (Stamford: Shaun Tyas, 1999), William Liu, *The Chinese Market Economy* (Albany: State University of New York Press, 2015).

(5) これが、清代法制に「慣習法」的契機がみとめられないゆえんである。寺田浩明「清代土地法秩序における『慣行』の構造」(『東洋史研究』四八―二、一九八九年)。

(6) 仁木宏『空間・公・共同体』(東京：青木書店、一九九七年)、あるいは仁木ほか「比較都市史研究の新たなこころみ」(『都市文化研究』一二、二〇一〇年)参照。

(7) 範例としては、Debin Ma, "Comments and questions," a paper presented at the Conference of GEHN, Utrecht University, October 5, 2006; Jan Lucassen et al. eds., *the Return of Guilds* (Cambridge: Cambridge University Press, 2008)、邱澎生『当法律遇上経済』(杭州：浙江大学出版社、二〇一七年)などがある。

(8) この点、鬼頭清明の「王畿」比較論が参考になる。鬼頭「王畿論」(荒野泰典ほか編『地域と民族』東京：東京大学出版会、一九九二年)。

(たぐちこうじろう・大阪大学大学院文学研究科)

新刊紹介

古内絵里子著『古代都城の形態と支配構造』

同成社　二〇一七年五月刊
A5判　二〇六頁　五〇〇〇円(本体)

本書は、大王宮から平城京までの都城の展開過程の中で、その形態変化の背景や、東アジア都城との比較を通して日本都城の特質を解明するものである。本書の構成は以下の通りである。

序章　都城研究の現状と課題/第一章　七世紀における大王宮周辺空間の形成と評制/第二章　儀礼空間としての都城の確立/第三章　保良京の史的意義/第四章　坊令の成立/第五章　日本古代における坊制の採用/第六章　日本古代における複都制とその特質/終章　都城の形態変化と支配構造

第一章では、大王宮周辺空間の創出時期の特定を試みる。周辺空間創出前は、王族の宮や豪族の邸宅への王権機能の分担から、大王宮への権力集中度が弱かったが、大規模造成の痕跡の発見から孝徳朝難波を周辺空間創出の画期とした。またその整備には多くの役丁の存在が想定され、それを可能にする評制施行との関連から、孝徳朝難波の造営開始を大化三年とし、評制も同時期に施行されたとする。

第二章では、藤原京から平城京への大規模な構造転換の理由として、藤原京の構造不備を挙げる。造営当初の藤原京は、朱雀大路の非隔絶性から宮南面の正面性が不確立であったことから京中軸線上の儀礼空間に欠陥があり、それは都城制の受容目的が、巨大な儀礼空間の整備よりも貴族・官人を集住させる京の造営を優先させたから生じたとする。

第三章では、これまで副都と認識されていた保良京について再検討を加える。保良京造営の一連の流れの中で、天皇だけでなく、上皇・貴族・官人の移動、東大寺写経所閉鎖による石山寺への移動、京に準じた税制への改変が見られることから、保良京を首都として位置づける。また造宮官司の設置、東西市の移転など、新たな遷都政策の出現から、保良京遷都が後の都城に影響を及ぼしたとする。従来、議論されてこなかった保良京の史的意義を考究した姿勢は評価できるが、史料中の「保良離宮」の記載や、保良・平城京の東西市の併存などから、首都と認識することに対して、少々慎重になる必要がある。

第四・五章では、坊制採用の理由とそれにより成立した坊令について考察する。坊制採用には都城制受容の中で、土地区画及び基本行政単位の二側面に起因すると指摘する。また、画一的な坊は遷都時に従前と同じ坊への移動を可能にし、遷都後の行政運営を円滑にする機能があると位置づける。そして、坊を管理する坊令は、唐の行政領域の管理者としての里正と、場の管理者としての坊正の職掌を併せ持つとする。遷都時の坊の連続性が地域社会の存続につながると指摘した点は評価できるが、「宮城所在坊」への新たな貫附についてはなお検討の余地があろう。

第六章では、東アジア都城との比較から、日本の複都制の特質を見出す。特に聖武朝の難波京に着目し、首都との共通項はあるが、あくまで「摂津職―郡―郷」の行政体系から京域はなく、首都としての特別扱いもなかったとする。そして日本の首都は絶対性を持ち、その補完のために副都を設定した東アジア複都制とは性格が異なるものであると理解する。

終章は、総論として、都城制の確立後も新たな首都を求め続けるという日本古代の都の固有性が、日本都城の形態変化とその独自の支配構造を生み、九世紀前半の平安京への固定化を経て、都市形態が諸国に伝播し、中世都市への展開を見たと結論づける。

以下所感を述べたい。本書では大王宮周辺空間の創出を都城制の画期と位置づけており、それにより都城があらゆる階層の人間が集住する環境となったことは言うまでもない。その中で、「地域社会」の成立と遷都後の継承に着目した点は、前述の通り評価できる。都城では「官僚制的つながり」とともに、区画された坊における「地縁的つながり」も生まれ、その積み重なりで「地域社会」が形成されたと考えられる。筆者の指摘の通り、その「地域社会」ごと遷都したとなれば、平安京では「地域社会」が成熟し、相互扶助的な活動も現れていたと考えられる。その「地域社会」の人間味あふれる歴史に着目することも今後の課題として挙げられるが、本書は古代都城制の特質を説いたことで、都城研究において重要な意味をなすものであると言えよう。(生島修平)

新刊紹介

石井伸夫・仁木宏編

『守護所・戦国城下町の構造と社会—阿波国勝瑞—』

思文閣出版 二〇一七年二月刊
A5判 三五二頁 六六〇〇円(本体)

戦国期の守護所として著名な阿波国勝瑞は、吉野川を挟んで徳島市の北隣、徳島県板野郡藍住町に所在する。この地の北側には鳴門市・撫養まで旧吉野川が流れ、町内を廻る大小の水路とともに水上交通の要衝としての面影を今に伝えている。勝瑞の名は自治体名としては残らなかったものの、JR高徳線の駅名や字名として現在も用いられ、都市史や中世史に馴染みのない方々にもその名は通っていよう。

筆者も個人的な関心からこの地を巡見した経験を持つ。勝瑞駅から現在の見性寺を経て、発掘の最中であった勝瑞館跡を見学、南下して阿弥陀橋から水路沿いに正貴寺跡に抜けたように記憶している。田園地帯の中、モザイク状に人家が建ち並び、穏やかな生活の場に悠久の歴史が薫る土地であった。

勝瑞の地に脚光が集まったのは、藍住町と後に徳島県も加わった発掘調査により貴重な成果が報告されたことによる。平成六年より二〇年以上に及ぶ発掘調査では、従来想定されていた「勝瑞城跡」と隣接する地点で「勝瑞館跡」が確認され、「勝瑞城館跡」として遺跡全体が国史跡に指定された後も、複郭構造の城館群を検出するなど新発見が相次いだ。

発掘調査に並行して「守護町検証会議」と銘打った共同研究が勝瑞を対象に行われていた。複合的な都市遺跡として勝瑞を把握することを目的としたこの共同研究は平成一九年度から七年に及び、最終年には『勝瑞 守護町勝瑞検証会議報告書』の発行を見た。この報告書の執筆陣に新たなメンバーを加えて執筆されたものが本書であり、勝瑞を対象に行われ続けた学際的研究の集大成と呼ぶことができよう。

研究史上における本書の立場と各論攷の内容を知る上で、編者の石井氏による序章が有用である。石井氏は中世都市史の研究史を丹念に整理した上で、二〇〇〇年代以降に見られる学際的研究の再出発という動向の中に勝瑞研究を位置づける。

さて、序章にも詳しいが各論文の概要を述べたい。本書は二部構成を取り、第1部は「守護町勝瑞の構造」として六本の論文を収載する。第1章の重見論文は発掘調査の成果を基に商業施設の少なさと寺院の多さを指摘し、阿波国の政治状況と絡めて勝瑞城の要塞化を論じる。第2章須藤論文は勝瑞研究における文献史料の限界性を示すが、博捜の上で提示される史料は今後の研究の基礎となろう。第3章の石井論文は寺院の立地を検討し、後の徳島城下との強い関連性を指摘する。第4章山村論文は街道の変遷を基に「勝瑞津」を城跡南部の「舟戸」の地に比定するなど、景観復原を精緻化させる。第5章の小野論文は勝瑞研究の重要性を端的に示した上で、同時期の研究成果を踏まえて城域内の居館像を提示する。補論1の千田論文は城郭史の中で勝瑞を論じ、三好氏の城館としての勝瑞城館の位置づけを解明する。

続く第2部は「守護町勝瑞と戦国社会」として七本の論文を収載する。第6章の福家論文は寺院関係史料の精読から勝瑞の中心的寺院である聖記寺創建の背景を明らかにし、建立地と水運との関係を論じる。第7章福本論文は旧吉野川を挟んだ対岸に位置する大麻地区の景観復原を行い勝瑞の地域像に厚みを加える。第8章の長谷川論文は山伏の活動する素地が勝瑞に伏在した点を指摘し、阿波国内の山伏の組織化という議論は廃しつつも聖護院道興が勝瑞に長期逗留した可能性を述べる。第9章島田論文は周辺遺跡の出土品を分析し、勝瑞との比較検討を通して勝瑞城館並びに各遺跡の性格に言及する。第10章の天野論文は戦国期における勝瑞の都市的発展と集住化、衰退の背景を政治史の丹念な分析から導き出す。補論2の平井論文は近世の絵図から街道の変遷を辿るとともに、現代の都市計画図へのトレースを元に近世勝瑞の景観復原を行う。そして編者である仁木氏による終章は、本書の成果を集約して総括を行った上で、一国の地域的なまとまりを保ち続けた都市モデルとして阿波国・勝瑞を打ち出す。

このように、地域史のみならず中世都市史や歴史地理学、城郭・都市考古学、宗教史、政治史など本書の成果は多岐に亘る。論集という性格上、各論文間に僅かばかりの不整合を残すものの、個別の研究成果としても総合的な地域研究のモデルとしても多方面で参照され続ける一冊となろう。 (佐藤稜介)

新刊紹介

秋山哲雄著『鎌倉を読み解く―中世都市の内と外―』

勉誠出版　二〇一七年一〇月刊
四六判　二四二頁　二八〇〇円（本体）

著者はこれまで、中世都市鎌倉の実態を「諸学問分野を横断的」に追求しつつ、鎌倉幕府の政治体系をも明らかにしてきた。本書は著者の学際的研究成果の結晶である前著『北条氏権力と都市鎌倉』（吉川弘文館、二〇〇六年）の続編・補論的な性格を有する。内容は第一章から第六章に序章・おわりにを加えた構成となっている。以下、内容を紹介する。

序章「都市鎌倉研究の現在」は、二〇〇〇年以降に発表報告された、文献史学・考古学・人類学など諸学問分野における都市鎌倉の研究史を、都市論や葬送などをテーマに網羅的に整理。特に高橋慎一朗氏が行った文献史学の研究動向のまとめと、河野眞知郎氏が提示した考古学的課題を取り上げ、第一章から第六章までの著者の論理展開の骨子としている。

第一章「成立期鎌倉のかたち―鎌倉の道・館・寺―」は、「道」「館」「寺」の成立と展開を手がかりに、都市鎌倉草創期の姿を復原。草創期の鎌倉は「明確な領域」を持たず、街道沿いに館と寺が散在的に所在する様相であったと分析し、幕府が四角四境祭を導入する前は「境界意識」と「都市領域」が直結しないと指摘する。また「道」を基準に発展するのは、都市平泉と似た形態であると示唆している。

第二章「移動する武士たち―田舎・京都・鎌倉―」では、御家人は鎌倉に粘着して集住するのではなく、京都や地方などの複数地域と連携しながら生活していたと分析する。著者は前著で、御家人の「一族内における分業体制」を提唱していたが、その補論となっている。また、武士の移動性から、近年注目されている「在地領主制」の再検討をも提唱する。

第三章「都市の地主―『浄光明寺敷地絵図』にみる中世鎌倉の寺院―」は、著者が以前に論じた鎌倉における土地の「重層的」権利関係の補論である。「浄光明寺敷地絵図」と「円覚寺境内絵図」から、寺が門前に所有する「屋地」を武士に貸し付けて地子を得ていたと分析。武士本人の使用と同時に、家人や「下層の人々」に又貸しされていたと推察する。借地料は寺院の重要な経済収入であったので、次の政権に屋地の権利を所望・主張するために絵図が作成されたと論じている。

第四章「北条政子の居所とその政治的立場」は、『吾妻鏡』から政子の居所の変遷を追う。時期により所在する場の違いから、政子の政治的立場と周囲への影響について分析する。政子が自主的に所在を変えて諸問題を解決する姿勢は、移動先の勢力に優位な状況をもたらし、結果的に北条氏の優位性が強まった要因であったと指摘する。

第五章「都市鎌倉における永福寺の歴史的性格」は、永福寺建立の由来「奥州合戦の犠牲者を鎮魂するため」とする従来の説を再検討。結果、①「奥州合戦に限らず治承・寿永の内乱全体において敵味方の区別なく戦闘で犠牲になった人々を供養」、②「内乱をとおして頼朝に敵対した結果命を落とした敵方の人々を鎮魂する」、③「内乱の勝利宣言」の、三点の性格にあると定義する。この意識は鎌倉外に対して発信されたものであり、宝治合戦・蒙古襲来・観応の擾乱の際にも、三要素は意識して利用されていたと分析する。また、堂舎の実態にも着目。薬師堂が一つしかなかったとする従来説を再検討し、薬師堂は二つ存在したことを推定する。

第六章「鎌倉幕府の大将軍」は、鎌倉幕府が史上何度か派遣した「大将軍」の人選に着目。その発端を承久合戦における北条泰時に求め、以降、戦争に際して「幕府中枢部の人々の弟や子息」が、「鎌倉から」大将軍として派兵されたと考察。それは「鎌倉を知らない人物」が強大な権力を有する警戒のためであったと指摘する。また外に備えるために設置された「鎮西探題」と、本来「夷」を征討する意味で任命された「征夷大将軍」の居場所（＝鎌倉幕府）の根源的な相似性を提示する。

以上、大雑把に概観した。諸分野の成果を意識しつつ、内外的視点から都市鎌倉の解明を試みる本書は、鎌倉の実態を理解する上で注目される文献となるだろう。本書により、中世都市鎌倉の解明が進展することを期待したい。

（松吉大樹）

新刊紹介

池享・櫻井良樹・西木浩一・吉田伸之編

『東京の歴史1 通史編1 先史時代〜戦国時代』

吉川弘文館 二〇一七年一〇月刊 B5判 一五六頁 二八〇〇円(本体)

本書は、「通史編」三冊・「地帯編」七冊で構成される『みる・よむ・あるく東京の歴史』シリーズの『通史編』一巻であり、先史〜戦国時代を叙述している。

第一章「地形と自然」では、東京の地盤・地形の特徴を取りあげる。東京は、西部の関東山地と南部の多摩丘陵、東部は武蔵野台地と東京低地によって構成されている。この地形は、近世の都市建設過程において、特に東京低地帯は開発などを通じ大きく改変する。本章では、この東京の地形を形成する海(東京湾)、隅田川など河川の状況や地層からその歴史に与えた影響を読み解く。

第二章「領域と地域」では、古代から近世までの住民の生活単位である「ムラ(村)」と「チョウ(町)」、国家や公的権力の枠組みである「国」や「郷」「領」などの領域の成立や特徴を探る。本章では、中世村落遺跡や「葛西御厨注文」の分析などから、当該地域における「地域」の形成が、大地と低地の構造や河川の影響など地理的地形的特質を内包して形成され、上部権力によって「領域」として成立する過程を説明する。

第三章「原始古代・中世前期」では、江戸以前の時代を二章に分けたうち、鎌倉末期までの時代を取りあげる。本章では、東京の中世前期の歴史的展開について、武蔵国府の置かれた多摩地域と、縄文海進によって形成された東京低地に展開する武士や「都市的な場」の存在について解説する。特に、浅草寺や隅田宿などの「都市的な場」の形成が、東京低地のもつ地形的特徴ゆえに生まれた水陸交通の要衝という性格に規定されたこと、江戸氏などの武士団の特質はこうした地域的特徴を掌握した点にあることが説明されている。

第四章「室町・戦国期」では、南北朝以降戦国末期までの歴史を解説する。関東における戦国時代の到来は、京都に先んじて享徳の乱を契機とする。本章は、鎌倉府の成立から享徳の乱を端緒とした戦乱の時代が後北条氏の関東進出を招き、領国化していく過程を在地武士の動向から説明している。こうした戦乱状況や後北条氏による領国化は街道の整備や市宿の開設を促し、また、品川を玄関口とした江戸湾交通の要衝という性格も加えて、江戸を中心とした交通網が整備され、やがて江戸は関東の要として発展する。そして、この後北条氏の整備した江戸が、のちに百万都市として膨れ上がる、徳川氏による江戸城と城下の形成の基盤となったことを説明する。

本書の特徴のひとつは、序章に述べられているように「地帯」という概念を用いたことにある。「地帯」とは、すなわち、国家と在地をつなぐ中間権力によって束ねられた諸地域のまとまり、いわば知行の最小単位であり、そこに暮らす在地の武士や民衆を「ふつうの人々」として、彼らの視点から地理的環境に規定された東京の歴史を捉えなおしている。

そして、もうひとつは、東京低地をひとつの軸として近世以前の東京の歴史を叙述したことである。東京低地は武蔵国と下総国の境界領域であり、河川と内海による水上交通網と古代官道や鎌倉街道などの陸上交通網の交差する地帯である。本書では、こうした地域的特徴から、後背する台地部と内海からの情報の入口の結節点として東京低地を再評価する。

東京の南部地域は、中世末から近世初期の開発や河川の付け替えによって地形的にも大きな変化を遂げており、近世以前の景観や歴史の具体像を探ることは困難を極めている。しかし、この二〇年ほどの間に、自治体や博物館による史料集の刊行や展示会、シンポジウムの開催などによる多くの研究成果が蓄積され、東京低地の研究は飛躍的に進んだといってよい。本書は、残された資料の少ない東京という地域において、地理的手法や考古資料、文献資料などさまざまな資料とともに近年の最新の研究成果をビジュアルとともに提示している。特に地形の復元については、関東大震災後の地質や地層調査の成果から、近世には消滅する江戸前島の存在が理論的に説明されている。中世東京の地域史とともに、失われた「地域」の実態を理解するうえでも貴重な一冊であるといえる。

(小山貴子)

新刊紹介

松本良太著

『武家奉公人と都市社会』

校倉書房　二〇一七年一二月刊

Ａ５判　三六〇頁　一〇〇〇〇円（本体）

本書は二〇一六年に逝去された日本近世史研究者・松本良太氏の遺稿論文集として刊行された。松本氏は、近世の巨大都市や身分に関する研究が飛躍的に進展した一九八〇年代以降、主に江戸の都市下層社会・藩邸社会の研究に携わり、大名藩邸や旗本屋敷に抱えられた武家奉公人の存在形態とその供給構造を精力的に明らかにされた。本書には、そうした研究活動のなかで発表された論文のほか、蒐集された史料群の紹介や解説、未成稿の研究報告レジュメ（「史料研究ノート」）などが収められている。

全体は全三部で構成され、第一部には研究の中核をなす武家奉公人についての論稿が収められている。まず第一章「江戸屋敷奉公人と抱元」（副題略、以下同）では、信州など周辺諸国で活動した「抱元」と呼ばれる武家奉公人斡旋業者の存在形態が詳細に明らかにされている。近世中期、多くの領主の江戸屋敷では番組人宿を通じた市中からの供給に加え、上総・信州などの抱元を通じた確保が開始される。抱元は広域のネットワークを形成し、権利を「株式」として物権化することで請負先の動向をも制約した。そうして供給された奉公人は、部屋頭による統轄のもと、屋敷方の支配・管理から自律した独自の領域を形成していく。第二章「藩邸社会と都市下層社会」は、江戸藩邸の奉公人雇用について、町方社会に展開する人宿・請負人の活動や社会関係を解明した論文である。一八世紀前半、江戸では「番組人宿」が結成され、組合を通じた取締りが開始されるが、実際には非公認ながら大勢の寄子を抱える「素人宿」が存在し、組合人宿とも相互依存的に寄子融通を行う関係が形成された。さらに藩邸内で各部屋を統轄する部屋頭らは形式的には人宿など町方請負人の従属下にありつつ、実質的にはその支配からも自律して奉公人を管理するようになり、藩邸社会内に武士身分の社会とは異質な独自の奉公人世界（「部屋的構造」）を形成したと見通している。第三章「長州藩江戸屋敷と『御国者』奉公人」は、江戸における「日用」層の循環・滞留の契機を藩邸側の対応も含めて分析した論稿である。長州藩では、参勤交代が恒常化した貞享期以降、主に家中奉公人が江戸での継続奉公を望んで藩邸から逃亡し、町方の人宿などを請人として新たな奉公先にありつく事例が増加したこと、藩邸に還流した逃亡者の処罰では、幕府の無宿取締政策の変化と関わって非人頭へ引き渡されたことなどが指摘されている。第四章「人宿」では、一九世紀江戸の番組人宿の展開について、人宿の従属下で下請を担う日用請負人や部屋頭層など多様な業者を組合に編入することで構成員が増え、幕末の幕府軍制改革で番組内から歩卒請負人頭取や町兵頭取が任命されて公的な職務・権限として位置づけられるまでの変化が論じられている。

第二部には、松本氏が千葉県史編纂の活動に関わるなかで蒐集された上総抱元関連史料の紹介・解説と、その成果にもとづく叙述（第五章「上総抱奉公人と抱元」）などが収録されている。なかでも「上総抱元日記」や「上総国奉公人抱方為取替規定」などは、上総抱元の活動実態を詳細に示すきわめて興味深い史料である。また叙述を通して、地域社会における抱元の担い手や、百姓の家にとっての抱元請負の意義、請負の具体的な契約内容、房総地域に領地を持つ諸大名・旗本などによる領外出稼ぎ規制への対応など、江戸近国の在方地域における百姓と日用労働との関係が詳細に示されている。

第三部には、武家奉公人論を踏まえて新たな展開を拓いた論稿として、旗本の「家」の構造を通じて近世後期の江戸下級武家社会の特質を解明した第八章「近世後期の武士身分と都市社会」や、日本近世国家のあり方を比較史的視点からどのように分析すべきかを提起する第九章「日本近世国家をめぐる議論をふりかえって」などが収められている。

このように本書には「日用」層を中心とする江戸の下層社会・藩邸社会の実態やそれを伝える貴重な史料群、日本近世史の課題や展望などが数多く示されている。それだけに著者が道半ばで亡くなられたことが悔やまれるが、読者それぞれがその視角と方法を学びとり、各地の一次史料にもとづく研究を進展させることが重要であろう。

（齊藤紘子）

新刊紹介

川村由紀子著『江戸・日光の建築職人集団』

岩田書院　二〇一七年十一月刊
A5判　四二三頁　九九〇〇円(本体)

本書は、巨大都市江戸の研究において、これまでほぼ空白域であった職人と職人集団に関する実証研究の力作である。まず本書の構成を紹介しておこう。

序章「江戸の職人集団」ではまず研究史を丁寧にフォローし、一七・一八世紀における江戸やその周辺の「諸職人の歴史像を具現化する」という本書の課題を明示する。その内容は、①江戸の諸職人の存在形態の具現化、②幕府作事方と職人集団との関係構造の解明、③職人集団の構造と「自治」の性格の検討、の三つである。

第一部「元禄期における江戸の職人層と都市構造」では、幕府作事方大工頭鈴木修理の記録に残される諸職人人別帳を素材に、その精細なデータ分析を踏まえ、寛永寺門前の諸職人の存在形態、また江戸寺社地全体、さらには代官支配地における諸職人の分布とその存在形態の特質を明らかにする。続く第二部「享保～宝暦期における幕府寺社工事と作事組織」では、大棟梁甲良若狭などが記した寛永寺中堂修復に関する作事方史料に基づき、近世中期の作事方大棟梁と町棟梁、さらには幕府作事方の組織や御用職人の位置と身分の特徴を考察する。さらに第三部「宝暦・明和期における日光棟梁と江戸方」では、新たに見いだされた日光の大棟梁荒川家に残された日光東照宮の修理関係の記録から、工事の実態や日光棟梁仲間の構造を解明し、併せて仲間の訴願運動や自治的性格について論ずる。そして終章で、冒頭に掲げた課題に対応する形で、第一～三部における職人集団に関する多面的な検討の成果をまとめ、「近代への萌芽」を見通す。

本書の何よりの魅力は、新たな史料の発掘、あるいは再発見による、オリジナルな考察が随所に充ちている点にある。新たな研究の地平とは、まずもってこうした新史料を基礎にもたらされるものであることを、改めて思い知る。

本書は、全体として研究史に相対する誠実な姿勢が一貫して見られ、同時に自己の研究をどこに位置づけるかを明示する点が心地よい。そして本論の主題と大きく関わる建築史分野の研究史にも、かなり踏み込んで検討を加えている点も注目される。また、論点のメリットとして、特に扶持職人(御用職人)と町方職人との関係について、かなり明確にした点は重要な貢献である。この点は、かつて拙論で大まかな見通しを述べたことがあるが(吉田『伝統都市・江戸』8章、東京大学出版会、二〇一二年)、本書は、この両者の連結と相剋、町大工集団による前者の圧倒という過程を、一方で、職人の在り方と深く関わる幕府作事方の変容過程と照らし合わせながら精緻に明らかにした点が特筆されよう。

若干の疑問、あるいは注文として、的外れかもしれないが、三つほど述べておきたい。第一は、諸職人の身分をどのように捉えるかという点で、曖昧さが残る点である。氏は諸職人を主に武士と町人との狭間に見ようとしているようだが、職人自体を、身分社会における固有の身分として捉える視点が弱いのではないか。この点は、職人における所有—それは身分的所有、すなわち用具所有の問題であるが—が他の諸身分とどのような点で差異を有すと考えるか、に関わる。第二は、江戸の諸職人の性格を、もっぱら幕府作事方との関わりで検討する点が気になる。特に、町大工の性格を考える上で、町方社会の中にどのように定位したかが重要な検討課題として残されているのではないか。第三に、本書で検討される諸職人は、もっぱら親方、あるいは棟梁レベルに限定されている憾みがある。江戸の諸職人の場合、その周縁部分、例えば本書でも触れる旅人や出居衆の外に、職人の弟子、手間取り、手伝、あるいは異種の職人との関係の有り様、さらには、鳶—日用との関係などについても併せて検討を加えるべきであろう。

とはいえ、本書は近世職人研究の新たな水準をもたらした重要な貢献であり、都市史、建築史、技術史、あるいは身分(社会)論、幕府職制論など、広い分野に関わる必読の業績となったことは間違いない。

(吉田伸之)

新刊紹介

渡邊大志著

『東京臨海論

――港からみた都市構造史――』

東京大学出版会　二〇一七年二月刊

A5判　三八四頁　五四〇〇円(本体)

本書は、港湾に立地する倉庫群の配布に着目することで巨大都市東京の都市構造を明らかにしたものである。

一般に倉庫とは貨物を保管、貯蔵する施設のことを指すが、本書では都市の資本をストックするものと定義しており、空コンテナや質量を伴わない商品(電子書籍など)を保存管理するコンピュータの施設までを含めて考察の対象としている。倉庫を広義に捉えることで、近代化により港湾空間が大きく変容する明治期から二〇〇〇年代初頭までの東京湾の都市構造を解き明かすことに成功している。

序章「東京港という舞台」では、東京港の都市構造を捉える上で従来の埋立て年代による時代区分よりも性質から分類すべきとして、その因子が倉庫群であると説く。そして著者の関心は、倉庫の「配置」ではなく「配布」にあるとし、「配置」に至るまでの過程に見出される企図にあるとしている。

第1章「築港理念の頓挫と再生」では、最初に明治期の築港概念を三つに分類し、次に直木倫太郎による隅田川河口改良工事に焦点を合わせて、従来の研究では評価の低かった同工事を現在の東京港の骨格を形成する過程として再考する。明治期の河川工事により権益の境界線が陸海の水際線となった経緯を示し、それが港湾法にも適用されて海岸線が境界線となったことを明らかにしている。このことにより都市と港湾が分離される状況が生じ、東京港の築港が頓挫した理由の一側面であると説く。そしてこの水際線を再編集する契機となったのが次章のコンテナリゼーションの導入であったと論じている。

第2章「コンテナリゼーションの地政学と近代倉庫の配布」では、一九六〇年代から一九七〇年代前半を対象として、わが国初のコンテナ専用埠頭となる大井埠頭の新設過程を詳述している。最初に港湾行政改革に着目し、従来の水際線を境に分業化された在来埠頭の輸送システムから、コンテナ船と岸壁を一体に管理・運営する輸送システムへと移行される過程を辿る。その結果、東京港は、在来船による荷役体制の整った横浜港と比べて、コンテナ化に適応しやすい状況にあったことから、国際港へと大きく飛躍することができたと論じている。次に大井埠頭の後背地を対象として、埠頭新設前後の都市構造を分析している。

第3章「世界都市概念の根本」では、コンテナ化以降に提唱された臨海部における空間像の変遷を言説史から辿っていく。一九八〇年代の東京論を三つに分類し、ジャーナリズムからアカデミーを経て、最後に行政内部において港湾空間が都市空間に捉えられていく過程を検証する。だが世界都市博覧会の中止によって臨海副都心構想が頓挫し、青海埠頭に再び港湾機能を復活させたことが結果として新たな世界都市概念を生み出すことになったという。

第4章「倉庫の配布による都市の再編集」では一九九〇年代以降の青海埠頭を対象に、大井埠頭とは異なる港湾の近代化を論じている。港湾機能の近代化をコンテナ化、在来船と特殊船業務の合理化、都市倉庫のオンライン化の三つに整理し、これらと第3章の都市空間化が一体となった場所が青海埠頭であると説く。その結果として青海埠頭の空間構成は、南部の西岸にコンテナバース、東側に在来船バース、そして北部に商業施設の並ぶ配置となり、この埠頭空間が第一航路を挟んだ大井埠頭と対岸に構えることで東京港の空間的骨格が定められたとしている。

終章「都市の領域・埠頭空間・倉庫」では、本書の内容をまとめた上で、倉庫群の配布で示される都市構造は、都市の領域やその定義を規定する重要な因子であると結論づけている。

最後の附章「〈みなと〉からみた都市の姿」では、既成市街地との関係から埠頭の類型化を試みており、本書のキーワードである倉庫の定義やその分類についての説明もされている。

倉庫群の配布から多様化する現代までの東京港の都市構造を解明した本書は、新たな東京論を切り開く良書といえるだろう。また著者は建築デザインを本業とする立場から執筆している点も本書の特色として挙げられ、都市デザインや建築設計に携わる方々にも一読をお薦めしたい。

(石渡雄士)

新刊紹介

中川理編

『近代日本の空間編成史』

思文閣出版　二〇一七年五月刊
A5判　五四八頁　七八〇〇円（本体）

本書は、「建築史・都市計画史が中心となっているが、土木史や造園史、歴史学、地理学などさまざまな領域の研究者」（「あとがき」より）が参加する研究会の成果として編集された。学際的アプローチに重きをおく研究会の姿勢は、都市に係る異分野・多分野の研究者のプラットフォームをめざす都市史学会の姿勢に通じるものがある。また、構造物よりも事業に注目しながら、都市基盤の歴史を日本の近代史に位置づける、という方針にも共感する本学会関係者は多いのではないだろうか。

本書に収められた論考の主題は、「市区改正、軍都、災害復興、風景・風致、土木技術、さらには洗濯場など」（「序章」より）多岐にわたる。執筆者は一八名におよび、本全体を貫く論の展開や、学術的な体系性はないものの、基盤史研究の可能性を考える上での貴重な手がかりがいくつも提示されている。ここでは、それらのうち土木史研究または文化財保護の観点から興味をひいた点を三つ紹介したい。

まず、社会基盤形成の計画段階ではなく、事業実施の過程に焦点をあわせている点。東京市区改正事業における建物移転の実態を分析した松山恵の論考がそれに該当する。実現に長い年月を要する社会基盤施設については、その計画の成り立ちや思想を扱う歴史研究がほとんどで、事業実施の実情を分析するものは少ない。一方、この種の研究は、公共事業の新たな計画論構築に寄与する可能性がある。かつて、大型公共事業が各地で展開した一九九〇年代、事業評価研究の一環として、土木史分野でも事業実施の経過を検証する研究の必要性が唱えられたことがあった。残念ながら、その研究の輪はあまり広がらなかったが、本論考が示す通り、事業実施の実態を分析することは、事業と市民との関わりを探ることでもあり、そこには従来の事業者本位の計画論ではなく、多様な主体が関わる新たな計画論構築の種があると思う。ただそれを実現するには、歴史研究の枠に留まることなく、計画学の研究者との連携が必要となるであろう。

第二に、基盤形成と政治との関わりに注目している点。編者の中川理は、土木事業と地方政治の政治過程との間に介在する関係性の解明が、研究会の最も重要な研究課題になっていったと序章で述べている。確かに政治は、社会基盤施設または公共事業の本質に関わる問題で、近年も明治中期の治水政策を政治的地域間統合の問題として分析した「全国政治の始動」（前田亮介）などの新たな成果が生まれている。本書では、軍都金沢の都市整備（本康宏史）、神戸背山の開発（山口敬太）、広畑の工業地開発（中野茂夫）、三陸漁村の災害復興過程（青井哲人・岡村健太郎・石榑督和）などをめぐる、国、県、市、企業、地元住民の動きが分析されている。中でも、一九三〇年代からの地方における都市整備の実態を、国策と関連付けて論じた後者二篇は、国土計画の名の下に、政治化の傾向が強まる戦後公共事業の流れを検証する上で、貴重な視点を提供している。

最後に、技術者研究について。これまで土木史分野における技術者研究は、帝大出の土木技師の分析が中心であった。しかし本書では、水力発電所建設で重要な役割を果たした電気技師・森田一雄（谷川竜一）と、中央政府での指導的役割ではなく、現場の最前線で河川整備や都市計画事業を推進した土木技師・梶山浅次郎（木方十根・味園将矢）という、従来基盤史研究において、ほとんど無名だった技術者を取り上げている。いずれも、主な活躍の場が植民地であり、よりグローバルな視点から日本内地の基盤整備を見ることができた、という共通点もある。この種の研究は、都市や国土の歩みをモノからたどる文化財分野にとっても貴重である。特に、技術者の具体的な足跡から、戦前日本で高度に発達した技術や設計論が、戦後開発にどういかされたのか明らかにする研究が蓄積されることで、現在文化庁が進める戦後建造物の指定・登録が、より充実したものになっていくものと考える。

以上、個人的関心に導かれるままに紹介を行ったが、別の読み方も可能であろう。いずれにせよ、基盤史研究の現状と今後の可能性を知る上で、今読んでおくべき本だと思う。

（北河大次郎）

新刊紹介

巫仁恕著
『劫後「天堂」—抗戦淪陥後的蘇州城市生活—』

国立台湾大学出版中心　二〇一七年七月刊
A5判　三一二頁　新台幣三二〇元

日中戦争時期の蘇州に関する専著である。題名は、大災厄の後の「天国」というような意味であろう。有名な中国の俗諺では、蘇州の素晴らしい繁栄を指して「天国」に比肩すると称する。著者によれば、当時の定期刊行物のなかに「劫後天堂」という表題の文章があり、日本軍に占領されてからの蘇州の惨状を描写しているという（序v頁）。副題の「淪陥」とは、外国軍の占領下におかれるという意味である。

本書が主題とするのは、一九三七年一一月に日本軍の侵攻を受け、その後、対日協力政権のもとに置かれた蘇州の社会生活なのだが、極めて特徴的なのは、茶館・菜館（料理店）・旅館・煙館（アヘンを吸わせる店）という四種のサービス業に注目することで、当時の社会状況を分析した点である。

著者は、これまで明清時代の江南都市社会について、特に消費生活を軸として研究を進め、『優游坊廂—明清江南城市的休閑消費与空間変遷—』（中央研究院近代史研究所、二〇一三年）などの成果を挙げてきた。今回の本書が、茶館・菜館・旅館・煙館の「四館」に焦点をあわせるのも、消費を手がかりとして都市社会史研究を続けてきた著者の面目躍如たるものがある。

本書はまず第一章で、二〇世紀に入ってからの蘇州の都市空間の変化について説明した後、「四館」にも新しい要素が加わったことを概観し、第二章では、日本軍が蘇州に侵攻して以降の政治・社会状況を確認する。そして、第三章では茶館、第四章では菜館、第五章では旅館、第六章では煙館について、日本占領時期の経営の有様を論じていく。

蘇州が侵攻されたあと、秩序がある程度回復していくと、これら「四館」は大いに繁栄するに至った。これが本書における最大の主張である。すなわち、余暇の娯楽を提供するサービス業はその集客を誇り、大いに利益を上げていたことになる。

その理由についても著者は考察を進める。まず、蘇州は治安が比較的安定して物価も上海より安く、また南京と上海の間にあって交通が便利であったことや商品の重要な集散地であったことなどから、就職・商売の機会や安全に暮らせる場所を求める人々が蘇州に集まって来た。また日本軍侵攻時に避難した元々の住民も戻ったし、また江蘇省政府が蘇州に移転して来て、有力な消費者を増やした。

しかし、著者の分析はそれにとどまらない。このような「四館」における消費の盛行は、戦時にあって現実から逃避しようとする社会心理と関係があることが指摘される。このような心理は蒋介石側の国民政府のあった重慶においても共通しており、明日をも知れぬ状況において消費が大いに活発となったのである（二六七頁）。

そのほかにも、汪精衛の政権等の性質を人々の生活の視点から論じるといった重要な論点も含まれている。本書は、日中戦争の社会史的な研究として、重要な貢献をしたと評価できるだろう。

本書は、文書史料としては、蘇州市檔案館に所蔵される蘇州商会檔案を利用している。しかし、むしろ本書の生き生きとした叙述と丁寧な分析を可能にしているのは、『蘇州新報』や『江蘇日報』といった当時の蘇州で刊行されていた日刊新聞である。著者はむろんこれらの媒体が対日協力政権の統制を受けており、政権の宣伝も相当に含まれていたことを意識しているが、しかし記事に描かれている社会現象は決して虚構ではないと指摘している（一〇頁）。本書を読む限り、その点には説得力がある。

本書では、日本軍占領後の「四館」の繁盛を「畸形繁栄」と見て論じている（二五七頁）。私が最も気になったのは、この「畸形」の語である。この表現は当時の報道記事にも見え、同時代的に「畸形」という評価があったことは疑いない（一頁）。また、著者は、刹那的な社会心理のほか、貧富の格差の増大などの経済状況も指摘しており、外国軍の占領下という特殊な政治環境も念頭に置いて、今日の視点から「畸形」と言っているのであろう。確かに私も何となく特異な状況のもとでの消費活動のように思うが、それならば健常な消費活動とは如何なるものかという問いに私は答えることはできない。著者と議論してみたい点である。

（吉澤誠一郎）

新刊紹介

加藤圭木著

『植民地期朝鮮の地域変容 ―日本の大陸進出と咸鏡北道―』

吉川弘文館　二〇一七年一月刊

A5判　二八〇頁　九五〇〇円(本体)

本書は、植民地期朝鮮の咸鏡北道を対象に、日本の港湾開発等の諸政策について、その支配の矛盾をはらんだ地域の社会変容を扱う研究書である。咸鏡北道は、朝鮮半島北東に位置し、ロシアと中国に国境を接する。以降に本書の内容を紹介する。

序章では、地域史かつ帝国史という、複合的視点から地域変容を描き出すこと、すなわち日本側の政策の植民地性を見出しつつ、地域社会のもつ多面的な影響関係から、独自の地域像にせまるという、研究の視角が示される。

第一部「咸鏡北道の変容と朝鮮植民地化」では、一九世紀末から満洲事変までを対象とする。

第一章「近代の咸鏡北道」では、植民地化以前における交易から、地域の経済的特質を検討する。当該地はロシアとの貿易で活性化したが、日本の経済的進出は他地域と比べ進展していなかった。

第二章「日本の朝鮮侵略と清津港」では、日露戦争以降、日本の港湾・軍事基地建設の展開と、それが周辺地域に与えた影響を検討する。清津港の総督府による民有地の買収では、地域社会と摩擦が生じた。また、総督府は大韓帝国の官有地を強制的に払下げし、私企業によって天図鉄道(一九二四年全通)を敷設した。羅南の軍事基地建設では、人口が増加したものの、それは一時的に過ぎなかった。

第三章「日露戦争後の咸鏡北道」では、交易ルートから、地域社会の問題を明らかにする。清津港では、鉄道整備により日本人の交易が強化された。開港場の城津港は、地域経済との結びつきが強かった。また、対日移出の進展が地域の農家経営に影響を与えた。そうした日本人の経済進出に対して、在来の人々は、格差意識や対抗意識を示していた。

第二部「せめぎ合う漁村と『開発』―一九三〇～四〇年代の羅津」では、軍事都市の羅津を中心に満洲事変以降の開発政策と社会変容を考察する。

第一章「行き詰まる港湾都市『開発』」では、満洲国国有鉄道の終端港として日本側に注目された羅津の開発政策を検討する。一九三四年、羅津では、朝鮮半島で最初の市街地計画令が告示された。その開発では日本人が土地投機したために、土地価格が高騰した。その土地所有の大半は、不在地主であった。土地区画整理事業では、地主に負担金を要請したが、それらの地主が土地を貸渋りしたことで、工期が遅延した。また、総督府は、在来住民に強権的な住宅撤去を断行した。しかし、高額な移転費用が問題となり、零細な人々は転出できなかった。開発を促進するための住宅撤去は、市街地開発の停滞を招く要因となった。その後、羅津は、市街地化が進展せず、中心部の空洞化が進んでいく。

第二章「地域の有力者・産業からみる社会変容」では、羅津の地域変容に関して、地域有力者の存在に注目する。終端港決定以降の羅津では、府(邑)レベルの朝鮮人地域有力者が台頭し、洞レベルの有力者の地位は低下した。対して、開発が進展しても、そうした政策には取り込まれない、漁業を基盤とする朝鮮人の地域社会が存在した。

第三章「戦時体制と港湾・漁村」では、日中戦争以降を扱う。一九三〇年代半ば羅津では、満洲国の鉄道(図佳線)が東北満洲と接続されると、対ソを意識した関東軍の開発政策が策定された。総督府は、現地社会を無視した開発を進めた結果、羅津は人口が減少し、中心部が空地になり、かつ労働力が不足しており、開発自体は依然として進展しなかった。対して、一九三〇年代の羅津には、漁業の隆盛を背景に、朝鮮人を中心とした地域社会への志向がある。

終章では、政策の矛盾を見出しつつ、開発政策には収まらない、地域社会における人や物の移動というダイナミズムを捉えることで、在来の社会にある主体性や独自性に迫ることの重要性を提示する。

以上、本書の内容は、社会史、経済史、都市計画史等に共有される視点をもつ。とりわけ、植民地行政の開発政策が、地域社会に与えた影響を浮かび上がらせる複合的視点に注目したい。それは市街地計画令の開発政策の分析に遺憾なく発揮される。そうした本書の視点は、同じく植民地支配下にあった、地域史あるいは都市史研究に比較の視座を与えてくれる。

(砂川晴彦)

新刊紹介

伊藤毅・フェデリコ＝スカローニ・松田法子編著

『危機と都市　Along the water』

左右社　二〇一七年一月刊

A４変形判　二二四頁　三七〇〇円（本体）

本書は日本とイタリアにおける災害の歴史を比較都市史的観点から捉えることを目的に、二〇一二年にフィレンツェ大学で開催された国際シンポジウムなどをもとに新たな論考を加え編まれたものである。「Ⅰ時間――危機の都市史」「Ⅱ領域――危機と居住」「Ⅲ文化――共存と再生」という三部からなる。

Ⅰは「危機と都市」という序論に加えローマ、京都、ミラノといった代表的都市を取り上げ、長期スパンから災害と都市形成の双方向的な関係を辿る。序論では編者の伊藤毅氏の荒川区汐入調査以来の問題意識の系譜と危機都市論の構想が述べられる。氏が提起する領域史について現時点で最もまとまった形で読める論考でもある。以下、古代ローマの都市構造がテヴェレ川の洪水に規定され現在の都市開発に反復されていること、平安京・京都の通史的な災厄から歴史都市というアイデンティティ自体が本来的な危機をもたらしてきたこと、川のない内陸都市ミラノが古代以来の水路整備で大陸と地中海の中継港となり二〇世紀に終焉を迎えたことが指摘される。

Ⅱは時間・対象地をやや限定して貞観地震、トスカーナ、新潟・蒲原平野を取り上げ、空間的広がり（領域）から災害と居住の詳細な実相を明らかにする。考古学から見た貞観地震・津波の実態と復興過程の最新知見、都市化の進んだ中世トスカーナで堰や水車といった人々の営みが洪水をもたらしそれが受容されてきた様子、近世日本の氾濫原で新興集落が微地形別に形成され、水との関係の下で社会・空間の単位が形作られてきた様子が明らかにされる。

Ⅲはナポリ、北イタリア、パドヴァ水系、アジアの水都を取り上げ、災害の度に再生する都市と都市文化を重層していく地域を論じる。噴火と地震がナポリの都市開発と風景をいかに規定し災害への諦念をもたらしたか、北イタリア平野の水系と都市の社会経済活動上の密接な関係と文化創造、ヴェネツィアと本土側のパドヴァの相克のなかで水系が開発され水害がもたらされた様子、日伊比較の媒介項としてアジアの居住と水の複層的なあり方が示される。

「危機と都市」論考が述べる本書の主張は二点にまとめられる。第一に都市は危機を内包するという点、第二に都市の危機は領域の視点からでなければ読み解けないという点である。我々は危機を外から襲うものと思い込みがちだが、危機は技術や社会、政治といった人為が介在して初めて発現するのであり、都市の内側から生成する危機こそ問題だと本書は指摘する。危機を問うことは都市自体を問うことなのであり、同種の議論を行う際には不可欠な視点であろう。次に本書は危機を都市固有でなく、人間の居住域と不可分な領域の問題と述べる。ここでの領域とは単に都市を超えた水平方向の広がりではなく、政治・経済的圏域や、地下や天空といった垂直方向の広がりを含む概念とされる。本書は都市史に代わる領域史という枠組みを措定し、無自覚に都市の存在を前提としがちな都市史研究に対する鋭い批判となっている。ただ都市（の危機）を規定するものとして領域を位置づけるならば領域史は都市史に代わるというより都市史を構成するものとも言える。領域史は自立するものなのか都市史の一分野なのか。都市史というカテゴリを脱構築する視角が打ち出された今、我々がそれをいかに引き受け、具体的な研究として応答していくかが問われている。また本書でも京都の論考が都市のアイデンティティという視点から危機の規定要因を考察しているように、都市史の立場から危機自体を再考することも依然として大きな課題であり続けているように思われる。

近年の災害をふまえ即地的な教訓を得ようとする歴史研究や史料・建物の保存運動が多数行われてきた。本書はどちらとも異なり、自明に思いがちな都市と危機の関係を歴史的に問い直すものであり、アカデミズムの一つのあるべき姿を示す真摯な作業である。都市史だけでなく歴史地理学、考古学といった日伊の専門家を包摂し、歴史的時間、領域史、文化構造論として配置する構成に、新たな研究視角が切り出される瞬間に立ち会うような知的好奇心を掻き立てられた。対象都市周辺の水系と領域を可視化する扉絵の地図や全文を日英表記した翻訳作業への尽力も特筆しておきたい。

（初田香成）

新刊紹介

深沢克己著

『マルセイユの都市空間
―幻想と実存のあいだで―』

刀水書房　二〇一七年六月刊
四六判　二〇〇頁　二〇〇〇円（本体）

フランスを代表する商港マルセイユは、地中海貿易の要衝として長い歴史をもち、スエズ運河開通からおよそ一世紀にわたってヨーロッパの表玄関となった。近代日本との関わりからみても、ここではじめて欧州の地を踏んだ、あるいはそこから帰途についた人々は、岩倉使節団から遠藤周作、小澤征爾といった戦後の留学生まで、枚挙に暇が無い。だがそれほど縁の深いはずの都市について、日本語で書かれた文献は少なかった。この街について語るべきことがないためではない。むしろ、書くべきことが多すぎたのだ。

万華鏡のような波瀾に富んだ都市史への第一歩として、本書をひらいてみよう。古代から現代まで、とりあげられる話題は幅広い。ごく一部を紹介すると、古代ギリシア人によって建設された都市の起源（第一章）、中世に一時的とはいえ獲得された自治独立（第二章）、近世フランス王権のもとで導入された自由港制度と、その内実にみられる二律背反（第三章）、一九世紀のマルセイユが「東方の門戸」として世界貿易港になったとき、大量の移民がもたらした変化（第四章）、たびかさなる都市計画の蹉跌を越えて、あらたに芽生えつつある希望（第五章）、等々。

とはいえ本書は、単調な編年体で記述された概説ではない。マルセイユという都市をめぐって、時間と空間、表象と実体（著者の表現では、幻想と実存）のかかわりが工夫をこらして論じられる。いいかえれば読者は、一つの具体的な場所を参照点として、歴史記述の方法的省察へと誘われる。以下、三つの論点に絞って紹介したい。

第一に、空間について。題名にもあるように、本書を貫くのは都市空間への関心である。右にあげた政治、経済、社会の変動は、都市の空間構成とのかかわりにおいて考察され、豊富な図版とともに市壁内外の建築、街路、広場などが分析される。そしてさらに、内陸と海洋という広がりのなかで、両者の「界面」となる都市の役割が論じられ、ヨーロッパを越えた世界史的視野が展望される。

第二に、時間について。それぞれの章では、ある時代の出来事と、後世の人々がそこに新たな意味を見出していく過程とが並行して記述される。たとえば第二章では、一三世紀のマルセイユが自治共和国となった経緯が解説され、つぎに、そうした過去が一九世紀の歴史学によって解釈され、近代民主主義の先駆と位置づけられた事実が述べられる。これはもちろん、ある時代の価値観を過去に投影したアナクロニズムの一例だが、著者の議論は、創られた伝統だけを強調するわけではない。

第三の論点である「幻想と実存」との関連において、たしかにマルセイユには、自由でコスモポリタンな都市という自画像があった。それは、近代の構築物であるというだけでなく、地理のなかに埋め込まれた、持続的な特質でもあった。本書の眼目は、その二重性を解き明かすことにある。地勢によって内陸と切り離された都市国家は、東方とのつながりによって後背地に対する文化的他者性を保持する。そうした「歴史的運命」は、古代都市のなかにすでに宿されていた。

美観無き都市という否定的なイメージについても、同様のことがいえる。たとえば一九世紀後半、オスマンの都市改造の時代には、マルセイユでもパリに倣った大規模な造成が計画された。しかし、折衷様式の新街区も巨大な聖堂も、いずれもが都市の風景になじまず、地元の人々から失敗として記憶される。著者によれば、これは、中央の政治権力と地方の港湾都市との長きにわたる軋轢が、一種の「文化闘争」として表出した結果であった。

長い時間に根ざした物理的な現実と、先入観やイデオロギーに結びついた表象とは、どのように一つの歴史を作ってきたのか。本書は、マルセイユの他者性という視点から丹念に読み解いていく。二千年を超える都市空間の変遷、数十年から数百年かけて変化していく心性と社会構造、そして、著者自身が歩き、体験してきた町の息吹。いくつもの時間がそれぞれ声部となって、ポリフォニーを奏でるかのようだ。

（工藤晶人）

新刊紹介

大橋竜太著『ロンドン大火―歴史都市の再建―』

原書房　二〇一七年八月刊　A5判　三〇〇頁　二八〇〇円(本体)

本書は、建築史家として歴史的建造物の保存や修復、災害からの保全にこれまで携わってきた著者が、一六六六年に発生したロンドン大火の後に行われた再建の歴史的、建築史的意義を考察したものである。

第一章「ロンドン炎上」では、先行研究や同時代記録であるサミュエル・ピープスの日記に基づきながら、ロンドン大火の経過が描かれる。第二章「大火の原因と都市の問題点」では、大火の原因に関してその直後に飛び交った陰謀説、ロンドン・ガゼットに掲載された中央政府の公式見解、一七二〇年出版の『ロンドン概観』による分析を検討した後、都市構造や消火活動の実効性の点で大火前のロンドンが有していた問題が論じられる。第三章「再建へ向けて」では、大火発生前の時代状況が概観され、人口増に伴う建物の密集、大気汚染、衛生などの問題をロンドンが抱えていたことが確認される。同時に、グレシャム・カレッジや王立協会を拠点に実学としての科学が追求された時代にあって、ロンドン再建にも科学的思考法の影響が及んだのでは、との問いかけがなされる。第四章「都市再建への希望」では、ロンドン大火後に提示された五つの都市計画案を紹介した上で、ヨーロッパ大陸で流行していたバロック様式を取り入れたクリストファ・レンの案も含めそれらがいずれも採用されなかった原因として、国王とロンドン市民がともに都市問題の改善と同時に経済活動の迅速な再開を望んでいたことが指摘される。第五章「再建の始動」では、大火直後におけるロンドン市、国王、枢密院、議会の動きを検討し、再建の実現に大きく寄与した一連の立法―罹災者の権利関係の紛争を調停する火災法廷の設置を規定した大火紛争法や建築規制と再建財源としての石炭税新設を規定した再建法など―に結実していく過程、一六七七年の大火記念塔完成に至るその後の再建の具体的な過程が述べられる。第六章「ロンドン再建を建築史から考える」では、再建の道筋を定めた再建委員六名や、建築調査官のロンドン再建との関わりが考察される。とりわけ再建を実質的に主導したレンとロバート・フックのプロフィールが詳細に検討され、両者とも建築家だけでなく科学者の側面も持っており、そのためロンドン再建に科学的な手法が持ち込まれることになったと論じられる。その具体的な例として、レンやフックが関わり、大陸の建築様式の影響を受けて建てられた市内の教区教会やセント・ポール大聖堂の再建が考察される。第七章「都市開発手法の新機軸」ではまず、研究成果を社会に役立てようとする一七世紀後半の科学的思考の存在が指摘され、そうした背景のもと、ロンドン再建の過程で科学が都市や社会制度の設計に応用されたと論じられる。続いてニコラス・バーボンによるロンドン大火後のテラス・ハウス建設、彼に帰せられることもある火災保険成立の経緯、保険会社主導での消防隊設置について言及された後、最後にロンドン再建の歴史的意義として、住民合意の都市計画、法律による都市計画手続きの厳格化、科学的手法に基づく都市コントロール、都市財産を守るための諸制度の確立の四点が指摘される。エピローグでは、ロンドン市民の主導で既存の社会基盤や都市構造を維持しつつ、科学的手法を用いて不燃化を図ったロンドン再建が、現代の都市再開発や災害からの都市再建にも示唆をもたらすものとして評価される。

以上が本書の概要である。ロンドン大火を扱った類書と比較することでより明らかとなる本書の特徴は、図版や写真を適切に盛り込みながら、建築史の視点から大火後の再建を考察したことである。例えば第四章において、大火後に提示された都市計画案が著名なものだけでなく、現存する五つの案全てについて図面とともに詳述され、また第六章において、レンやフック、彼らを支えた建築調査官や測量士の活動が、地図や教会の図面、写真とともに具体的に叙述される点は特筆されるべきであろう。

王政復古期の政治体制を「脆弱な王政」と位置付けるなど、時代認識に関して違和感を覚える記述もあったが、しかしそうした点は本書の価値を損なうものではない。ロンドン大火とその後の再建について明快に語られた本書が、幅広い読者の手に取られることを期待する。

(菅原未宇)

新刊紹介

網野徹哉著
『インディオ社会史 ―アンデス植民地時代を生きた人々―』

みすず書房　二〇一七年九月刊
A5判　四〇〇頁　五五〇〇円(本体)

インカ帝国からスペイン植民地時代、そして独立革命まで。約四〇〇年にわたるアンデス世界を生きた人びと《インディオ》の歴史を描く本書は、著者である網野徹哉氏が長年にわたって取り組んできたアンデス史研究の成果を一冊にまとめたものである。

本書には「序」や「はじめに」といった導入部が設けられておらず、いささか唐突に本論がはじまる。ひとまず目次にしたがって概要を紹介してゆこう。

第1章「インカ王の隷属民」と第2章「植民地時代を生きたヤナコーナたち」では、ヤナコーナと呼ばれた社会集団があつかわれる。先スペイン期を対象とする第1章では、とくに神聖王に直属する隷属者=ヤナコーナ(対になる「選ばれし処女《アクリャ》」)の形成過程とその社会的機能が論じられ、従来明確な像を結ばなかったヤナコーナの存在形態と彼らが伝統社会のなかで有した隷属民としての特異な性格が明らかにされる。

つづく第2章の対象は植民地時代、スペイン人に使役され都市社会に生きた先住民層《ヤナコーナ》。先スペイン期から継承されながらも異質な集団として再生されたヤナコーナをとりまく社会背景と社会的結合関係から、征服者《スペイン》と被征服者《インディオ》の公共体《レプブリカ》の秩序を媒介した彼らの歴史的意義が照らし出される。

第3章「通辞と征服」では、三人の通辞をとおして「征服」=異文化が対峙するときに生じた問題群が論じられる。異文化間交流を媒介する通辞は決して透明な存在ではない。コミュニケーションに不和が生じたときにふと顕れる彼らの生々しい身体—発話、振舞い—から、当該期のインディオ社会の歴史的動態が描き出される。

第4章「コパカバーナの聖母の涙」と第5章「聖母の信心講とインディオの自由」では、集住地《セルカード》に強制移住《レドゥクシオン》させられたインディオたちが、聖母マリア像の奇蹟を核に結集した宗教的社団—信心講《コフラディオ》—の活動をとおして植民地社会のなかで独自の「自由意志」を獲得してゆくすがたが論じられる。

第6章「アンデス先住民遺言書論序説」ではインディオが作成した遺言書、第7章「異文化の統合と抵抗」では偶像崇拝根絶巡察の記録が分析される。両章は、非文字的空間に沈潜し、先住民言語の音声的世界に生きたインディオの信仰的情意、日常の暮らしといった彼らの生の実態に迫るまさにミクロストリアの実践となっている。

第8章「リマの女たちのインカ」と第9章「インカ、その三つの顔」では、植民地時代から反乱期にかけての「インカ」の語をめぐる歴史表象が論じられている。「インカ」の言葉が、エリートないし民衆のあいだでいかなる意味を孕んでいったのか。彼らの言動や社会的動向をもとに、その歴史化のプロセスが語られる。

最後の第χ章「謝辞と解題」は、学部時代の卒論から大学院時代、その間の留学先での経験、研究者へといたるまでの著者の足跡を軸に、各論文が生まれていった過程が綴られている。本章は「欧米の歴史研究にはない、独特の強い負荷」に抗いながらアンデス史研究に挑んできた著者の歴史そのものである。ここにきて読者は、何の導入もなく本書を読みすすめてきたことが、非文字的空間に生きたインディオの実態に史料をとおして肉迫してゆく営みとパラレルなものであったことに気づかされる。

本書には空間をしめすような図はまったく収められていない。しかし、アンデス山脈が織りなす多様な空間に、その生態系を活用するため散在的な居住地を有していたインディオ。征服後の強制移住によって植民都市の周縁=集住地《セルカード》—都市と村—に閉じ込められながら、異文化を受容、あるいはそれに抵抗し、自らを変容させながら逞しく生きたインディオ。著者の描くインディオの歴史世界は、彼らが暮らした都市ないし地域、領域的なひろがりといった空間的想像力を驚くほど掻き立てる。建築史(日本近世)を専門とするわたくしがどれだけ本書を精確に理解し、本書の魅力を読者に伝えられているのか甚だ心許ない。重厚な専門書ではあるが、多くの専門外の人にも、この豊穣な「インディオの社会史」をぜひ堪能してほしい。

(髙橋元貴)

将軍鷹野御成と江戸の町

山﨑久登

本報告は、徳川将軍の鷹野御成（在地で鷹狩りを行うための御成）の享保期～寛政期における変化を検討し、それによって都市・江戸にとって、鷹場や鷹狩りがどのような意味を有したのかを明らかにしようとするものである。

研究史では、享保期に徳川吉宗によって鷹場制度が再興され、江戸五里四方の地域は徳川将軍家の鷹場となっていたことが明らかにされている。鷹場に設定された町や村は、鳥殺生を禁止されるなど様々な規制を受け、また鷹狩りをめぐる役を負担することになった（大石学『享保改革の地域政策』吉川弘文館、一九九六年）。こうした中で、一つの論点となるのが、鷹場と都市・江戸の関係である。

江戸城外濠より内側に位置する町は鷹場に指定されなかったが、それより外側の地域は鷹場に設定され、御府内の大部分の町も含まれていた（根崎光男『将軍の鷹狩り』同成社、一九九九年）。それに対して筆者は、鷹場に指定された江戸の町においては、浪人の統制や犬の管理が重点的に実施されていることを明らかにし、鷹場の規制が都市政策として利用されていたことを指摘した（拙稿「都市の中の鷹場」、関東近世史研究会編『関東近世史研究論集三 幕政・藩政』岩田書院、二〇一二年）。

総括すると、江戸御府内の大部分が鷹場に含まれていたことが明らかになる一方、周辺農村とは異なる江戸の都市性が鷹場制度とどのように関わっているのかが現在の課題になってきているといえよう。そこで、本報告では、将軍の鷹野御成を素材とし、主に江戸町触を用いて課題の一端を明らかにしたい。具体的には、以下の三つの課題を設定し、それぞれ各節で分析結果を示した。

一、享保期鷹野御成が江戸の町に与えた影響
二、享保期鷹野御成と享保期以前の御成との相違
三、鷹野御成の持つ意味の時期的な変化

一「享保期における鷹野御成の増加」では、吉宗による鷹場復活以降、将軍御成の回数の中で鷹野御成の割合が多くを占めていることを確認し、また道筋の多様化により、御成に関係する町も増えていることを指摘した。享保期に突如として復活した鷹野御成は、江戸の町に大きなインパクトを与えるものであった。

二「町規制の相違点」では次のことを明らかにした。寛文・延宝期の御成においては、道筋の町々に対して厳しい規制がかけられ、御成道の掃除なども求められていた。一方で、享保期の鷹野御成においても規制は存在するが、寛文・延宝期の御成規制よりも緩やかな内容となっていた。また町々は、改まって掃除を行うことが禁止されるなど、「日常」の対応を求められていることが注目される。これは、鷹野御成において民衆の視察が目的の一つに入っているからであり、そのために町方の日常的な様相を維持しようとしたものと考えられる。

三「明和期における鷹野御成の変化」では、幕府が御成道筋の商人に対し、鳥や硝子等の品を御成者から見えやすい位置に並べ直させていたことを指摘した。享保期では、あくまで町々には「日常」の対応が求められていたのであるが、明和期に入ると、一部の町はそれだけでなく、商品を御成者から見えやすいように並べさせられるなど、一つのディスプレイのような意味も持たされていたと言えよう。

これらの分析を踏まえた結論は、次のようになる。鷹野御成とは、将軍（御成主体）が「観る」ことに重きを置かれた御成であり、道筋にあたる江戸の町々は観られる客体となった。それは享保期の鷹場復活によって始まり、町々は日常的な対応を求められた。さらに明和期には一部の町をディスプレイのようにしていく動きも見られたのである。

将軍の行列とは、権威を示し格式の序列を一層強化するものであったとされる（渡辺浩「『御威光』と象徴―徳川政治体制の一側面―」、同『東アジアの王権と思想』東京大学出版会、一九九七年）。そうした点を踏まえるならば、鷹野御成は、その他の御成とは異なり、「将軍を」ではなく「将軍が」観る点に重点が置かれた御成であったと位置づけることができるだろう。

（やまざきひさと・東京都立砂川高等学校教論）

明治初頭の神社社会
―東京の神職と氏子をめぐる構造転換―

小南弘季

本報告は、明治初頭における地域規模の神社（＝諸社）に対する制度の構築とそれによって再編された神社と神主の関係性や、神社を中心とした社会の変化を描き出そうとしたものである。本報告においては特に、諸社に関する制度が整備され始める明治四年から、社格制定事業が一段落し神社明細帳が作成される同十二年頃までの東京府内を対象とした。

明治初頭における諸社制度の整備については、近代神道の研究として主に氏子制度との関係性について取り上げられてきた一方で、実際に行われた社格制定事業とそれに伴う神官の刷新についてはこれまで積極的な考察対象とされてこなかった。

本報告では、まず諸社格の意義の変遷について概観し、列格と同時に補任されていった神官たちの性格および出自を分析した。つぎに社格制度に基づく新たな神社組合の構築過程を復元、それに対する諸社神官の動向を追うことにより、神社組織の近代化について言及した。最後に椙森神社神官の祭祀業務の分析を通し、神官同士の間に新たに生じた協力関係について指摘した。

東京では明治五年から四回の集中した時期において諸社の列格が行われている。それらの列格は戸籍制度と氏子制度の連携が試みられた前半二回と、氏子調の廃止以降、神社間における単なる格付けとして継続された後半二回に分類可能である。

明治四年四月十五日の太政官布告第二三四号により、神職の世襲が禁じられ、神祇官によって選定された神官のみが神社の管理と祭祀の運営を行うことが制定された。神官の補任は列格と並行して行われ、従来の神主が神官となる際には、一度社職を罷免した後に改めて補任するという方法がとられており、同時にその社家や配下の神職集団は解体されている。

神官の選定に際しては神社の由緒や格式、氏子数、そして神官としての力量が判断基準とされており、近世における地位が反映される部分もあった。その過程においては、半数以上の神主が神官になれず社職を失っている。また、選定された神主でさえ、必ずしも従来の神社に就けたわけではなく、他社の神官に補任されることもあった。

しかし、段階的な列格とそれに伴う追加補任を始めとして、罷免された人物を「社守」として雇用することが認められたり、神官の追加や転任が容易に行われたりしているように、諸社の神官制度は実状に対応しながら組み上げられていったといえる。

社格制度に対応する形で新たに構築された神社組合は、伝達の主体を人から神社へと切り替えた点において、また東京府を頂点に府社から無格社までの樹状の伝達構造を構築し、諸社行政の効率化を図った点において、近世以来の触頭制度とは一線を画していた。その一方で、郷社祠官による東京府への出頭御用伺を許容するなど、伝統的な格式を完全に排除しない姿勢を垣間見ることもできる。神社組合はそうした旧慣を新制度の中に上手く吸収することによって、より高い合理性を獲得している。

神社組合は布令の伝達や明細帳の編纂といった際の行政上の機構として利用されるだけでなく、通常の祭祀業務における一つの単位としても機能していた。諸社神官の間には祭祀運営の必要から神官同士の新たな協力関係が築かれていくが、そこには近世由来の個人的な繋がりを活かしつつも、組合を活動の中心としていく様子をみることができる。

以上のように、明治初頭の東京において、新たな枠組みの中に従来の人や慣習が再構築された。その過程においてほとんどの神職や多くの小祠が断絶し、士族などの官僚が参入してきたが、生き残った神主たちは新たな環境に対応しつつ列格社や兼勤社において祭祀を続けていったのである。

明治八年頃までに列格事業が一段落すると、氏子調の廃止以降、制度改正の中心から外されていた氏子に対する施策が再開され、神官と氏子の連立による神社の運営管理体制が構築されていく。本報告では扱うことができなかったが、明治初頭に再編された氏子組織がその後の町の自治に及ぼした影響についても今後考えていきたい。

（こみなみひろき・東京大学大学院工学系研究科学生）

二〇一七年度都市史学会大会・研究発表要旨

日本統治期台湾の近代市場と都市計画
―南部台湾の地方都市における公設市場を対象として―

砂川晴彦

一九世紀末から二〇世紀前半に台湾は、日本の統治支配にあった。総督府による公設市場の整備政策は、経済的施設としてだけでなく、在来市場の整理による都市改造の促進という、都市開発行為の側面があった。その政策変化と、在来市場の変容を分析することが本報告の課題である。特に市場の公設化により、在来の路上市場が再編成され、新たな市場空間として秩序形成する過程として描き出す。

対象地域は、統治初期的市場政策である「魚菜市場」の内容が判明する、台湾南部の地方都市を取り上げる。史料は、『台湾総督府文書』のうち、地方行政の市場整備に関する市場関連資料を用いて、施設整備の計画内容を読み解く。得られた成果を、次に要約して示す。

統治初期、在来市場の監督を実施したのは弁務署（警察）であった。嘉義や鳳山では、市場整備（長大な中通路型の上屋）と下水溝整備という衛生問題の解決を目指す施設整備を確認できるが、ほとんどの地方の市場は、応急的な路上の市場整理に過ぎなかった。

こうした初期的な市場整備の経験を通じて、台湾総督府民政局の主導のもとに、一九一一年に市場規則が公布された。これは台湾統治における地方行政の財源策という特性を持つ。一九二八年の公設市場は、全島の市街に建設され、その数は、二〇六か所であった。

公設市場の整備内容を把握すると、「街区型施設」としての市場施設が登場したことに特徴付けられる。そこでは街区内に商人を収容して使用料を徴収した。その市場内では、露店広場（オープンスペース）を街区中央に、その周辺に小売売店が配置される。業態別にみると、飲食業、小売業（魚菜・雑貨）という店舗区分けがなされている。すなわち「街区型施設」とは、整理前の路上市場である飲食店（屋台）と持寄の小売商人とを街区内に再配置したものであった。

こうした市場施設は主に木造であったために、次第に腐朽した。また都市化に伴い、市場内は飽和し、商人が露店敷地に仮設売店を自設するという管理上の問題が生じた。他方で市場の周辺では、街路商業の発達がみられたうえ、鉄道駅の開通といった都市構造の変化によって、市場から繁華が移転する現象がみられた。そうしたことから、地方行政では、改造の機運が高まり、一九三〇年代になると、公設市場施設の改築期をむかえた。

一九三〇年代の地方都市にみられた公設市場の改築は、市区改正を伴う場合が多い（塩水・学甲・佳里・善化など）。そこでは、露店と飲食店から成る売店構成を維持しつつ、市場敷地に対して最大限に建築化する街区形状と緊密した市場施設が建設された。また表通りに接道して貸店舗（表長屋形式）が整備されたことが注目される。これらは街路商業と連続するように市場施設が計画されているのである。

以上のように、市場整備の政策とは、単に地方行政の経営策を目的に、在来市場の空間管理によって、路上の商人を街区内に収容したに過ぎないのだが、一九三〇年代になって、はじめて市場の積極的な整備政策の登場をみた。在来市場は路上の市場から「街区型施設」へ変化した。

ところで「街区型施設」の市場内では、魚菜・飲食という売店構成をもつ。それは路上市場時代の形跡である。一方で、市場内では日本人の導入した内地式の糶市場もある。そうした市場とは、支配民と被支配民という「二重性」が内在している点に特徴があるといえる。

解放以降、統治時代の市場は、公有市場と名称を改められ、建物が更新されたが、今日も位置を変えることがないために、当該期の商業地を偲ぶことができる。そうした統治時代から解放以降までの変質過程を特定すること、ならびに当該期における朝鮮総督府の市場政策の比較研究を今後の課題とする。

（すながわはるひこ・東京理科大学大学院学生）

二〇一七年度都市史学会大会・研究発表要旨

一八世紀後半〜一九世紀前半における「モード都市」パリの商業的トポグラフィ

角田奈歩

フランス語「モードmode」は元来、「方法、やり方」を意味する男性名詞だったが、一七世紀頃からヴェルサイユ宮廷で「礼儀作法」、「ドレス・コード」という用法が派生し、一八世紀の間に女性不可算名詞「モード」＝「流行」と、女性可算名詞「モード」＝「流行品」が成立した。宮廷と都市の「モード」がせめぎ合う中で、一八世紀後半〜一九世紀前半に確立する「モード都市」、すなわち「モード」発信地・供給地パリにおいて、「モード」が創り出される都市空間はどのようなものだったのだろうか。

パリでは一八世紀初頭までに王権による市壁破壊が完了した。一七八三年から旧市壁のひとまわり外側に「徴税請負人の壁」が築かれ、一九世紀後半にオスマンの大改造で解体されるまでその内側がパリ市域として維持される。旧市壁跡地は舗装され、街歩きを楽しめる美観を備えた街路、環状並木通りとなった。一七八六年には中心部のパレ・ロワイヤルに新築された回廊が小区画ごとに賃貸され、小売店やカフェがテナントとなってショッピング・モールのように人を集める。この回廊の一部にはガラス屋根が設えられたが、一七八九年には独立したガラス屋根付きアーケード、パサージュ・フェドが造られた。一九世紀に入るとパサージュは続々と建てられ、風雨に晒されず、明るく、人々に開かれた場として人気を博す。このようにパリでは、一八世紀後半から一九世紀前半にかけて新しい都市空間が次々と誕生し、商業空間としても重要性を増す。

本報告では、一八〇〇、一八一〇、一八二〇、一八三〇、一八四〇、一八五〇年刊行の「商業年鑑協会」版『商業年鑑』からパリの手工業者・小売商住所一六万七八八八件をデータ化し、古地図等を基にArcGISとGoogle Earthにより取得した当時の街路等一八八四件のＧＩＳデータと併せてMicrosoft Excelの3D Maps機能を用いてマッピングした。なお、手工業・小売業・産業を消費との関連から分析するため、各職業は、いわゆる「業種」も踏まえた上で、流通過程に占める位置（川上／川下）、顧客による商品の購入頻度、顧客の生活に商品が果たす役割など、購買行動に関わる面を重視して六種に分類する。

こうして一九世紀前半の手工業者・小売商分布を見ていくと、一貫して右岸優位だとわかる。一八〇〇年時点では右岸サン＝マルタン通り〜サン＝トノレ通り間に集中しているが、右岸から先に環状並木通りの外に広がり始め、一八三〇年以降は市外まで拡散する。

「モード」関係業は他分類に較べて集中傾向が非常に高く、特定の街路等への極度の集中が目立つ。常に右岸、特に環状並木通り内の西部に集中しており、前述の新しい都市空間への集中度も他分類より高く、とりわけパサージュには建造が盛んになった一八二〇年頃にいち早く増えている。総数は一八三〇〜一八四〇年に大きく増加しているが、これは既製服業と、一八一〇年代パリに成立し、後に百貨店の直接的起源となる服飾品小売業、新物店の確立を反映していると考えられる。

現在のパリと比較すれば、早くから集中が見られた右岸中心部はオート・クチュール・メゾンや高級宝飾店が並ぶサン＝トノレ通りやヴァンドーム広場と重なり、一八四〇年頃からやや遅く発展したタンプル通りは近年先端的なモード関係業者に人気のマレ地区に相当し、左岸が非優位な一九世紀前半でも比較的多くの業者が分布したサン＝ジェルマン・デ・プレ通りにはいまや高級ブティックが軒を連ねる。一方、一九世紀前半には「新しかった」パレ・ロワイヤルや環状並木通りやパサージュは二〇世紀中までに陳腐化し、二一世紀に入ってから一部で再開発が始まるまでは影の薄い存在となっていた。

一九世紀後半のオスマンの都市改造はオート・クチュールや百貨店の成立と軌を一にし、こうした新しいファッション産業が展開されるエリアは新開発地区と重なっていく。とはいえ、一八世紀後半〜一九世紀前半の時点でパリの「モード空間」はすでにある程度は形成されており、地理的にはパリ中心部から大きく動かないまま現在に至っている。

（つのだなお・東洋大学経営学部）

● 都市史学会活動記録 ●

二〇一六年度

（二〇一六年十二月～二〇一七年十一月）

【主催イベント】

▼ワークショップ「江戸内湾臨海地帯の社会＝空間構造」

［日程］二〇一七年十月三十日（月）

［会場］横浜国立大学教育学部講義棟七号館二〇一室

［主催］都市史学会 内湾研ワーキング・グループ

［報告］問題の所在＝吉田伸之（飯田市歴史研究所・東京大学名誉教授）、報告＝中尾俊介（東京大学）「江戸内湾における横浜開港場—運送方と最寄船乗」、瀬戸皓介（横浜国立大学）「横浜町会所による人身把握」、コメント＝後藤雅知（立教大学）

＊以上、『都市史研究』4号に未掲載のもの。

二〇一七年度

（二〇一七年十二月～二〇一八年十一月）

【大会】

▼二〇一七年度都市史学会大会

［日程］二〇一七年十二月九日（土）、十日（日）

［会場］東京理科大学葛飾キャンパス講義棟一〇一教室

［主催］都市史学会

［研究報告］山﨑久登（都立新島高等学校）「将軍鷹野御成と江戸の町」、小南弘季（東京大学）「明治初頭の神社社会—東京の神職と氏子をめぐる構造転換」、砂川晴彦（東京理科大学）「日本統治期台湾の近代市場と都市計画—南部台湾の地方都市における公設市場を対象として」、角田奈歩（東洋大学）「一八世紀後半～一九世紀前半における「モード都市」パリの商業的トポグラフィ」

［都市史学会総会］

［記念講演］藤森照信（江戸東京博物館）「地球規模の建築の移動」

［シンポジウム］植民地と都市 そして地域

趣旨説明＝伊藤裕久（東京理科大学）、問題提起＝伊藤毅（東京大学）「植民地都市の広がり」、報告＝長田紀之（ジェトロ・アジア経済研究所）「ラングーンの都市形成と移民—「東南アジア」と「南アジア」のあいだ」、松原康介（筑波大学）「アルジェ・植民都市計画の変遷—モダニズムの地域性」、勝田俊輔（東京大学）「近世アイルランド（アルスタ）の植民都市—「市場」と「文明」」、坂野正則（上智大学）「近世フランスの植民都市とカリブ地域—研究整理と論点提示」、佐賀朝（大阪市立大学）「居留地と遊郭社会—横浜・大阪・東京を素材に」、コメント＝吉澤誠一郎（東京大学）

【主催イベント】

▼ワークショップ「ジョージアン・ダブリンの都市空間：建築史的観点から」

［日程］二〇一七年十二月二十五日（月）

［会場］東京大学本郷キャンパス工学部一号館三一五教室

［主催］都市史学会 ダブリン研究ワーキング・グループ

［報告］発題＝東京大学大学院工学系研究科建築学専攻伊藤研究室（伊藤毅・小南弘季・岩田会津・海老原利加・杉山結子）「ジョージアン・ダブリンを見る視角」、報告＝勝田俊輔（東京大学）「ジョージアン・ダブリンのマクロ的予備考察」、大石和欣（東京大学）「富とチャリティと病院—ジョージアン・ダブリンの建築物と都市開発」、近藤存志（フェリス女学院大学）「ジョージアン建築の一起源—一八世紀エディンバラおよびダブリンにおける建築的取り組みに表れた社会的課題」、コメント＝桑島秀樹（広島大学）「ダブリンの風景を読む」、近藤和彦（立正大学）「ジョージアン都市の歴史を比較すると」

▼ワークショップ「千葉市域臨海地帯の社会と空間—近世から近代へ」

［日程］二〇一八年三月十六日（金）

［会場］千葉市立郷土博物館（「千葉城」）一階講座室

［主催］都市史学会 内湾研ワーキング・グループ

［共催］「江戸と千葉」研究会

［第一部］ミニ巡見「近世千葉の臨海地帯をあるく」

［第二部］ワークショップ

問題の所在＝後藤雅知（立教大学）、報告＝土屋雅人（千葉市史編纂担当）「佐倉炭の流通と江戸

湾・印旛沼」、大関［遠藤］真由美（千葉市史嘱託）「江戸内湾海岸防備と周辺地域の動向―佐倉藩の事例を中心に」、コメント＝今井公子（NPOちば・生活歴史調査会）、多和田雅保（横浜国立大学）

▼書評会「高橋慎一朗・千葉敏之編『移動者の中世』を読む」
［日程］二〇一八年六月九日（土）
［会場］東京大学本郷キャンパス福武ホール地下一階史料編纂所大会議室
［報告］落合義明（大東文化大学）、岸泰子（京都府立大学）、坂野正則（上智大学）

▼書評会「塚田孝著『大坂 民衆の近世史―老いと病・生業・下層社会』を読む」
［日程］二〇一八年七月九日（月）
［会場］横浜国立大学教養学部講義棟七号館三〇七室
［報告］多和田雅保（横浜国立大学）、角和裕子（世田谷区立郷土資料館）、リプライ＝塚田孝（大阪市立大学）

▼ワークショップ「江戸城・江戸と水路」
［日程］二〇一八年八月八日（水）
［会場］TOKYOミナトリエ・海上保安庁海洋情報資料館
［主催］都市史学会 内湾研ワーキング・グループ
［共催］科学研究費補助金・基盤研究（C）「近代国家模索の歴史的前提―一八～一九世紀、極東のなかの「日本」」（研究代表者＝杉本史子）
［第一部］「TOKYOミナトリエ」見学と研究会
報告＝杉本史子（東京大学）「問題提起を兼ねて―江戸と水路についての覚書」、今井健三（元海上保安庁海洋情報部）「海図から何がわかるか」、高橋元貴（東京大学）「江戸城堀の空間構造と存続形態」、コメント＝多和田雅保（横浜国立大学）、岩淵令治（学習院女子大学）
［第二部］「海洋情報資料館」見学と「海図」・「海洋台帳」の閲覧

【国際連携イベント】

▼東アジア都市史学会創立記念国際学術大会「二〇世紀の東アジアの都市変動をどう見るべきなのか？」
［日程］二〇一八年六月二十三日（土）
［会場］韓国ソウル・建国大学校
［主催］韓国都市史学会
［協力］都市史学会 東アジア都市史学会ワーキング・グループ
［基調講演］伊藤毅（青山学院大学）「東アジアで都市とは何か」
［企画講演］大田省一（京都工芸繊維大学）、佐賀朝（大阪市立大学）、高村雅彦（法政大学）

【共催・後援イベント】

▼国際シンポジウム「近世都市の常態と非常態―水路・川・洪水―」
［日程］二〇一八年二月二十四日（土）
［会場］国文学研究資料館大会議室
［主催］人間文化研究機構広領域連携型基幹研究「日本列島における地域社会変貌・災害からの地域文化の再構築」国文学研究資料館ユニット「人命環境アーカイブズの過去・現在・未来に関する双方向的研究」対比班
［共催］都市史学会、科学研究費補助金・基盤研究（C）「近代国家模索の歴史的前提―一八～一九世紀、極東のなかの「日本」」（研究代表者＝杉本史子）
［セッション1］後背地と自然環境
渡辺浩一（国文学研究資料館）「江戸の水害と多摩川・利根川水系」、マシュー・デービス（ロンドン大学バークベック校）「嵐・洪水とロンドンの発展―一三〇〇～一五〇〇年」
［セッション2］公共財としての上下水道
ソフィー・ジャクソン（ロンドン考古学博物館）「非常態を生み出した常態―グローバル都市における水管理の考古学」、石神裕之（京都造形芸術大学）「遺跡からみた都市江戸の上下水道の管理」
［セッション3］インフラの維持と機能
ヴァネッサ・ハーディング（ロンドン大学バークベック校）「ロンドンの川に橋を架ける―ロンドン、テムズ川、橋の概況」、菅原未宇（国際基督教大学）「一六、一七世紀におけるテムズ川凍結へのロンドン市の対応」、高橋元貴（東京大学）「江戸、本所・深川における堀川の空間動態―浚渫・堆積・浸水」、岩淵令治（学習院女子大学）「江戸城の堀の浚渫について―一七六五年の岡山藩による堀浚いを中心に」

都市史学会規約（二〇一五年一二月一二日改訂）

一、本会は都市史学会と称する。
（英語名はSociety of Urban and Territorial History）

二、本会は都市史学およびその周辺分野に興味と関心を寄せる者を会員として組織する。
2 会員に正会員ならびに賛助会員の二種を設ける。

三、本会は、会員相互の連絡を図り、その国内外の協力によって都市史学の発展に寄与することを目的とする。

四、本会はその目的のためにつぎの事業をする。
（一）会誌『都市史研究』の発行、講演会、研究集会の開催
（二）関係諸方面の研究者、学会、機関および施設等との連絡
（三）都市史学の研究の便宜利益を図るための社会的活動
（四）共同の調査および研究
（五）以上の他、必要と認める事業

五、本会につぎの機関を設ける。
（一）総会
（二）常任委員会
（三）編集委員会
（四）企画委員会・事務局

六、総会は、本会の最高議決機関として、会員全体をもって構成し、毎年一回開催する。ただし、会員の委任状による参加を認め、三分の一をもって成立するものとする。
2 総会は、会員の五分の一以上または常任委員会の要求によって臨時に開催することができる。

七、常任委員会は会員によって選出された常任委員をもって組織し、本会の事務および事業を担当する。常任委員会はその事務および事業の経過を毎年総会に報告しなければならない
2 常任委員の任期は原則として二年とする。人数は二五名を超えないものとする。

八、本会に会長一名および副会長一名を置く。
2 会長は会を代表して会務を統轄する。副会長は会長を補佐し、会長不在の際その任務を代行する。
3 会長および副会長は常任委員の互選によって定める。
4 会長および副会長の任期は二年とする。

九、本会に監事二名を置く。
2 監事は会計を監査し、総会において結果を報告する。
3 監事は総会で選出する。
4 監事の任期は二年とする。

一〇、本会は顧問を置くことができる。
2 顧問は学識経験者および本会の運営を援助するもので、常任委員会がこれを推薦する。

一一、本会は、編集委員会を置く。編集委員会は常任委員会の指名を受けた都市史学に関するさまざまな分野の専門家から構成される機関であって、会誌の編集発行を中心とする会務の遂行を担当する。また事務嘱託を依頼することができる。
2 編集委員会委員の任期は原則として二年とする。人数は二〇名を超えないものとする。

一二、本会は常任委員会および編集委員会の付託を受け、企画委員会・事務局を置く。企画委員会・事務局は定期的な研究会や出版、研究集会、研究調査などの具体的な活動について企画を提案し実施する。活動内容は常任委員会および編集委員会に報告され、その成果は会誌等を通じて会員に還元される。

一三、本会は必要に応じてそれ以外の専門委員会を置くことができる。専門委員会の設置については常任委員会で諮られる。また専門委員会は定期的に活動内容を常任委員会に報告しなければならない。

一四、本会の事務局は東京に置く。
2 総会の議決によって、支部を設けることができる。

一五、会員は会費を負担し、本会の事業の優先的受益者となる。
2 会員は随時本会の事業について、常任委員会に申し出ることができる。

一六、本会に入会するものは常任委員会に書面をもって申し出る。
2 会費負担の義務を履行しないものは退会したものと認める。

一七、本会の経費は、会費、事業収益金、寄付金等をもってあてる。
2 会費は正会員年間五、〇〇〇円とする。賛助会員については一口年間五、〇〇〇円、二口以上の会費を納入するものとする。

一八、本会の会計は常任委員会が担当し、その収支決算を総会に報告しなければならない。
2 会計年度は一二月一日から翌年一一月三一日とする。

一九、この規約の変更は、総会の議決を経なければならない。

論文募集規程（二〇一七年一二月九日改訂）

一、論文内容

都市史に関する学術・技術・芸術についての、研究論文・研究資料などとし、原則として未発表のもの。

連続して数編応募する予定の場合でも、各編はそれぞれ完結したものであること。この場合の表題は主題を適切にあらわした表題とし、総主題をサブタイトルとする。

二、応募資格

本会会員であること。

三、提出期限

随時。

四、提出先

〒一一三―〇〇三三　東京都文京区本郷七―三―一

東京大学史料編纂所　高橋慎一朗宛

五、原稿

1原稿の種類と分量

投稿を受理する原稿は日本語のものに限る。原稿の種類と分量は四〇〇字詰原稿用紙換算で、論文八〇枚以内、研究ノート五〇枚以内、その他編集委員会が適切と判断するもの（枚数は適宜）、とする。

図版、図表等は、本紙の版面一頁大（B5）を四〇〇字詰原稿用紙四枚として換算する。一点毎に、一頁大、二分の一頁大、四分の一頁大、というように見計らい、原稿用紙枚数に換算する。

分量には、本文、注、図版、図表等の全てを含む。本文、注の字数には、改行、スペース部分を含む。

2原稿の書式

原稿はワープロソフトを用いたものに限る。原稿の書式は、用紙A4横方向、縦書き、四〇字×三〇行に設定する。

図版、図表等は別掲とし、本文中には挿入しない。また、カラー印刷による図版掲載は行わない。

注記は一連番号を付し、論文の文末にまとめる。注記の文字サイズは本文と同じとする。

3原稿の提出

原稿は正一通、副二通を用意し、正一通は著者が保持した上で副二通を提出する。

論文、研究ノートには八〇〇字程度の和文要旨を付す。

4原稿の掲載決定後

後述の審査の結果、掲載が決定された後、和文要旨を翻訳した英文要旨を提出する。

図版、図表等で、掲載許可手続きが必要なものは、投稿者が行う。掲載料が必要なものは、投稿者が負担する。

六、原稿受理

原稿が本会に到着した日を原稿受理日とする。ただし、内容の訂正など依頼した原稿は二か月以内に修正を終了するものとし、六か月を過ぎた場合は最初の受理日は無効とし、訂正稿が本会に到着した日を原稿受理日とする。

なお、この募集規程に反した投稿原稿は受理しない。

七、審査

送付された論文は、編集委員会の審査を経た上で採否を決定する。

判断基準となる執筆上注意すべき項目は以下のごとくである。

A一般的内容　A－1方法の独創性、
A－2結果の独創性、
A－3結果の意義。

B具体的内容　B－1論旨の明確・妥当性、資料の信頼性、調査の方法の妥当性、
B－2既往関連研究との対応、
B－3論拠の妥当性。

C表現形式　C－1表題の適切さ、
C－2説明の適切さ、
C－3用語の適切さ、
C－4文献引用の適切さ、
C－5商業主義などへの中立性。

八、再審査

審査の結果、「再審査」の場合は、修正された原稿について改めて審査を行う。

九、連続する応募の取り扱い

連続した数編を応募する場合には、先の編の審査が終了しなければ、後編を受けつけない。

一〇、異議申立て

審査の結果が「不採用」の場合で、その「不採用」の理由に対して、論文提出者が明らかに不当と考えた場合には、その理由を明記して、本会編集委員会あてに異議申立てをすることができる。

一一、訂正

採用原稿ならびに校正刷り段階での字句または文章の書き足し、書きあらためは認めない。

一二、掲載

採用が決定された論文は会誌に順次無料で掲載される。

一三、質疑

掲載論文に対して誌上質疑討論を申し込む会員は、対象論文名を頭書し、質疑を原稿の形で簡潔に書き、本会編集委員会あてに送付する。

質疑討論の採否ならびにその取り扱いは、編集委員会が行う。

一四、著作権

掲載論文の著作権は著者の占有するものとし、本学会は編集出版権をもつものとする。

The Visualization of the Area of Villages in Kamakura in the Early Modern Period: Connecting with the Medieval City

IWATA Aizu

A medieval urban area in Kamakura had suffered several battles at the end of the medieval era, until it became a group of villages in the early modern period. It has already been pointed out as the feature of this transition between a city and villages that while the local communities of the medieval city had survived to Edo era, governing systems experienced major changes at the beginning of the early modern period. However, little is known about the spatial aspect of the transition.

To clarify it, this paper attempts to visualize the spatial structures of the villages: It reveals overall land use and the forms of settlements in Kamakura from cadastral maps in Meiji era at first, then the spatial composition of residents, the extent of the demesnes and the boundaries of administrative organizations from historical documents.

According to the cadastral maps, almost all settlements in Kamakura lay in front of the temples and shrines or along main roads. The locations of the two types of settlements had a relation with the medieval urban area peopled with merchants and artisans: the former had been depicted just as settlements in some medieval(1330s) maps showing the territories of temples, and the latter had been designated as commercial area by Kamakura shogunate in the 13th century.

The two types of settlements showed a difference in terms of the composition of residents and lords. Temples and shrines controlled the settlements in front of themselves, peopled with their employees or purveyors. The settlements along main roads were the demesnes of Tokugawa shogunate, and were lived by merchant who formed a self-directed social group. This contrast also originated from the property of the medieval city.

Maintaining such structures of the medieval city, Kamakura divided into villages at the beginning of the early modern period by Tokugawa shogunate. It was coincident with the alteration of demesnes of major four temples in cultivated area.

Thus, the spatial aspect of Kamakura in the early modern period can be explained as the difference between the structure of the medieval city remaining in residential area and the territories of the villages set by the shogunate. Since administrative organizations were divided by the demesnes, which showed the medieval structure, the territories of villages have little importance for many local people. However, the organizations within hillside villages, in which settlements reduce its scale, were virtually integrated. This fact can be regarded as the collapse of the urban structure and the formation of the society of a whole village.

The Kunin of Muromachi Shogunate as Kyoto Residents

MATSUI Naoto

This paper examines the Kunin (公人) of the Muromachi Shogunate low-ranking functionaries of the shogunate, with emphasis on the kunin as Kyoto residents in the late medieval period.

The term "kunin" refers to low-level employees belonging to a temple, shrine, shogunate, national government, and so on, who engaged in various tasks during Japan's Middle Ages. This article, which focuses on the Mandokoro kunin (政所公人) and the Samuraidokoro zoshiki / kodoneri (侍所雑色・小舎人), examines the kunin's social position in Kyoto, from the Muromachi Period to the Civil War Period. This text further examines the development of the kunin's characteristics as a social group.

The first section examines the significance of the existence of the shogunate's kunin from the perspective of the temples, shrines, and court nobles in Kyoto during the Muromachi Period. This analysis reveals that the kunin were engaged in duties such as Shitadi-jungyo(下地遵行) compliance to guarantee the interests of temples, shrines, and court noble and to provide security during shrine festivals. During that period in Kyoto, the court nobles, the samurai, and the temples and shrines were each dependent on the shogunate kunin.

The second section examines the shogunate kunin's economic bases. The shogunate kunin had two main economic bases: (1) their salary from the Muromachi Shogunate and (2) their profits from engaging in commercial activities. However, it must be noted that (1) becomes sluggish, while (2) becomes conspicuous, beginning with the from the Ōnin War (応仁の乱). With regard to (2), it is self-evident that the shogunate kunin was given the privilege of exemption from various functions. As a precondition, with regard to commercial activities, it is self-evident that the shogunate kunin were given the privilege of exemption from various duties. However, case studies have been found that implicate the Muromachi Shogunate as imposing charges on Kyoto residents (including the shogunate kunin) and prioritizing the convenience of temples and shrines and court noble to invalidate the privileges of the shogunate kunin. Therefore, for the shogunate kunin to maintain their privilege of exemption from various duties, it was sometimes necessary for them to applyings to the shogunate.

The third section analyzes the shogunate kunin's characteristics as a social group during the Civil War Period. From historical records of the period, it can be confirmed that the shogunate was not able to grasp the actual conditions of the shogunate kunin, and that the shogunate kunin were growing more autonomous as a group. This situation was maintained through the stable management of individually composed "houses" (or family groups) by men of commerce and industry who served as shogunate kunin. The individual shogunate kunin during the Civil War Period fulfilled their duties as a kunin and at the same time fulfilled the needs of social bonds formed by powerful Kyoto residents who aimed to stabilize the management of their "houses."

Thus, the Muromachi Shogunate kunin were a social group in Kyoto and a certain political subject.

TOSHISHI KENKYU

(JOURNAL OF URBAN AND TERRITORIAL HISTORY)

No.5 2018

CONTENTS

EDITED BY

TOSHISHI-GAKKAI

(THE SOCIETY OF URBAN AND TERRITORIAL HISTORY)

PUBLISHED BY

YAMAKAWA SHUPPANSHA

TOKYO, 2018

都市史学会事務局
〒一一三―八六五六
東京都文京区本郷七―三―一
東京大学大学院 工学系研究科 建築学専攻
建築史研究室気付
電話　〇三―五二二八―一四八三
メール　office@suth.jp
ウェブサイト　http://suth.jp

都市史研究《とししけんきゅう》　5

2018年11月20日　第1版1刷印刷　　2018年11月25日　第1版1刷発行

編集・発行　都市史学会《とししがっかい》

制作・販売　株式会社山川出版社　東京都千代田区内神田1-13-13　〒101-0047
TEL 03(3293)8131(営業)　03(3293)8135(編集)
https://www.yamakawa.co.jp/　　振替　00120-9-43993

装幀　岩本馨

印刷所　株式会社プロスト　　製本所　株式会社ブロケード

ISBN978-4-634-52755-3